"十四五"普通高等教育会计专业精品规划教材

配套辅导用书

中级财务会计

学习指导与习题集

（第2版）

袁　敏　许叶枚　主编

苏州大学出版社
Soochow University Press

图书在版编目(CIP)数据

中级财务会计学习指导与习题集 / 袁敏,许叶枚主编. —2版. —苏州:苏州大学出版社,2024.4
"十四五"普通高等教育会计专业精品规划教材
ISBN 978-7-5672-4778-9

Ⅰ.①中… Ⅱ.①袁… ②许… Ⅲ.①财务会计－高等学校－教学参考资料 Ⅳ.①F234.4

中国国家版本馆 CIP 数据核字(2024)第 085238 号

书　　名:	中级财务会计学习指导与习题集(第 2 版)
主　　编:	袁　敏　许叶枚
责任编辑:	曹晓晴
装帧设计:	刘　俊
出版发行:	苏州大学出版社(Soochow University Press)
社　　址:	苏州市十梓街 1 号　邮编:215006
印　　装:	苏州工业园区美柯乐制版印务有限责任公司
开　　本:	787 mm×1 092 mm　1/16　印张:18.5　字数:439 千
版　　次:	2024 年 4 月第 2 版
印　　次:	2024 年 4 月第 1 次印刷
书　　号:	ISBN 978-7-5672-4778-9
定　　价:	59.00 元

凡购本社图书发现印装错误,请与本社联系调换。服务热线:0512-67481020

前　言

　　本书是《中级财务会计》（2023 年第 2 版）的学习指导书，是在第 1 版学习指导书的基础上修订而成的。

　　本书共十四章，每章内容按以下方式展开：

　　1. 本章知识思维导图。

　　2. 本章重难点分析。

　　3. 本章涉及的主要会计科目或会计术语。

　　4. 练习题。

　　本次修订，每章的选择题和判断题由许叶枚编写修订，其余部分由袁敏编写修订。

　　由于编者水平有限，书中难免存在疏漏之处，敬请批评指正。

编者

2024 年 2 月

第一章	总　论	1
	第一节　知识概要	1
	第二节　练习题	11
第二章	货币资金和应收款项	14
	第一节　知识概要	14
	第二节　练习题	19
第三章	存　货	31
	第一节　知识概要	31
	第二节　练习题	37
第四章	固定资产	52
	第一节　知识概要	52
	第二节　练习题	57
第五章	无形资产	70
	第一节　知识概要	70
	第二节　练习题	73
第六章	投资性房地产及其他资产	83
	第一节　知识概要	83
	第二节　练习题	87
第七章	对外投资	98
	第一节　知识概要	98
	第二节　练习题	109

第八章　资产减值 …… 133

第一节　知识概要 …… 133
第二节　练习题 …… 137

第九章　流动负债 …… 149

第一节　知识概要 …… 149
第二节　练习题 …… 156

第十章　非流动负债 …… 177

第一节　知识概要 …… 177
第二节　练习题 …… 182

第十一章　所有者权益 …… 193

第一节　知识概要 …… 193
第二节　练习题 …… 197

第十二章　收入、费用和利润 …… 205

第一节　知识概要 …… 205
第二节　练习题 …… 217

第十三章　财务报告 …… 238

第一节　知识概要 …… 238
第二节　练习题 …… 247

第十四章　财务报表调整 …… 263

第一节　知识概要 …… 263
第二节　练习题 …… 266

模拟试卷一 …… 276

模拟试卷二 …… 281

参考文献 …… 287

第一章 总 论

第一节 知识概要

一、本章知识思维导图（图 1-1）

财务会计属于对外报告会计，主要以对外提供财务报告的方式，为投资者和其他利益相关者提供对决策有用的信息，并报告企业管理层受托责任的履行情况。它的基础是一套较为完整的基本概念和基本理论，即概念框架，体现在我国的《企业会计准则——基本准则》中，就是以财务报告的目标为起点，规范会计假设、会计信息质量要求、会计要素、会计计量属性等。因此，对本章内容的准确理解，有助于在后续课程中掌握各会计要素的确认方法、各会计计量属性的选择与应用及不同会计处理方法的选择等。

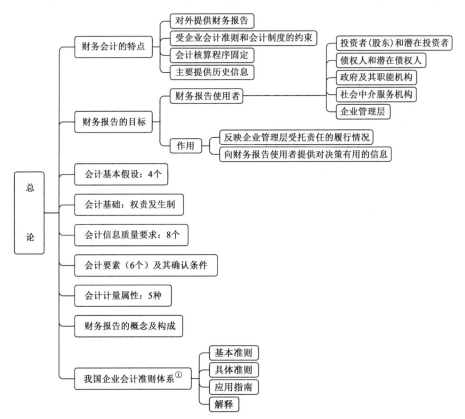

图 1-1 "总论"知识思维导图

注：① 仅指《企业会计准则》，不包括《小企业会计准则》。

二、本章重难点分析

本章重难点包括财务报告目标的明确、对会计信息质量要求的准确理解、收入费用与利得损失的辨析、会计计量属性的选择与应用和现值的计算及其在财务会计中的应用,其中在会计信息质量要求中特别对秘密准备和"大洗澡"进行了分析说明。

(一) 财务报告目标的明确

(1) 向谁提供报告:包括投资者、债权人、政府及其有关部门和社会公众等在内的各类财务报告使用者。

(2) 提供什么内容:与企业财务状况、经营成果和现金流量等有关的会计信息。

(3) 有什么用途:反映企业管理层受托责任的履行情况,帮助财务报告使用者做出经济决策。

(二) 对会计信息质量要求的准确理解

1. 可靠性和相关性

可靠性要求企业应当以实际发生的交易或者事项为依据进行确认、计量和报告,不得根据虚构的、没有发生的或者尚未发生的交易或者事项进行确认、计量和报告。比如,在会计计量上最明显的体现就是历史成本计量属性。

而相关性要求企业提供的会计信息应当与投资者等财务报告使用者的经济决策需要相关,更强调会计信息的反馈价值和预测价值。比如,在会计计量上最明显的体现就是公允价值计量属性。

这两个质量要求各有侧重,如在历史成本和公允价值计量属性的选择上,存在一定的此消彼长。但是,要注意相关性是以可靠性为基础的,即便提供公允价值计量的会计信息,也仍然需要以客观可靠的证据为基础,所以两者之间并不矛盾。也就是说,会计信息在可靠的前提下,应尽可能地做到相关,以满足投资者等财务报告使用者的经济决策需要。

2. 可靠性和重要性

可靠性要求企业保证会计信息完整,但这并不意味着企业需要不分主次、不计成本地提供任何会计信息,也就是企业只要在符合重要性和信息提供的成本效益原则的前提下保证会计信息完整即可。

相关会计处理是否符合重要性和信息提供的成本效益原则,取决于会计人员的职业判断,同时也会受会计实务和会计惯例的影响。比如,低值易耗品的会计处理、不含重大融资成分的应收款减值的会计处理、某些报表项目的列报等。

3. 谨慎性、秘密准备和"大洗澡"

企业经营会面临各种不确定因素,会计人员应根据谨慎性要求做出职业判断,合理估计各种风险和损失,并计提相应准备,企业利润会因此减少,这些信息均会在财务报告中提供给财务报告使用者,帮助他们做出尽可能有效的经济决策。

但这种不确定性的存在并不意味着企业可以滥用谨慎性要求,在某一会计期间故意多计提准备,即建立"秘密准备",并因此多确认费用损失,使得该会计期间的利润被有意低估,其实质就是对利润进行粉饰。这种处理会扭曲企业在各会计期间实际的财务状况和经营成果,并误导财务报告使用者,这是企业会计准则不允许的。

谨慎性要求被滥用的情况，一般包括以下两种：

(1) 故意多计提准备，隐瞒部分当期利润，为调节以后会计期间的利润埋下伏笔，也就是利用这些可以转回的准备调高以后会计期间的利润，从而进行不同会计期间利润的平滑。这通常出现在企业当期利润较高，并预期以后会计期间利润增长乏力的情况下。常见的企业可以用来平滑利润的准备有坏账准备、存货跌价准备等，但不包括资产减值准则规范的那些资产减值准备。

下面举例说明这种利润平滑手段，如表 1-1 所示。

表 1-1　秘密准备与利润平滑　　　　　　　　　　　　　单位：万元

会计年度	目标利润	建立秘密准备之前的利润	之前的利润同比增长率	建立秘密准备（转回准备）	建立秘密准备之后的利润	之后的利润同比增长率
第 $n-2$ 年	—	2 272.73	—	0	2 272.73	—
第 $n-1$ 年	2 500	2 500	10%	0	2 500	10%
第 n 年	2 750	3 800	52%	1 000	2 800	12%
第 $n+1$ 年	3 100	2 700	−28.95%	(480)	3 180	13.57%

将表 1-1 中利润平滑前后的利润同比增长率列示在图 1-2 中，从图 1-2 中可以明显看出，企业计提秘密准备对不同年度利润起到了调节作用，这实际上掩盖了企业利润波动幅度较大的事实，掩盖了企业内外部因素对企业经营可能造成的不利影响，向财务报告使用者传递了企业利润增长稳定的信息，从而对财务报告使用者产生误导。

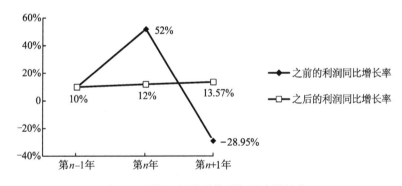

图 1-2　利润平滑前后的利润同比增长率

(2) 通过计提巨额准备蓄意夸大当期的亏损（亏上加亏），进行财务上的"大洗澡"，为以后会计期间利润的增长设立一个低起点。这通常出现在企业面临经营困境、业绩表现已经不佳时，或者新准则、新制度生效前，管理层会倾向于把业绩做得更差。此外，在新管理层上任后或企业被并购后，也容易出现这种利润操纵，新管理层会倾向于把企业业绩做差，以便触底反弹，展现其经营管理能力。

下面举例说明这种利用计提巨额准备"大洗澡"的利润粉饰手段，如表 1-2 所示。

表 1-2　秘密准备与"大洗澡"　　　　　　　　　　　　单位：万元

会计年度	计提准备之前的利润	之前的利润同比增长率	计提巨额准备	计提准备之后的利润	之后的利润同比增长率
第 $n-1$ 年	−100	—	0	−100	—
第 n 年	−11 000	−10 900%	5 000	−16 000	−15 900%
第 $n+1$ 年	−10 000	9.09%	0	−10 000	37.50%

将表 1-2 中"大洗澡"前后的利润同比增长率列示在图 1-3 中，企业通过这种手段迅速在第二年取得了较大幅度的利润增长，而事实上企业只不过进行了有关数据的粉饰而已，并不能说明企业业绩真正得到了改善。

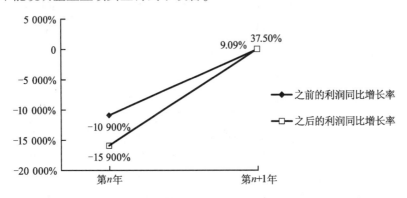

图 1-3　"大洗澡"前后的利润同比增长率

（三）收入费用与利得损失的辨析

收入与利得都是企业发生的会导致所有者权益增加、与所有者投入资本无关的经济利益（总）流入，费用与损失都是企业发生的会导致所有者权益减少、与向所有者分配利润无关的经济利益（总）流出。

1. 收入费用与利得损失的确认

基本准则和收入准则所界定的收入和费用都是狭义概念，是来自日常活动的经济利益的总流入和总流出。企业在非日常活动中形成的经济利益的流入和流出则确认为利得和损失。

日常活动是指企业为完成其经营目标所从事的经常性活动及与之相关的其他活动，一般具有经常性和可预见性。日常活动具体包括：

（1）经常性活动。比如，工业企业制造并销售产品、商业企业销售商品、保险公司签发保单、咨询公司提供咨询服务、软件企业为客户开发软件、安装公司提供安装服务、商业银行对外贷款、租赁公司出租资产等，均属于企业的日常活动，相应的经济利益总流入计入主营业务收入，相应的经济利益总流出计入主营业务成本、税金及附加、期间费用等。

（2）与经常性活动相关的其他活动。比如，工业企业出租固定资产、转让无形资产使用权、出售不需用原材料等，也属于企业的日常活动，相应的经济利益总流入计入其他业务收入，相应的经济利益总流出计入其他业务成本、税金及附加、期间费用等。

2. 利得和损失的分类

（1）直接计入当期利润的利得和损失。如投资损益、资产处置损益、资产减值损失、信用减值损失、公允价值变动损益、其他收益、营业外收入、营业外支出等。

（2）直接计入所有者权益的利得和损失。如计入其他综合收益的金融工具公允价值变动差额、权益法下被投资方其他综合收益变动引起的投资方长期股权投资价值变动额等。

3. 净利润与综合收益

净利润=收入-费用+直接计入当期利润的利得-直接计入当期利润的损失

其他综合收益=直接计入所有者权益的利得-直接计入所有者权益的损失

综合收益=净利润+其他综合收益

（四）会计计量属性的选择与应用（表1-3至表1-7）

表1-3 会计计量属性——历史成本

会计计量属性	历史成本（实际成本）
资产的计量	按照购置资产时支付的现金或现金等价物的金额，或者按照购置资产时所付出的对价的公允价值
负债的计量	按照因承担现时义务而实际收到的款项或资产的金额，或者承担现时义务的合同金额，或者按照日常活动中为偿还负债预期需要支付的现金或现金等价物的金额
性质	反映的是在过去某个时点取得资产或承担负债而支付或取得的金额，即进入价格，可能等于过去那个时点的公允价值或现值等
选择与应用	体现可靠性要求，会计计量时，一般应当采用历史成本

表1-4 会计计量属性——重置成本

会计计量属性	重置成本（现行成本）
资产的计量	按照现在购买相同或相似资产所需支付的现金或现金等价物的金额
负债的计量	按照现在偿付该项债务所需支付的现金或现金等价物的金额
性质	反映的是在当下时点假设重新形成资产或负债的成本或价值，金额需要做可靠估计
选择与应用	盘盈财产物资的计量

表1-5 会计计量属性——可变现净值

会计计量属性	可变现净值
资产的计量	按照资产正常对外销售所能收到现金或现金等价物的金额扣减该资产将要发生的成本、估计的销售费用及相关税费后的金额
负债的计量	—
性质	反映的是资产在当下时点出售的净值，该资产的出售交易并未实际发生，金额需要做可靠估计
选择与应用	存货减值情况下的计量

表 1-6　会计计量属性——现值

会计计量属性	现值
资产的计量	按照预计从资产持续使用和最终处置中所产生的未来净现金流入量的折现金额
负债的计量	按照预计期限内需要偿还的未来净现金流出量的折现金额
性质	反映的是在考虑货币时间价值的情况下,资产或负债在当下时点的存续价值,需要对未来现金流量、折现率等做可靠估计
选择与应用	非流动资产可收回金额、以摊余成本计量的金融资产和金融负债等的计量

表 1-7　会计计量属性——公允价值

会计计量属性	公允价值
资产的计量	按照市场参与者在计量日发生的有序交易中,出售资产所能收到的价格
负债的计量	按照市场参与者在计量日发生的有序交易中,转移负债所需支付的价格
性质	反映的是资产或负债在交易日的脱手价格,其应用有三个层次
选择与应用	交易性金融资产、交易性金融负债、以公允价值计量的投资性房地产、其他权益工具投资、其他债权投资等的计量

在这 5 种会计计量属性中,公允价值的应用相对复杂,但在部分资产和负债的计量应用上,准确理解公允价值对于后续学习很重要。

1. 进入价格和脱手价格

在企业取得资产或承担负债的交易中,交易价格是取得该资产所支付的价格或承担该负债所收到的价格,即进入价格。而相关资产或负债的公允价值是脱手价格,即出售该资产所能收到的价格或转移该负债所需支付的价格。

虽然企业取得资产或承担负债的进入价格不一定等于该资产或负债的脱手价格,但在大多数情况下,相关资产或负债的进入价格等于其脱手价格。

比如,在交易日,企业从活跃市场上购买了一项资产,取得该资产的交易价格与其脱手价格是相等的。那么,企业拥有的存在活跃市场的交易性金融资产以公允价值计量时,这里的公允价值就既是进入价格,也是脱手价格。在这种情况下,取得该资产的实际成本即历史成本,与其公允价值是一致的。

2. 公允价值应用的三个层次

企业以公允价值计量相关资产或负债,应当使用在当前情况下适用且有足够可利用数据和其他信息支持的估值技术。估值技术通常包括市场法、收益法和成本法。同时,企业应当将估值技术所使用的输入值划分为三个层次,并优先使用第一层次输入值,最后使用第三层次输入值,以提高信息的一致性和可比性。这里的输入值是指进行估值时所使用的依据。

(1) 第一层次输入值是企业在计量日能够取得的相同资产或负债在活跃市场上未经调整的报价。比如,在证券市场上交易的股票、债券、基金等,通常采用第一层次输入值。

(2) 第二层次输入值是除第一层次输入值以外的相关资产或负债直接或间接可观

察的输入值。第二层次输入值主要包括:

① 活跃市场上类似资产或负债的报价。

② 非活跃市场上相同或类似资产或负债的报价。

如果以类似资产或负债在活跃市场或非活跃市场上的报价为依据,企业需要对该报价进行调整。企业也需要判断哪些资产或负债与相关资产或负债类似。

③ 除报价以外的其他可观察输入值,包括在正常报价间隔期间可观察的利率和收益率曲线等。

④ 市场验证的输入值等。市场验证的输入值是指通过相关性分析或其他手段获得的主要来源于可观察市场数据或者经过可观察市场数据验证的输入值。

(3) 第三层次输入值是相关资产或负债的不可观察输入值。包括不能直接观察和无法由可观察市场数据验证的利率、股票波动率、企业合并中承担的弃置义务的未来现金流量、企业使用自身数据做出的财务预测等。

企业只有在相关资产或负债不存在市场活动或者市场活动很少导致相关可观察输入值无法取得或取得不切实可行的情况下,才能使用第三层次输入值,即不可观察输入值。

(五) 现值的计算及其在财务会计中的应用

现值是指对未来现金流量以恰当的折现率进行折现后的价值,它是一种考虑货币时间价值的计量属性。在财务会计的学习中,对债权投资、资产减值、应付债券、预计负债、长期应收款、长期应付款等的核算,都需要使用或考虑现值计量属性,因此需要准确理解和掌握现值计算的方法。

货币时间价值是指货币随着时间的推移而发生的增值,通常表现为利息,其实质是货币被投入生产经营活动而产生的增值。比如,现在将 100 元存入银行,一年后收回 105 元,其中 105 元即为未来现金流量,而该未来现金流量的现值即为 100 元,两者的差额 5 元即为 100 元在一年中发生的增值,用百分比表示为 5%,即每 100 元一年后可以增值 5 元,5% 被称为年利率。

因此,现在存入银行 10 000 元,在 5% 的年利率下,一年后应该增值 500 元,即一年后一共可以从银行收回 10 500〔10 000×(1+5%)〕元。反之,如果一年后要从银行收回 10 500 元,在 5% 的年利率下,现在要存入银行 10 000〔10 500/(1+5%)〕元,这里的 10 000 元即为一年后现金流量 10 500 元的现值。

根据以上基本原理,可以推导出以下 3 组常见的未来现金流量现值计算公式,它们也是财务会计中常用的现值计算公式。

1. 某笔未来现金流量的复利现值

在以复利(俗称"利滚利")计算利息的情况下,n 期后某笔未来现金流量的现值如图 1-4 所示。

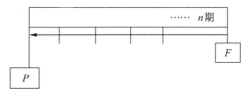

图 1-4 某笔未来现金流量的复利现值示意图

其现值计算公式为 $P=F/(1+r)^n=F\times(P/F,r,n)$。

其中：P 表示现值；F 表示 n 期后的一笔未来现金流量；r 表示对应期间的利率；n 表示期限；$1/(1+r)^n$ 称为复利现值系数，该系数可以用 $(P/F,r,n)$ 表示。

2. 多笔未来不等额现金流量的现值

如果未来发生的是间隔相等期间的 n 期不等额现金流量 $A_1,A_2,A_3,\cdots,A_n$，则多笔未来不等额现金流量的现值如图 1-5 所示。

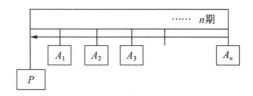

图 1-5　多笔未来不等额现金流量的现值示意图

其现值计算公式为 $P=\sum_{i=1}^{n}A_i/(1+r)^i$。

其中：$i=1,2,3,\cdots,n$；A_i 表示第 i 期期末的现金流量。

3. 多笔未来等额现金流量的现值

如果未来发生的是间隔相等期间的 n 期等额现金流量 $A,A,A,\cdots,A$，则多笔未来等额现金流量的现值如图 1-6 所示。

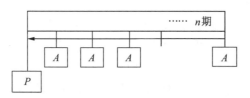

图 1-6　多笔未来等额现金流量的现值示意图

其现值计算公式为 $P=A\times\left[\sum_{i=1}^{n}1/(1+r)^i\right]=A\times(P/A,r,n)$。

其中：A 表示每期期末等额的现金流量（称为普通年金）；$\sum_{i=1}^{n}1/(1+r)^i$ 称为普通年金现值系数，该系数可以用 $(P/A,r,n)$ 表示。

下面以后续章节中的部分内容举例说明现值在财务会计中的应用。

【例 1-1】　2023 年 1 月 1 日，甲公司支付价款 1 500 万元（含交易费用）从活跃市场上购入乙公司 5 年期债券，面值 1 875 万元，票面利率 4.72%，按年支付利息（每年年末支付 88.5 万元），本金最后一次支付。甲公司根据其管理该债券的业务模式和该债券的合同现金流量特征，将该债券分类为以摊余成本计量的金融资产。假定不考虑所得税、减值损失等因素。（数据处理以万元为单位）

本例中，甲公司要处理该债权投资，需要确定实际利率，也就是折现利率。对于甲公司而言，该债券的未来现金流量包括两种：一种是将在每年年末收取的年利息，即为 5 年期的普通年金 88.5 万元；另一种是将在第 5 年年末收取的本金，即为单笔现金流量

1 875 万元。该债券的未来现金流量如图 1-7 所示。

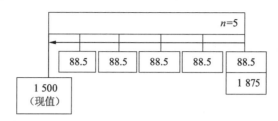

图 1-7 该债券的未来现金流量示意图

设折现利率为 r，根据未来现金流量的现值计算公式可得

$$88.5\times(1+r)^{-1}+88.5\times(1+r)^{-2}+88.5\times(1+r)^{-3}+88.5\times(1+r)^{-4}+(88.5+1\,875)\times(1+r)^{-5}=1\,500$$

也可以表示为 $88.5\times(P/A, r, 5)+1\,875\times(P/F, r, 5)=1\,500$。

采用多次测试和插值法计算该等式中的 r，最终得出结果为 10%。

【例 1-2】 2021 年 1 月 1 日，甲公司从乙公司购入一台不需要安装的激光设备。按照合同约定，甲公司采用分期付款方式支付价款，该设备价款共计 600 000 元，分三次在 2021 年至 2023 年的 3 年期间平均支付，付款日期为每年 12 月 31 日。乙公司该项货物销售的增值税纳税义务在合同约定的收款日期发生。在收款日当天，乙公司开具增值税专用发票，并将其交给甲公司，增值税税率为 13%。甲公司按照合同约定，如期分三次用银行存款支付了上述款项。假定折现率为 8%。

本例中，甲公司需要计算未来应付款的现值，该未来应付款为每年年末支付的等额现金 200 000 元，即为普通年金，计算可得

未来应付款的现值 = (600 000/3)×(P/A, 8%, 3)
= 200 000×2.577 1 = 515 420（元）

【例 1-3】 甲公司于 2022 年年末对一艘远洋运输船只进行减值测试，该船只账面价值 1.6 亿元，预计尚可使用年限为 8 年。该船只的公允价值减去处置费用后的净额难以确定，因此甲公司需要通过计算该船只未来现金流量的现值确定其可收回金额。假定甲公司认为 15% 是该船只的最低必要报酬率，已考虑了与该船只有关的货币时间价值和特定风险，因此以 15% 为折现率（税前）。本例中，该船只未来现金流量为多笔不等额现金流量，其现值计算如表 1-8 所示。

表 1-8 甲公司远洋运输船只未来现金流量现值计算表

年份	预计未来现金流量/万元	复利现值系数 (P/F, 15%, n)	预计未来现金流量的现值/万元
2023	2 500	0.869 6	2 174
2024	2 460	0.756 1	1 860
2025	2 380	0.657 5	1 565
2026	2 360	0.571 8	1 349

续表

年份	预计未来 现金流量/万元	复利现值系数 (P/F, 15%, n)	预计未来现金 流量的现值/万元
2027	2 390	0.497 2	1 188
2028	2 470	0.432 3	1 068
2029	2 500	0.375 9	940
2030	2 510	0.326 9	821
合计	—	—	10 965

(六) 学好"中级财务会计"课程的几点小贴士

会计是一门商业语言，通过对企业资金活动的数据进行分类处理，可以刻画或描画出企业整体的资金运行状况，因此会计是在商言商必不可少的工具之一。

而要学好"中级财务会计"课程，最基本的是要掌握好借贷记账法，因为该课程会涉及大量的会计分录，而这些会计分录是用来分类处理企业资金活动的。在学习时可以借助以下几点来厘清数据处理的逻辑关系：

(1) 有借必有贷，借贷必相等。资产类、负债类等各类账户的基本结构要记清楚。

(2) 厘清借贷方数据关系。数据所在账户方向不同，如一个在借方，另一个在贷方，那数据之间是相减的关系；数据所在账户方向相同，如同在借方，那数据之间是相加的关系。

(3) 转销或结转或核销某账户数据，通常意味着要将该账户数据从它原先所在方向的相反方向转出。如这个数据原先在账户借方，那转销时就应该从这个账户的贷方转出；如这个数据原先在贷方，那转销时就应该从这个账户的借方转出。这就是所谓数据归零处理，这个道理可以基于第(2)点来推导理解。

(4) 学会用T形账户来分析数据，特别是当一个账户处理的业务较复杂或较多时，而且在学习时又没有实务中的账簿可以直接翻找数据，这时画在草稿纸上的T形账户就可以帮助大家快速找到数据的来龙去脉。

(5) 在分析和处理企业具体经济业务或会计事项时，要时刻牢记分析所站的立场，是买方还是卖方、是股票或债券投资方还是发行方等，然后再去分析发生这样的经济业务对企业有什么样的影响，我们该做怎样的处理。这样就不太可能做出明明是买方，却确认应收账款、主营业务收入，或者明明是债券买方，也就是投资方，却确认应付债券的处理。

(6) 困扰大家的问题还有在面对企业的经济业务资料时，不知道什么时候该做怎样的处理，如编制哪些会计分录。这里给大家的建议如下：如果有明确的业务处理要求，那么就按照要求进行处理；如果没有明确的业务处理要求，如只是给了某一段时间的资料让大家来处理，那么就需要大家在平时的学习中注意掌握好这类业务所涉及的资产、负债等在"从生到死"的完整周期中所要进行的处理。

三、本章涉及的主要会计术语（表1-9）

表1-9 本章涉及的主要会计术语

序号	主要会计术语	
1	财务报告的目标	受托责任观
		决策有用观
2	会计基本假设	会计主体、持续经营、会计分期、货币计量
3	会计基础	权责发生制
4	会计信息质量要求	可靠性、相关性
		可理解性、可比性、实质重于形式
		重要性、谨慎性、及时性
5	会计要素	资产、负债、所有者权益
		收入、费用、利润
6	会计计量属性	历史成本、重置成本、可变现净值、现值、公允价值
7	财务报告	资产负债表
		利润表、现金流量表、所有者权益变动表
		附注等

第二节 练习题

一、单项选择题

1. 下列关于会计主体的说法，不正确的是（　　）。
A. 子公司既是会计主体，又是法律主体
B. 会计主体可以是一个企业，也可以是企业内部的某一个单位
C. 会计主体可以是单一的企业，也可以是由几个企业组成的企业集团
D. 当企业与业主有经济往来时，应将企业与业主作为同一个会计主体处理

2. 我国企业会计准则规定，企业的会计核算应当以（　　）为基础。
A. 权责发生制　　B. 实地盘存制　　C. 永续盘存制　　D. 收付实现制

3. 下列会计处理方法，符合权责发生制基础的是（　　）。
A. 企业销售产品只有在收到销售款项时才应确认收入
B. 企业预付的广告费应在预付给广告公司时确认为费用
C. 企业销售产品已符合收入确认条件，即便货款未收到也应确认收入
D. 企业借入的短期借款利息只能在支付时计入当期费用

4. 强调某企业各期提供的会计信息应当采用一致的会计政策，不得随意变更的会计信息质量要求是（　　）。
A. 可靠性　　　　B. 相关性　　　　C. 可比性　　　　D. 可理解性

5. 谨慎性要求会计人员在选择会计处理方法时（　　）。
A. 不高估资产或收益　　　　　　　B. 不高估负债或费用
C. 高估资产或收益、低估负债或费用　D. 设置秘密准备

6. 对可能发生的资产减值损失计提资产减值准备，所体现的会计信息质量要求是（　　）。
A. 及时性　　　B. 相关性　　　C. 谨慎性　　　D. 重要性

7. 资产按照购置时所支付的现金或现金等价物的金额计量的价值，或者按照购置时所付出的对价的公允价值计量的价值，称为（　　）。
A. 历史成本　　B. 重置成本　　C. 公允价值　　D. 现值

8. 资产和负债按照市场参与者在计量日发生的有序交易中，出售资产所能收到或转移负债所需支付的价格计量，这里所指的计量属性是（　　）。
A. 历史成本　　B. 可变现净值　　C. 现值　　D. 公允价值

9. 下列项目，属于反映企业财务状况的会计要素的是（　　）。
A. 资产　　　　B. 收入　　　　C. 费用　　　　D. 利润

10. 下列项目，属于利得的是（　　）。
A. 销售商品流入的经济利益　　　　B. 出售固定资产流入的经济利益
C. 出租建筑物流入的经济利益　　　D. 投资者投入的资本

二、多项选择题

1. 我国企业会计准则中规定的会计信息质量要求有（　　）。
A. 及时性　　　B. 实质重于形式　　　C. 持续经营
D. 相关性　　　E. 可理解性

2. 负债的特征有（　　）。
A. 负债只能是企业承担的法定义务
B. 负债的清偿预期会使经济利益流出企业
C. 负债是企业承担的现时义务
D. 负债是由企业过去的交易或事项形成的

3. 下列关于企业实现收入时会引起相关会计要素变化的说法，正确的有（　　）。
A. 资产的增加　　　　　　　B. 资产的减少
C. 负债的增加　　　　　　　D. 所有者权益的增加

4. 我国企业会计准则中规定的会计计量属性有（　　）。
A. 历史成本　　B. 现行成本　　C. 货币计量
D. 现值　　　　E. 可变现净值

5. 会计中期包括（　　）。
A. 年度　　　　B. 半年度　　　C. 季度　　　　D. 月度

三、判断题

1. 我国企业财务报告的目标是提供会计信息以帮助财务报告使用者做出经济决策。
（　　）

2. 法律主体必定是会计主体，会计主体不一定是法律主体。（　　）

3. 可靠性要求企业应当以实际发生的交易或事项为依据进行确认、计量和报告，如实反映符合确认和计量要求的各项会计要素及其他相关信息，保证会计信息真实可靠、内容完整。（　　）

4. 会计信息应在可靠的前提下，尽可能地做到相关，以满足财务报告使用者的需要。（　　）

5. 无论企业怎样，某项交易或事项重要性的判断标准应该是不变的。（　　）

6. 可比性要求企业采用的会计处理方法和程序前后各期应当一致，不得变更。（　　）

7. 资产是指企业过去的交易或事项形成的、由企业拥有或控制的、预期会给企业带来经济利益的资源。（　　）

8. 出售无形资产取得收益会导致经济利益的流入，所以它属于企业会计准则所界定的"收入"范畴。（　　）

9. 利得和损失分为两类，一类直接计入当期损益，另一类直接计入所有者权益。（　　）

10. 采用可变现净值计量属性，资产应该按照其正常对外销售所能收到的现金或现金等价物的金额计量。（　　）

四、阅读题

1. 请下载中兴通讯股份有限公司或其他你感兴趣的上市公司最近一年的年报，阅读了解年报的基本内容。下载网站（中国证监会指定的上市公司信息披露网站之一）：巨潮资讯网（http://www.cninfo.com.cn）。

2. 请登录中国证监会网站查阅其近期发布的有关上市公司的行政处罚决定，了解上市公司都有哪些违反信息披露或对外提供虚假会计信息的情况。官方网站：中国证券监督管理委员会网站（http://www.csrc.gov.cn）。

本章练习题参考答案

第二章 货币资金和应收款项

第一节 知识概要

一、本章知识思维导图（图2-1）

货币资金和应收款项是企业资产的重要组成部分，两者都属于金融资产范畴（预付账款除外），但由于其会计处理的特殊性，本章单独加以讲解。其中，货币资金的会计处理比较简单，但企业也不能忽视对它的管理。本章讲解的各类应收款项主要是企业在商业往来中形成的具有一定信用期限的债权，如应收账款、应收票据等，按第22号准则规定采用摊余成本计量（预付账款除外）。对这部分内容的学习，要注意不同债权形成的具体原因，以便分类核算各类债权。对于应收款项，企业通常很重视其周转，以促进其及时收回。

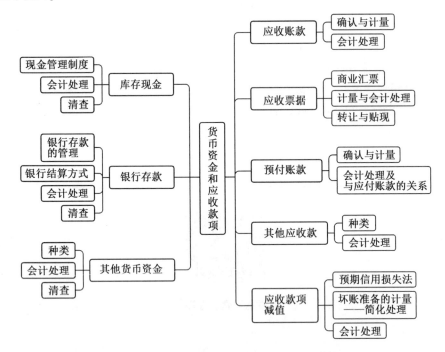

图2-1 "货币资金和应收款项"知识思维导图

二、本章重难点分析

本章重难点包括不同支付结算方式的区别、其他货币资金相关业务的会计分录、商业汇票的贴现及应收款项减值。

（一）不同支付结算方式的区别

企业应该根据内部控制的相关规定管理好企业的货币资金，既要保持企业货币资金的顺畅流动，采用恰当的支付结算方式办理经济活动的款项往来结算，又要能合理有效地利用闲置的货币资金，提高货币资金的使用效益，同时也要防止出现或及时发现货币资金的贪污、挪用、盗窃等问题。因此，在学习时要注意掌握现金管理的相关规定，如通常现金支付主要是针对个人或结算起点以下的零星支出，企业的资金进出按规定都是要通过银行这类金融机构进行的，从而能够形成资金往来的第三方记录，有利于资金的安全和清查。这样在学习时就要注意分清不同支付结算方式对企业货币资金的影响（表2-1），特别是以下四种票据结算方式（表2-2）。

表 2-1 不同支付结算方式的要点

支付结算方式	签发人或发起人	分类	付款期限、金额及付款方等规定	对发起方企业货币资金的影响
支票	拥有支票簿的企业签发	现金支票，可用于企业自己支取现金	自出票日起≤10日；按票面金额；委托银行付款；禁止签发空头支票	银行存款减少
		转账支票，只转账，可背书		
		普通支票，取现和转账皆可		
银行本票	付款方企业申请，银行签发	可转账，注明"现金"字样的银行本票可支取现金	须将款项交存银行；自出票日起≤2个月；按票面金额，银行见票即付；可背书	签发时形成"其他货币资金——银行本票"
银行汇票	付款方企业申请，银行签发	可转账，注明"现金"字样的银行汇票可支取现金	须将款项交存银行；自出票日起≤1个月；按实际结算金额（≤票面金额），银行见票即付；可背书	签发时形成"其他货币资金——银行汇票"
商业汇票	付款方企业签发或收款方企业签发	银行承兑汇票	≤6个月；按票面金额由银行承兑；可背书、贴现	应付票据增加
		商业承兑汇票	≤6个月；按票面金额由付款方承兑；可背书、贴现；到期可能无款支付	
汇兑	汇款人发起	略	委托银行汇款	银行存款减少
委托收款	收款人发起	略	委托银行收款	银行存款增加
托收承付	收款人发起	略	根据购销合同发货后；付款人承付，承付期3天或10天	银行存款增加
信用证	付款方企业申请，银行开具	略	常用于国际贸易；银行见证付款；≤1年	开证时形成"其他货币资金——信用证保证金"
信用卡	单位卡账户的资金从基本存款账户转账存入，不能存取现金；使用金额一次≤10万元；单位卡可办理商品交易和劳务供应款项的结算，但不得透支；款项形成"其他货币资金——信用卡"			
电子商业汇票	基本规定同商业汇票，但所有电票业务均通过电子系统办理，付款期限≤1年			

表 2-2　四种票据结算方式对企业货币资金的影响

票据种类	付款方企业	收款方企业
支票	付款方签发支票后，根据支票存根等，确认"银行存款"减少	将收到的支票/银行本票/银行汇票交存银行，在银行确认进账后，收款方确认"银行存款"增加，或者在收取现金时确认"库存现金"增加
银行本票	银行签发银行本票后，付款方确认"其他货币资金——银行本票"增加	
银行汇票	银行签发银行汇票后，付款方确认"其他货币资金——银行汇票"增加	
商业汇票	商业汇票签发并承兑后，付款方确认"应付票据"增加，此时不影响货币资金	收款方收到商业汇票时，确认"应收票据"增加，此时不影响货币资金

此外，在学习这些票据结算方式时要特别注意，银行承兑汇票不是银行汇票，它们是两种完全不同的票据，银行承兑汇票属于商业汇票。只有商业汇票才具有延期付款的功能，付款方采用票据结算方式支付款项时，只有商业汇票才能确认"应付票据"这种负债。收款方仅在收到商业汇票时，才能确认"应收票据"这种债权，收到其他种类的票据时，不能确认"应收票据"这种债权。

（二）其他货币资金相关业务的会计分录

1. 形成时

借：其他货币资金——×××

　　贷：银行存款

2. 使用时

借：在途物资/原材料/管理费用等科目

　　贷：其他货币资金——×××

3. 多余款转回或转销时

借：银行存款等科目

　　贷：其他货币资金——×××

（三）商业汇票的贴现

1. 贴现的定义与计算

贴现是指票据持有人将未到期的票据背书后转让给银行，由银行按票据到期价值扣除贴现日至票据到期日的利息后，将余额付给票据持有人，作为银行对票据持有人的短期贷款。其目的是融通资金。有关计算公式如下：

贴现净额 = 票据到期价值 - 贴现息

贴现息 = 票据到期价值 × 贴现率 × 贴现天数

贴现天数（贴现期）= 从贴现日到到期日的时间间隔

在计算时，需要注意贴现率和贴现天数应该反映同一个时间维度，如日利率对贴现天数，另外要注意贴现天数（贴现期）应该为银行出让该笔资金的时间长度，这些是在计算时容易出错的地方。

2. 贴现的会计处理

（1）如该业务符合金融资产终止确认的条件：企业应转销该应收票据，贷记"应收票据"科目。

(2) 如该业务不符合金融资产终止确认的条件：

① 企业此时不能转销该应收票据，应该直到到期时才转销。

② 企业此时应该确认一项新的负债"短期借款"，以反映企业的连带付款责任（企业要承担付款方到期不能支付票款的连带付款责任）。

（四）应收款项减值

根据第 22 号准则，本章所讲的应收款项（预付账款除外）属于金融资产，其减值应采用预期信用损失法，同时由于其属于不含重大融资成分的应收款项，所以其减值应采用简化处理方法，即始终按照整个存续期内预期信用损失的金额计量其损失准备（无须考虑现值）。

1. 坏账准备账户

坏账是指企业无法收回的应收款项，而坏账准备是指企业估计的无法收回的应收款项，该账户是应收款项类账户的备抵账户。坏账准备账户的具体核算内容如表 2-3 所示。

表 2-3 "坏账准备" T 形账户

借方	贷方
(1) 期末冲销多提（转回）的准备金额	(1) 期末计提的准备金额
(2) 已确认为坏账核销的准备金额	(2) 已确认为坏账但以后又重新收回的应收款项
	期末余额：期末估计的将来无法收回的应收款项（期末根据预期信用损失法计算）

2. 在资产负债表日估计预期信用损失金额

即计算坏账准备期末应有余额。

在资产负债表日，企业可以按单项应收款项或应收款项组合来对整个存续期内债务人的违约风险进行评估，从而合理估计预期无法收回的款项。

其中，应收款项组合是指企业根据账龄或客户类别等共同信用风险特征，将应收款项进行分类组合，同一组合内的应收款项应该具有相同或类似的信用风险。

(1) 企业可参照历史信用损失经验，编制应收款项逾期天数与估计信用损失率的对应表，一般逾期天数越多，债务人发生违约的风险就越大，信用损失也就越多。这种账龄分析法是常见的应收款项预期信用损失的估计方法。账龄应从应收款项确认之日起计算，到本资产负债表日为止。

(2) 如果企业的历史经验表明不同细分客户群体发生违约的情况存在显著差异，那么企业应当对客户群体进行恰当分组，如按地理区域、产品类型、客户评级、担保物、客户类型（如批发和零售客户）等分组，然后再运用上述账龄分析法，这样可以更好地反映应收款项的信用风险。

3. 在资产负债表日计算坏账准备的调整金额

即计算当期坏账准备计提的金额或转回的金额。

当期坏账准备计提或转回金额＝期末预期信用损失金额－坏账准备当前已有账面金额

注意：在采用倒推法计算当期坏账准备计提金额时，若上式计算结果为正数，则表示应计提，差额记入坏账准备账户贷方；若为负数，则表示应转回，差额记入坏账准备账户借方。

4. 编制相关坏账业务的会计分录（表2-4）

表2-4 相关坏账业务的会计分录

业务	会计分录	对企业的影响
期末计提坏账准备	借：信用减值损失——计提的坏账准备 　　贷：坏账准备	资产和利润均减少
期末转回坏账准备	借：坏账准备 　　贷：信用减值损失——计提的坏账准备	资产和利润均增加
实际发生坏账时核销坏账	借：坏账准备 　　贷：应收账款/其他应收款等科目	对资产和利润均无影响
	若核销金额超过已计提的准备金额，则差额计入当期的信用减值损失	资产和利润均减少
已确认坏账又重新收回	借：应收账款/其他应收款等科目 　　贷：坏账准备 同时： 借：银行存款 　　贷：应收账款/其他应收款等科目	对资产和利润均无影响
	或者直接编制分录： 借：银行存款 　　贷：坏账准备	

综上所述，在备抵法下，当应收款项信用风险发生变化，即预期信用损失增加或减少时，企业应当确认对当期利润增减变动的影响，这也是准则采用备抵法而不是直接转销法的优点，同时充分体现了谨慎性的会计信息质量要求。

三、本章涉及的主要会计科目（表2-5）

表2-5 本章涉及的主要会计科目

科目性质	总分类科目	明细分类科目	备注
资产类	库存现金		货币资金
	银行存款	可按金融机构设置	
	其他货币资金	按种类设置，如外埠存款、银行汇票、银行本票、信用卡、信用证保证金、存出投资款等	
	应收账款	可按客户等债务人设置	
	应收票据	可按开出、承兑商业汇票的单位设置	
	预付账款	可按供货单位设置	
	其他应收款	可按对方单位等设置	
	坏账准备	可按应收款项的类别设置	备抵账户
损益类	信用减值损失	可按减值损失的项目设置	针对金融资产

第二节 练习题

一、单项选择题

1. 企业无法查明原因的现金短缺，经批准后应借记的会计科目是（　　）。
   A. 其他应收款　　　　B. 财务费用　　　　C. 营业外支出　　　　D. 管理费用

2. 2023年9月30日，某企业银行存款日记账余额为216万元，收到的银行对账单上列示余额为212万元。经逐笔核对，该企业存在以下记账差错及未达账项：从银行账户转账支付6.9万元，会计人员误记为9.6万元；银行为企业代付电话费6.4万元，但企业未接到银行付款通知，尚未入账。9月30日调节后的银行存款余额为（　　）万元。
   A. 208.3　　　　B. 225.1　　　　C. 212.3　　　　D. 218.7

3. 下列各项，不会引起其他货币资金发生变动的是（　　）。
   A. 企业用银行本票购买办公用品
   B. 企业销售商品收到商业汇票
   C. 企业将款项汇往外地开立采购专业账户
   D. 企业为购买基金将资金存入在证券公司指定银行开立的账户

4. 某企业采用托收承付结算方式销售商品，增值税专用发票上注明的价款为500万元、增值税税额为65万元，为购货方垫付包装费2万元和运输费3万元，全部款项已办妥托收手续。假定不考虑其他因素，该企业应确认的应收账款金额为（　　）万元。
   A. 570　　　　B. 505　　　　C. 590　　　　D. 587

5. 如果企业预付款项业务不多且未设置"预付账款"科目，企业预付给供应商的采购款项，应记入（　　）。
   A. "应收账款"科目的借方　　　　B. "应付账款"科目的贷方
   C. "应收账款"科目的贷方　　　　D. "应付账款"科目的借方

6. 下列各项，属于"其他应收款"科目核算内容的是（　　）。
   A. 为购货单位垫付的运费　　　　B. 为职工垫付的房租
   C. 应收的销售商品款　　　　　　D. 应收的劳务款

7. 资产负债表日，企业应收账款发生减值，计提的坏账准备应记入（　　）的借方。
   A. "管理费用"科目　　　　　　　B. "资产减值损失"科目
   C. "信用减值损失"科目　　　　　D. "应收账款"科目

8. 某企业2023年12月初"坏账准备"科目贷方余额为6万元，12月31日对"应收账款"科目进行减值测试。经测试，该企业应收账款减值5万元。该企业2023年年末应计提的坏账准备金额为（　　）万元。
   A. -1　　　　B. 1　　　　C. 5　　　　D. 11

9. 某企业2023年年初"坏账准备"科目贷方余额为20万元，本年收回上年已确认为坏账的应收账款 5 万元，经减值测试确定"坏账准备"科目年末贷方余额应为 30 万元。假定不考虑其他因素，该企业 2023 年年末应计提的坏账准备金额为（　　）万元。

  A. 5   B. 10   C. 15   D. 30

10. 企业收到商业承兑汇票，如果到期付款人无款支付，则企业应当进行的处理为（　　）。

  A. 转作短期借款   B. 转作应收账款

  C. 不进行处理   D. 转作其他应收款

11. 企业向银行申领信用卡，交存相关款项，收到银行盖章退回的进账单。对于该项业务，企业应借记的会计科目是（　　）。

  A. 应收票据   B. 其他应收款   C. 其他货币资金   D. 银行存款

12. 按照现金管理的相关规定，下列经济业务，企业不能使用库存现金进行结算的是（　　）。

  A. 根据国家规定发给个人的文化艺术比赛奖金

  B. 支付给兼职人员的劳务报酬

  C. 向供应商采购原材料支付的大额款项

  D. 出差人员必须随身携带的差旅费

13. 下列各项，应通过"其他货币资金"科目核算的是（　　）。

  A. 为取得银行本票按规定存入银行的款项

  B. 购买生产设备开出的转账支票

  C. 购买材料开出的银行承兑汇票

  D. 销售商品收到的商业承兑汇票

14. 企业在现金清查的过程中，如果发现应由责任方赔偿的现金短缺，应记入的会计科目是（　　）。

  A. 管理费用   B. 营业外支出

  C. 其他应收款   D. 以前年度损益调整

15. 企业办理银行承兑汇票贴现，实际收到的金额与票面金额之间的差额应记入的会计科目是（　　）。

  A. 营业外支出   B. 财务费用   C. 管理费用   D. 其他业务成本

16. 下列各项，应通过"应收票据"科目核算的是（　　）。

  A. 交存银行的信用证保证金   B. 销售商品收到的转账支票

  C. 销售商品收到的商业承兑汇票   D. 向银行申请开出的银行本票

17. 银行承兑汇票到期无力支付时，企业应转入的会计科目是（　　）。

  A. 应付账款   B. 短期借款   C. 预收账款   D. 其他应付款

18. 某企业采用托收承付结算方式销售一批商品，增值税专用发票上注明的价款为 1 000 万元、增值税税额为 130 万元，为客户垫付运输费 5 万元，全部款项已办妥托收手续。该企业应确认的应收账款金额为（　　）万元。

  A. 1 000   B. 1 005   C. 1 130   D. 1 135

19. 2023年12月初，某企业"应收账款"科目借方余额为300万元，相应的"坏账准备"科目贷方余额为20万元，本月实际发生坏账损失6万元。2023年12月31日，经减值测试，该企业应补提坏账准备11万元。假定不考虑其他因素，2023年12月31日该企业资产负债表"应收账款"项目的金额为（　　）万元。

A. 269　　　　B. 274　　　　C. 275　　　　D. 280

20. "坏账准备"科目在期末的贷方余额，反映的内容是（　　）。

A. 当期计提的坏账准备　　　　B. 当期已经实际发生的坏账

C. 收回以前核销的坏账　　　　D. 期末估计的预期信用损失

二、多项选择题

1. 下列关于企业现金溢余的会计处理的表述，正确的有（　　）。

A. 无法查明原因的现金溢余计入营业外收入

B. 应支付给有关单位的现金溢余计入其他应付款

C. 无法查明原因的现金溢余冲减管理费用

D. 应支付给有关单位的现金溢余计入应付账款

2. 下列未达账项，会导致企业银行存款日记账余额大于银行对账单余额的有（　　）。

A. 企业送存支票，银行尚未入账

B. 企业开出支票，银行尚未支付

C. 银行代付电话费，企业尚未接到付款通知

D. 银行代收货款，企业尚未接到收款通知

3. 下列各项，企业应确认为其他货币资金的有（　　）。

A. 向银行申请银行本票划转的资金　　B. 为开立信用证而存入银行的专户资金

C. 汇往外地开立临时采购专户的资金　　D. 为购买股票向证券公司划出的资金

4. 下列各项，需要进行减值测试的有（　　）。

A. 应收账款　　B. 应收票据　　C. 预付账款　　D. 其他应收款

5. 下列各项，会导致企业应收账款账面价值减少的有（　　）。

A. 转销无法收回的应收账款　　B. 收回应收账款

C. 计提应收账款坏账准备　　　　D. 重新收回已作为坏账核销的应收账款

6. 按现行准则规定，下列各项，通过"应收票据"及"应付票据"科目核算的有（　　）。

A. 银行承兑汇票　　　　B. 信用证保证金存款

C. 银行本票存款　　　　D. 商业承兑汇票

7. 下列各项，应计入应收账款入账价值的有（　　）。

A. 销售商品的价款　　　　B. 销售商品的增值税

C. 为购货企业垫付的运杂费　　D. 销售货物发生的商业折扣

8. 会导致期末应收账款账面余额发生变动的有（　　）。

A. 计提坏账准备　　　　B. 结转已到期未收回的商业承兑汇票

C. 收回应收账款　　　　D. 收回已作为坏账核销的应收账款

三、判断题

1. 企业采购商品或接受劳务采用银行汇票结算时，应通过"应付票据"科目核算。（ ）

2. 企业开具转账支票以支付劳务款项，金额为10万元，企业的其他货币资金因此减少10万元。（ ）

3. 企业收到银行承兑汇票时，应确认"其他货币资金——银行汇票"增加。（ ）

4. 当应收票据的背书转让不符合金融资产终止确认的条件时，应收票据不能终止确认，这种情况下转让应收票据而购入的材料价款应视为负债处理，通过"应付账款"科目核算。（ ）

5. 其他应收款是指除应收票据、应收账款和预付账款等以外的，企业应收、暂付其他单位和个人的各种款项，通常属于企业发生的非购销活动的应收债权。（ ）

6. 企业在货币资金暂时不足的情况下，既可以向银行申请签发银行汇票或银行本票，也可以自己签发商业汇票进行相关款项的结算。（ ）

7. 企业需要支付现金时，可以从企业当日的现金收入中直接支付。（ ）

8. 按照企业会计准则的规定，企业应收账款等金融资产的减值应采用预期信用损失法。（ ）

9. 根据企业会计准则，对不含重大融资成分的应收款项等金融资产的减值采用简化处理方法，即按照整个存续期内预期信用损失的金额计量其损失准备。（ ）

10. 企业在确定应收款项减值的核算方式时，应根据企业实际情况，按照成本效益原则，在备抵法和直接转销法之间进行合理的选择。（ ）

四、计算分录题

1. **【库存现金日常业务】**甲公司2023年11月发生的有关经济业务如下：

（1）1日，出纳员签发现金支票一张，从银行提取现金5 000元以补充库存现金。

（2）2日，财务部门以现金拨付行政部门备用金3 000元，实行定额管理。

（3）5日，行政部门王尔出差预借差旅费2 000元，行政部门以现金支付。

（4）6日，后勤部门申请支付临时卫生清洁费500元，财务部门同意并用现金支付。

（5）8日，采购部门张三出差预借差旅费2 500元，财务部门用现金支付。

（6）27日，张三出差结束，按规定报销差旅费2 800元。

（7）28日，行政部门报销当月实际发生的差旅费1 850元，财务部门用现金补足其备用金。

（8）30日，因公司决定取消原先经理助理的备用金，经理助理按单据4 300元报销，其余700元交还财务部门。

要求：根据上述资料，假定不考虑税费，编制甲公司以上相关业务的会计分录。

2.【库存现金盘点】甲公司 2023 年发生的有关经济业务如下：

（1）11 月 30 日，在现金清查中发现现金溢余 120 元，经核查，其中 100 元属于张三报销时忘记取回的现金，其余 20 元属于无法查明原因的现金溢余。

（2）12 月 31 日，在现金清查中发现现金短缺 240 元，经核查，其中 150 元属于行政人员李思暂时支取的现金，应由其负责退回，其余 90 元属于无法查明原因的现金短缺。

要求：编制甲公司以上相关业务的会计分录。

3.【银行存款日常业务】甲公司 2023 年 7 月发生的有关经济业务如下：

（1）公司因按期退还租用的模具，收回押金，送存银行转账支票 2 万元。

（2）公司委托银行代收某企业货款 240 万元，已收到银行收款通知。

（3）公司开出转账支票 10 万元支付前欠其他企业的款项。

（4）银行代公司支付有关电费 5 万元，公司已收到银行付款通知。

（5）银行已将结算的活期存款利息 2 万元记入公司账户，公司已收到利息结算通知。

（6）公司委托银行支付职工工资 20 万元。

要求：假定不考虑税费，编制甲公司以上相关业务的会计分录。（分录金额以万元为单位）

4.【银行存款清查】甲公司 2023 年 6 月 30 日银行存款日记账余额为 500 万元，银行发来的 6 月份对账单上的银行存款余额为 754 万元。经逐笔核对，发现以下未达账项：

（1）公司于 6 月 30 日送存转账支票 1 万元，但银行尚未登记到公司存款账户上。

（2）公司当月委托银行代收某企业货款 240 万元，银行已于 6 月 30 日收妥并登记入账，但公司尚未收到银行收款通知。

(3) 公司于6月30日开出转账支票20万元，持票单位尚未到银行办理转账。

(4) 银行代公司支付有关电费10万元，但公司尚未收到银行付款通知。

(5) 出纳员将一笔收到的9万元转账支票错误记为6万元。

(6) 银行已将本季度结算的活期存款利息2万元记入公司账户，但公司尚未收到利息结算通知。

要求：编制银行存款余额调节表以核实银行存款的安全完整。（金额以万元为单位）

5. 【其他货币资金】甲公司为增值税一般纳税人，2023年发生的有关经济业务如下：

(1) 6月2日，向银行申请开立信用证1 200 000元，用于支付境外采购材料价款，公司已向银行缴纳保证金，并收到银行盖章退回的进账单。

(2) 6月28日，收到银行转来的境外供应商信用证结算凭证及所附发票账单、海关进口增值税专用缴款书等有关凭证，材料价款为1 000 000元，增值税税额为130 000元。其后，收到银行收款通知，信用证余款70 000元已转回银行账户。

(3) 7月16日，划出资金500 000元到在某证券公司开设的证券投资账户。

(4) 7月20日，购买股票并确认为交易性金融资产，为此支付价款480 000元、交易费用1 500元。

(5) 7月21日，开具商业汇票结算材料采购价款，向银行申请承兑该商业汇票，并因此向银行缴纳承兑保证金1 130 000元。忽略材料采购业务。

(6) 12月21日，银行承兑汇票到期，收到银行付款通知，该承兑保证金已支付到期商业汇票款1 130 000元。

要求：编制甲公司以上相关业务的会计分录。

6.【应收账款】甲公司为增值税一般纳税人,2023年3月15日向乙公司销售一批商品,商品控制权已转移,增值税专用发票已开,不含税价格为300 000元,增值税税额为39 000元,信用期为3个月。另外,甲公司以银行存款垫付运输费2 000元(未取得扣税凭证),已办理托运手续。该批商品成本为220 000元。2023年6月15日,甲公司收到款项。

要求:编制甲公司以上相关业务的会计分录。

7.【应收票据】甲公司为增值税一般纳税人,2023年4月1日向乙公司销售一批商品,商品控制权已转移,价款为300 000元,增值税税额为39 000元。甲公司收到乙公司开具的一张3个月期的商业承兑汇票,面值为339 000元,支付所购商品的价款和增值税税款。

2023年7月1日,分以下两种情况进行会计处理:

(1)假设甲公司收到票据款项。

(2)假设甲公司没有收到票据款项。

要求:编制甲公司以上相关业务的会计分录。

8.【应收账款与应收票据】甲公司为增值税一般纳税人,2022年9月1日向乙公司销售一批商品,成本为800 000元,商品控制权已转移,价款为1 000 000元,尚未收到,已办妥托收手续,适用的增值税税率为13%,信用期为3个月。

2022年12月1日,甲公司收到乙公司开具的一张3个月期的银行承兑汇票,面值为1 130 000元,抵付所购商品的价款和增值税税款。

2023年3月1日,甲公司收回票面金额1 130 000元存入银行。

要求:编制甲公司以上相关业务的会计分录。

9.【贴现】2023 年 7 月 1 日，甲公司收到 B 公司出具的一张带息银行承兑汇票以抵付前欠货款，面值 58 500 元，年利率 3%，期限 6 个月。甲公司 2023 年 9 月 1 日到银行办理了该票据的贴现，贴现率为 4%。该贴现的银行承兑汇票不附追索权，符合金融资产终止确认的条件。

要求：计算甲公司贴现息、贴现净额并编制相应的会计分录。

10.【贴现】2023 年 7 月 16 日，甲公司收到乙公司出具的一张银行承兑汇票以抵付前欠货款，面值 58 500 元，期限 6 个月。甲公司 2023 年 9 月 16 日到银行办理了该票据的贴现，贴现率为 4%。该贴现的银行承兑汇票附有追索权。后续到期乙公司如约兑付该票据。

要求：计算甲公司贴现息、贴现净额并编制相应的会计分录。

11.【预付账款】甲公司为增值税一般纳税人，某月 10 日从乙公司采购材料 5 000 千克，单价 10 元/千克，所需支付的价款总计 50 000 元。按照合同规定，甲公司向乙公司预付价款的 50%，验收货物后补付其余款项。当月 15 日，甲公司收到乙公司发来的 5 000 千克材料，验收无误，增值税专用发票上注明的价款为 50 000 元、增值税税额为 6 500 元，甲公司以银行存款补付其余款项 31 500 元。

要求：编制甲公司以上相关业务的会计分录。

12. 【其他应收款】甲公司2023年发生的有关经济业务如下：

(1) 3月2日，从丁公司租入一批包装物，以银行存款向丁公司支付押金10 000元。3月12日，向丁公司如数退回所租包装物，并收到丁公司退还的押金10 000元，已存入银行。

(2) 4月5日，行政人员李思出差预借差旅费2 000元，以现金支付。4月10日，李思出差归来，实际报销差旅费1 800元，并将剩余现金200元交回。

(3) 6月24日，以银行存款替职工赵午垫付应由其个人负担的费用3 000元。6月30日，从赵午工资中扣回。

要求：编制甲公司以上相关业务的会计分录。

13. 【坏账准备计提】甲公司按年采用预期信用损失法计量坏账准备，估计坏账损失率为10%。

要求：

(1) 假设甲公司2023年年初对应收账款进行减值测试，年末应收账款余额为2 000万元。不考虑其他因素，计算2023年甲公司应计提坏账准备的金额。

(2) 假设甲公司2023年年初坏账准备余额为180万元，年末应收账款余额为2 000万元。不考虑其他因素，计算2023年甲公司应计提坏账准备的金额。

(3) 假设甲公司2023年年初坏账准备余额为250万元，年末应收账款余额为2 000万元。不考虑其他因素，计算2023年甲公司应计提坏账准备的金额。

(4) 分别计算以上三种情况下年末应收账款的账面价值（报表列报金额）。

14.【坏账准备计提】甲公司采用预期信用损失法计量坏账准备,估计坏账损失率为10%。甲公司2023年年初应收账款余额为2 000万元、坏账准备余额为200万元,当年发生与应收账款有关的业务如下:(1)新增赊销额500万元;(2)收回应收款项700万元;(3)发生坏账200万元;(4)收回以前的坏账100万元。

要求:假定不考虑其他因素,计算2023年甲公司应计提坏账准备的金额。

15.【按单项测试计提坏账准备】2021年12月31日,甲公司"应收账款——丙公司"账户余额为100万元,甲公司根据预期信用损失法确定应计提10万元坏账准备,此前坏账准备余额为0。

2022年6月,甲公司应收丙公司账款实际发生坏账3万元。

2022年年末,甲公司应收丙公司账款余额为120万元,经减值测试,预期信用损失为12万元。

2023年1月20日,甲公司收回2022年已作为坏账转销的丙公司应收账款2万元,已存入银行。

2023年年末,甲公司应收丙公司账款余额为80万元,经减值测试,预期信用损失为8万元。

要求:编制甲公司以上相关业务的会计分录。(分录金额以万元为单位)

16.【按组合测试计提坏账准备】乙公司采用预期信用损失法简便计提应收账款减值准备,根据乙公司的历史经验,不同细分客户群体发生损失的情况没有显著差异,因此在计算坏账准备时没有进一步区分不同的客户群体,而是将全部客户作为具有类似信用风险特征的组合进行减值测试。乙公司估计其应收账款违约损失率为5%。乙公司有关应收账款的情况如下:

(1)2020年年末,应收账款余额为160万元。

(2) 2021年年末，应收账款余额为220万元。

(3) 2022年，确认一笔应收账款为坏账，客户A企业坏账2.5万元，年末应收账款余额为110万元。

(4) 2023年，上年度已冲销的A企业应收账款又收回1万元。

(5) 2023年年末，应收账款余额为100万元。

要求：根据上述资料，编制乙公司应收账款计提坏账准备的会计分录。（分录金额以万元为单位）

17.【按账龄测试计提坏账准备】乙公司采用预期信用损失法计提应收账款减值准备，对应收账款始终按照整个存续期内的预期信用损失计量减值准备。根据乙公司的历史经验，不同细分客户群体发生损失的情况没有显著差异，因此在计算坏账准备时没有进一步区分不同的客户群体。

乙公司2023年年初坏账准备余额为40万元，当年因客户C公司实际发生坏账8万元，此外没有变动。2023年12月31日，乙公司应收账款按账龄统计数据如表2-6所示。整个存续期预期信用损失率是基于历史实际信用损失经验计算的，并考虑了历史数据收集期间的经济状况、当前的经济状况与乙公司所认为的预计存续期内的经济状况。

表2-6　乙公司应收账款按账龄统计数据

账龄	年末账面余额/万元	整个存续期预期信用损失率/%
1年以内（含1年）	1 000	1
1年至3年（含3年）	500	5
3年以上	100	20
合计	1 600	—

要求：根据上述资料，编制乙公司以上相关业务的会计分录。（分录金额以万元为单位）

18. 【按单项测试和组合测试计提坏账准备】甲公司采用预期信用损失法对其他应收款进行简便减值测试，其中与合作方往来款、应收联营/合营企业款等，按照单项估计预期信用损失，因为这些其他应收款的回收情况必须考虑相关合作项目等的情况；其他性质的其他应收款，作为具有类似信用风险特征的组合，基于历史实际信用损失率估计预期信用损失，并考虑历史数据收集期间的经济状况、当前的经济状况与未来经济状况预测。

已知甲公司年末调整坏账前，单项1的坏账准备余额为3.5万元，单项2的坏账准备余额为1万元，单项3的坏账准备余额为1.12万元，组合的坏账准备余额为4.38万元。

2023年年末，甲公司其他应收款余额为1 200万元，有关坏账准备计提分类数据如表2-7所示。

表2-7 甲公司坏账准备计提分类数据

类别	年末账面余额/万元	整个存续期预期信用损失率/%
按单项计提坏账准备：		
单项1	500	0.5
单项2	400	0.6
单项3	280	0.4
按组合计提坏账准备	20	5
合计	1 200	—

要求：根据上述资料，编制甲公司以上相关业务的会计分录。（分录金额以万元为单位）

本章练习题参考答案

存 货

第一节 知识概要

一、本章知识思维导图（图 3-1）

存货是企业一项重要的流动资产。存货区别于固定资产等非流动资产的最基本特征是企业持有存货的最终目的是出售，不论是可供直接出售，如企业的产成品、商品等，还是需要进一步加工后才能出售，如原材料等。企业对存货成本的正确计算和有效控制，对于其形成成本优势，从而在市场竞争中占据主动地位很关键。本章在对存货确认和计量进行讲解的基础上，对各类常见存货的核算进行了较为详细的阐述。

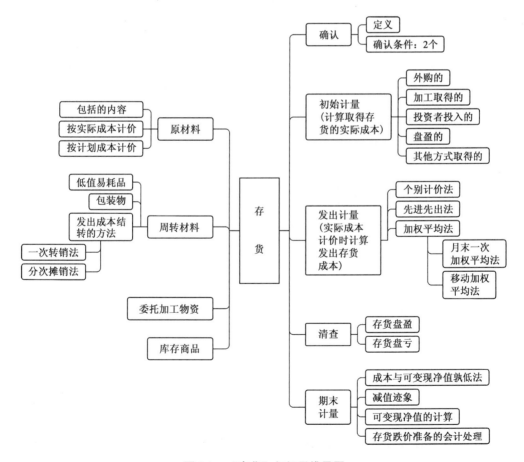

图 3-1 "存货"知识思维导图

二、本章重难点分析

本章重难点包括存货的初始计量、实际成本核算、计划成本核算、期末计量及周转材料发出成本的结转或摊销方法。

存货的计量包括初始计量、发出计量及期末计量,但在实际成本核算和计划成本核算下,存货计量的处理流程存在差异,这些是在学习时需要重点掌握的。在周转材料的学习中,需要注意其成本的结转或摊销,可以采用一次转销法计入当期成本费用,也可以采用分次摊销法,即按照周转材料预计使用次数将周转材料的成本分期计入各期成本费用。

此外,存货的领用或耗用,在确定其成本承担对象时,通常遵循"谁使用、谁受益、谁承担"的原则,因此为生产产品领用材料,自然该材料成本由产品承担,此时就由一种存货资产变成了另一种存货资产。如果是为销售领用包装物,自然该包装物成本就由销售费用承担,此时就由一种存货资产变成了期间费用。

（一）存货的初始计量（图 3-2）

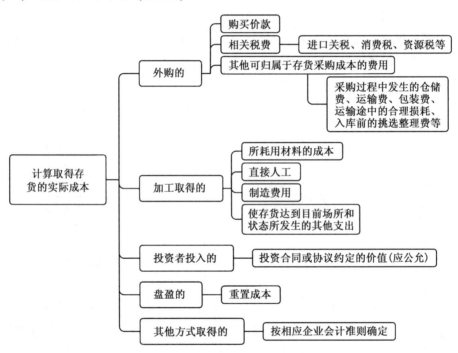

注意：不能归属于使存货达到目前场所和状态的支出,是不符合存货的定义和确认条件的支出,应在发生时计入当期损益。

图 3-2　存货的初始计量知识结构图

（二）存货按实际成本核算

如果企业对存货采用实际成本核算,那么需要厘清不同的发出存货成本的计价方法的差异,明确如何根据存货的特点及企业自身对存货管理的实际需要去选择恰当的发出存货成本的计价方法。

（1）在取得存货时,按不同的取得来源计算确定存货的实际成本,并记入存货账户。

（2）在发出存货时,按个别计价法、先进先出法或加权平均法计算所发出存货的实际成本,并按"谁领用、谁负担"的原则,从存货账户结转记入相关账户。发出存货如有跌价准备,也应按比例结转。

(3) 在资产负债表日,按照成本与可变现净值孰低法,计算确定结存存货的期末计量金额,并据此编制相关准备计提或转回的会计分录。

(三) 存货按计划成本核算

1. 按计划成本核算的流程

如果企业对存货采用计划成本核算,那么需要事先制定好各项存货的计划成本目录,而且计划单位成本在年度内一般不做调整。

(1) 在取得存货时,确定存货的实际成本及计划成本,并按存货的计划成本,记入存货账户;计算取得存货的实际成本与计划成本的差额,记入"材料成本差异"这类账户。

(2) 在发出存货时,按发出存货的计划成本,记入存货账户和对应成本费用账户。

(3) 在月末,计算当月成本差异率及当月发出存货应负担的成本差异,记入"材料成本差异"这类账户和相应成本费用账户。材料成本差异分配如图3-3所示。

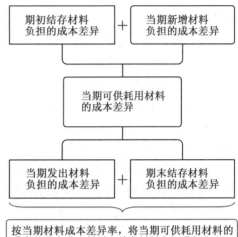

图 3-3 材料成本差异分配图

(4) 在资产负债表日,按照成本与可变现净值孰低法,比较结存存货的实际成本与可变现净值,计算确定结存存货的期末计量金额,并据此编制相关准备计提或转回的会计分录。

2. 相关账户设置(表3-1)

表 3-1 相关账户设置

"材料采购" T 形账户

借方	贷方
购入材料的实际成本	入库材料的实际成本 (=计划成本+超支差异/-节约差异)
期末余额:尚未验收入库材料的实际成本	

"原材料" T 形账户

借方	贷方
入库材料的计划成本	发出材料的计划成本
期末余额:结存材料的计划成本	

"材料成本差异" T 形账户

借方	贷方
(1) 入库材料形成的超支差异	(1) 入库材料形成的节约差异
(2) 发出材料应负担的节约差异	(2) 发出材料应负担的超支差异
期末余额:结存材料应负担的超支差异	期末余额:结存材料应负担的节约差异

"材料成本差异"账户是存货类账户的调整账户,其期末余额到底是附加还是备抵,取决于该账户期末余额的方向,在借方则是附加,在贷方则是备抵。

3. 入库和出库材料的成本差异结转方向的判断

简单来说,在计划成本核算下,超支差异变动方向与存货增减变动方向一致,节约差异变动方向则与存货增减变动方向相反。

这就要求我们厘清成本差异与实际成本及计划成本之间的数据关系,它们的关系可以用以下公式表示:

实际成本 = 计划成本 + 超支差异

实际成本 = 计划成本 − 节约差异

由以上等式可知,超支差异与计划成本同向,节约差异则与计划成本反向。

因此,在计划成本法下,材料增加记入"原材料"账户的借方,其超支差异记入"材料成本差异"账户的借方,节约差异则记入贷方;材料减少记入"原材料"账户的贷方,其超支差异记入"材料成本差异"账户的贷方,节约差异则记入借方。

"材料成本差异"账户的期末借方或贷方余额,是期末结存材料应负担的成本差异,在资产负债表日应作为期末结存材料计划成本的调增或调减金额进行处理。

4. 相关会计分录(以原材料为例)(表3-2)

表3-2 原材料按计划成本核算的相关会计分录

业务	会计分录
采购时	借:材料采购 　　应交税费——应交增值税(进项税额) 贷:银行存款/应付票据等科目
入库时	借:原材料 　贷:材料采购 　　　材料成本差异(如果是节约差异) 或借:材料成本差异(如果是超支差异)
发出时	借:生产成本/制造费用/管理费用/其他业务成本等科目 　贷:原材料
月末结转发出原材料的成本差异时	借:生产成本/制造费用/管理费用/其他业务成本/委托加工物资等科目 　贷:材料成本差异 (或相反分录)

(四)存货的期末计量

资产负债表日,存货应当按照成本与可变现净值孰低计量,也就是对期末结存存货按照成本与可变现净值两者中较低者进行计量。

1. 存货的期末计量流程（图 3-4）

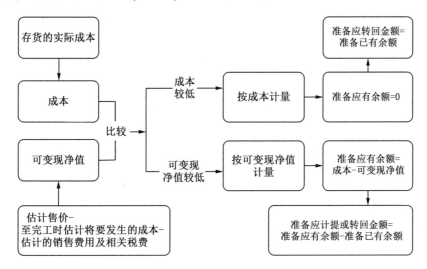

图 3-4　存货的期末计量流程

2. 确定存货可变现净值时应考虑的因素（图 3-5）

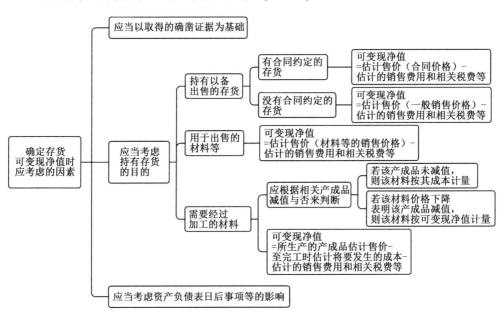

图 3-5　确定存货可变现净值时应考虑的因素

3. 存货跌价准备账户（表 3-3）

表 3-3　"存货跌价准备" T 形账户

借方	贷方
（1）转回的存货跌价准备金额	计提的存货跌价准备金额
（2）因发出存货等而结转的存货跌价准备金额	
	期末余额：已计提但尚未转销的存货跌价准备金额

4. 存货跌价准备业务的相关会计分录（表 3-4）

表 3-4　存货跌价准备业务的相关会计分录

业务	会计分录
期末计提存货跌价准备时	借：资产减值损失 　　贷：存货跌价准备
期末转回存货跌价准备时	借：存货跌价准备 　　贷：资产减值损失
因出售等而结转存货跌价准备时	借：主营业务成本/其他业务成本/待处理财产损溢等科目 　　　存货跌价准备 　　贷：库存商品/原材料等科目

（五）周转材料发出成本的结转或摊销方法

下面以采用实际成本核算的低值易耗品为例进行说明，如图 3-6 所示。

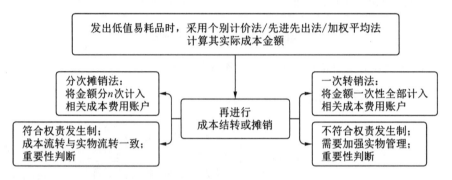

图 3-6　低值易耗品成本结转或摊销方法

三、本章涉及的主要会计科目（表 3-5）

表 3-5　本章涉及的主要会计科目

科目性质	总分类科目	明细分类科目	备注
资产类	在途物资	按物资品种或种类设置	
	原材料	按材料品种或种类设置	
	材料采购	按材料品种或种类设置	计划成本核算时设置
	材料成本差异	按材料品种或种类设置	期末余额在借方或贷方
	周转材料	按品种或种类设置	
	低值易耗品	按品种或种类设置；在库、在用、摊销	分次摊销法
	包装物	按品种或种类设置	
	委托加工物资	按品种或种类设置	
	生产成本	按品种或种类设置	
	库存商品	按品种或种类设置	
	产品成本差异	按品种或种类设置	期末余额在借方或贷方
	存货跌价准备	按品种或种类设置	备抵账户
损益类	资产减值损失	可按减值损失的项目设置	

第二节 练习题

一、单项选择题

1. 某企业为增值税一般纳税人，2023年9月购入一批原材料，增值税专用发票上注明的价款为50万元、增值税税额为6.5万元，款项已经支付。另外，该企业以银行存款支付装卸费0.3万元（不考虑增值税），入库时发生挑选整理费0.2万元，运输途中发生合理损耗0.1万元。假定不考虑其他因素，该批原材料的入账成本为（　　）万元。

　　A. 50.5　　　　　B. 59　　　　　C. 50.6　　　　　D. 50.4

2. 在存货价格上涨的情况下，采用（　　）会导致期末结存存货成本较高。

　　A. 移动加权平均法　　　　　　　B. 个别计价法
　　C. 月末一次加权平均法　　　　　D. 先进先出法

3. 某企业材料采用计划成本核算。月初结存材料计划成本为200万元，材料成本差异为节约20万元，当月购入一批材料，实际成本为135万元，计划成本为150万元，当月领用材料的计划成本为180万元。该企业当月结存材料的实际成本为（　　）万元。

　　A. 153　　　　　B. 162　　　　　C. 170　　　　　D. 187

4. 如果企业结存存货已经计提跌价准备，则期末存货的账面价值是指（　　）。

　　A. 账面计划成本　　　　　　　　B. 账面实际成本减已计提的跌价准备
　　C. 公允价值　　　　　　　　　　D. 账面实际成本

5. 2023年6月5日，增值税一般纳税人甲公司委托某量具厂加工一批量具（非应税消费品），发出材料计划成本为80 000元，材料成本差异率为5%，以银行存款支付运杂费2 000元。6月25日，以银行存款支付上述量具的加工费用20 000元、增值税税额2 600元。6月30日，收回委托加工的量具，并以银行存款支付运杂费3 000元。假定不考虑其他因素，甲公司收回的该批量具实际成本为（　　）元。

　　A. 102 000　　　　B. 105 000　　　　C. 103 000　　　　D. 109 000

6. 某企业为增值税一般纳税人，收回委托加工的一批应税消费品A材料，原材料的实际成本为210万元，加工费为10万元，增值税税额为1.3万元，消费税税额为1.7万元，收回的A材料要连续生产应税消费品。这批材料的入账价值为（　　）万元。

　　A. 220　　　　　B. 221.7　　　　C. 223　　　　　D. 255.7

7. 某商场库存商品采用售价金额法核算。2023年5月，该商场期初库存商品进价成本总额为200万元，售价总额为220万元；当月购入商品进价成本总额为70万元，售价总额为80万元；当月销售收入总额为240万元。该商场2023年5月的销售成本总额为（　　）万元。

　　A. 216　　　　　B. 200　　　　　C. 70　　　　　　D. 210

8. 至会计期末尚未经批准处理的待处理财产损溢，企业应当（　　）。

　　A. 在资产负债表中单列项目反映

B. 在利润表中单列项目反映

C. 先按规定的方法进行会计处理，以后如有不同再做调整

D. 不进行会计处理，待企业相关机构批准后再处理

9. 某企业为增值税一般纳税人，因管理不善造成一批库存原材料被盗，该批原材料的实际成本为40 000元，购买时支付的增值税税额为5 200元，应收保险公司赔偿21 000元。假定不考虑其他因素，该批被盗原材料形成的净损失为（　　）元。

　　A. 24 200　　　　　　B. 40 000　　　　　　C. 45 200　　　　　　D. 19 000

10. 某企业2023年3月31日乙存货的实际成本为100万元，经测试发生减值。加工该存货至完工产成品估计将发生成本25万元，估计销售费用和相关税费为3万元，估计该存货生产的产成品售价为120万元。假定乙存货月初"存货跌价准备"科目余额为12万元，2023年3月31日应计提的存货跌价准备为（　　）万元。

　　A. -8　　　　　　　B. 4　　　　　　　　C. 8　　　　　　　　D. -4

11. 某企业为增值税一般纳税人，采购物资一批，取得的增值税专用发票上注明的价款为30万元、增值税税额为3.9万元，款项未付。另外，该企业支付了包装物押金2万元，同时支付了运输途中的保险费，取得的增值税专用发票上注明保险费1万元、增值税税额0.06万元。假定不考虑其他因素，该企业采购物资的成本为（　　）万元。

　　A. 30　　　　　　　B. 33　　　　　　　C. 31　　　　　　　D. 33.9

12. 某企业为增值税小规模纳税人，购入一批原材料，取得的增值税专用发票上注明的价款为400 000元、增值税税额为52 000元，发生入库前挑选整理费500元，原材料已经验收入库。该批原材料的入账价值为（　　）元。

　　A. 452 500　　　　　B. 452 000　　　　　C. 400 000　　　　　D. 400 500

13. 某企业为增值税一般纳税人，购入一批商品100千克，进货价格为100万元，增值税进项税额为13万元。该企业在所购商品到达后组织验收，发现商品短缺25%，其中合理损失15%，另外10%的短缺无法查明原因。该批商品的单位成本为（　　）万元。

　　A. 1　　　　　　　B. 1.4　　　　　　　C. 1.2　　　　　　　D. 1.25

14. 某企业采用先进先出法计算发出材料成本，2023年11月初结存M材料100千克，每千克实际成本为30元；11日购入M材料260千克，每千克实际成本为23元；21日发出M材料240千克。该企业发出M材料的成本为（　　）元。

　　A. 5 986.67　　　　B. 7 200　　　　　　C. 5 520　　　　　　D. 6 220

15. 某企业采用月末一次加权平均法计算发出材料成本，2023年3月1日结存甲材料200件，单位成本40元/件；3月15日购入甲材料400件，单位成本35元/件；3月20日购入甲材料400件，单位成本38元/件；当月共发出甲材料500件。该企业3月发出甲材料的成本为（　　）元。

　　A. 18 600　　　　　B. 18 500　　　　　C. 19 000　　　　　D. 20 000

16. 某企业采用移动加权平均法计算发出材料成本，月初结存乙材料13吨，单价8 290元/吨。本月3日购入乙材料5吨，单价8 800元/吨；17日购入乙材料12吨，单价7 900元/吨。本月10日领用乙材料10吨，28日领用乙材料10吨。该企业月末结存

乙材料的成本为（　　）元。

A. 81 126.70　　　B. 78 653.25　　　C. 85 235.22　　　D. 67 221.33

17. 企业采用计划成本法核算原材料，对于货款已付但尚未验收入库的在途材料，应记入的会计科目是（　　）。

A. 在途物资　　　B. 原材料　　　C. 周转材料　　　D. 材料采购

18. 甲、乙公司均系增值税一般纳税人。甲公司委托乙公司加工一批应缴纳消费税的产品。该批产品收回后直接用于销售。为了加工该批产品，甲公司耗用原材料的成本为60万元，支付加工费30万元、增值税税额3.9万元、消费税税额10万元。假定不考虑其他因素，甲公司收回的该批产品入账价值为（　　）万元。

A. 93.9　　　B. 90　　　C. 103.9　　　D. 100

19. 企业收回后直接对外销售的委托加工物资，由受托方代收代缴并准予抵扣的消费税，应记入的会计科目是（　　）。

A. 委托加工物资　　B. 材料成本差异　　C. 税金及附加　　D. 应交税费

20. 甲公司12月初库存商品借方余额为1 500万元，对应的存货跌价准备贷方余额为30万元，当月销售库存商品结转的成本为500万元，当月完工入库的库存商品成本为800万元。12月末库存商品的可变现净值为1 790万元，则甲公司当月应计提的存货跌价准备为（　　）万元。

A. 20　　　B. 0　　　C. -20　　　D. -10

二、多项选择题

1. 下列各项，应计入相关资产成本的有（　　）。

A. 企业进口原材料缴纳的关税

B. 企业购进应税消费品缴纳的消费税

C. 小规模纳税人企业购买商品支付的增值税

D. 一般纳税人企业进口原材料支付的增值税

2. 企业可以采用的发出存货成本的计价方法有（　　）。

A. 先进先出法　　　　　　　　B. 移动加权平均法

C. 个别计价法　　　　　　　　D. 成本与可变现净值孰低法

3. 下列有关包装物的会计处理的表述，正确的有（　　）。

A. 随商品出售不单独计价的包装物成本，计入销售费用

B. 为生产产品领用的包装物成本，计入生产成本

C. 随商品出售单独计价的包装物成本，计入其他业务成本

D. 多次反复使用的包装物成本，可以根据使用次数分次摊销计入相应成本费用

4. 下列各项，应计入加工收回后直接出售的委托加工物资成本的有（　　）。

A. 由受托方代收代缴的消费税　　B. 支付委托加工的往返运输费

C. 实际耗用的原材料费用　　　　D. 支付的加工费

5. 下列各项，影响企业资产负债表日存货可变现净值的有（　　）。

A. 存货的账面价值

B. 销售存货过程中估计的销售费用及相关税费

C. 存货的估计售价

D. 存货至完工时估计将要发生的成本

6. 下列各项，应计入企业存货成本的有（　　）。

A. 存货加工过程中发生的直接人工

B. 为特定客户设计产品的可直接确定的设计费用

C. 为达到下一个生产阶段所必需的仓储费用

D. 存货采购运输中发生的定额内合理损耗

7. 下列关于存货清查的表述，正确的有（　　）。

A. 存货盘盈形成的收益应计入营业外收入

B. 存货盘盈或盘亏均应通过"待处理财产损溢"科目处理

C. 管理不善造成存货盘亏的净损失应计入管理费用

D. 自然灾害造成存货盘亏的净损失应计入营业外支出

8. 某企业为增值税一般纳税人，委托外单位加工一批材料，发出材料的实际成本为200万元，支付加工费10万元，取得的增值税专用发票上注明的增值税税额为1.3万元，受托方代收代缴的可抵扣消费税为30万元。该企业收回这批材料后用于继续加工应税消费品或直接出售。假定不考虑其他因素，该批材料加工收回后的入账价值分别为（　　）万元。

A. 241.3　　　　B. 210　　　　C. 211.3　　　　D. 240

三、判断题

1. 周转材料是指企业能够多次使用、逐渐转移其价值但仍保持原有形态且不确认为固定资产的材料，包括包装物、低值易耗品等。（　　）

2. 在移动加权平均法下，企业月末结存存货的实际成本与存货的现行成本较为接近。（　　）

3. 个别计价法适用于企业可替代使用的、进出数量大且较为频繁的存货。（　　）

4. 企业存货的日常核算，可以采用实际成本，也可以采用计划成本，但在计划成本核算下，企业期末存货的计划成本最终必须调整为实际成本。（　　）

5. "材料成本差异"账户是存货类账户的调整账户，该账户期末借方余额表示企业结存存货应负担的节约差异，反之表示企业结存存货应负担的超支差异。（　　）

6. 按照税法的规定，凡外购货物发生非正常损失的，其增值税专用发票上注明的增值税税额不得计入当期进项税额，应予以转出。（　　）

7. 若以前减记存货价值的影响因素消失了，如存货市场价格回升，应转回存货跌价准备，借记"存货跌价准备"科目，因此存货跌价准备账户有可能出现借方余额。（　　）

8. 与在同一地区生产和销售的产品系列相关、具有相同或类似最终用途或目的，且难以将其与该产品系列的其他项目区别开来进行估价的存货，可以合并计提存货跌价准备。（　　）

9. 企业持有存货的目的不同，确定存货可变现净值的方法也不同。（　　）

10. 企业持有存货的数量多于销售合同订购数量的，超出合同部分的该类存货可变现净值也应当以该类存货的合同价格为计算基础。（　　）

四、计算分录题

1. 【实际成本下采购材料】甲公司为增值税一般纳税人，采用实际成本进行材料日常核算，2023年第三季度发生的采购业务如下：

（1）7月3日，购入一批A材料，发票账单已收到，增值税专用发票上注明的价款为500 000元、增值税税额为65 000元，材料尚未到达，款项未付。10天后，上述材料到达并验收入库。

（2）7月10日，购入一批B材料，发票账单已收到，增值税专用发票上注明的价款为60 000元、增值税税额为7 800元，材料已验收入库，开出3个月期限的银行承兑汇票结算款项。

（3）8月2日，购入一批C材料，发票账单已收到，增值税专用发票上注明的价款为30 000元、增值税税额为3 900元，材料已验收入库，款项已用银行存款付讫。

（4）8月20日，购入一批D材料，已验收入库，但尚未收到发票账单，款项也未支付。随货同行的材料清单列明的D材料不含税销售价格为500 000元。

（5）9月5日，上月购入的D材料取得增值税专用发票，发票上注明的价款为500 000元、增值税税额为65 000元。全部款项以银行存款支付。

（6）9月8日，根据合同规定，为购买Q材料向乙公司预付100 000元合同价的70%，计70 000元，已通过银行转账汇出。

（7）9月30日，收到Q材料，已验收入库，取得的增值税专用发票上注明的价款为100 000元、增值税税额为13 000元，所欠款项以银行存款付讫。

要求：编制甲公司以上相关业务的会计分录。

2. 【发出材料处理】甲公司为增值税一般纳税人，采用实际成本进行材料日常核算。甲公司某年3月"发料凭证汇总表"记录发出Q材料的实际成本如下：基本生产车间领用400 000元，辅助生产车间领用30 000元，车间管理部门领用4 000元，企业行政管理部门领用3 000元，销售机构领用1 000元，合计438 000元。

要求：编制甲公司以上相关业务的会计分录。

3. 【原材料按实际成本核算】甲企业为增值税一般纳税人，适用的增值税税率为13%，原材料按实际成本核算，发出材料采用先进先出法计价。2023年8月初，结存W材料成本总额为160 000元，数量为200千克，单位成本为800元/千克。甲企业8月发生的有关经济业务如下：

(1) 1日，购入W材料500千克，增值税专用发票上注明的价款为420 000元、增值税税额为54 600元，另支付该批材料的运费4 500元、增值税税额405元，已取得增值税专用发票。上述款项均以银行存款转账付讫，材料尚未运抵企业。

(2) 5日，收到1日购入的W材料，验收入库490千克，短缺的10千克为运输途中的合理损耗。以银行存款支付入库前的挑选整理费1 800元。

(3) 10日，领用W材料350千克，用于产品生产。

(4) 15日，发出W材料50千克，委托乙企业加工成M产成品。

(5) 30日，为满足丙企业需要，将库存W材料50千克出售给丙企业，开具的增值税专用发票上注明的价款为50 000元、增值税税额为6 500元，全部款项已存入银行。

假定不考虑其他因素。

要求：

(1) 编制甲企业以上相关业务的会计分录。

(2) 计算甲企业月末结存W材料的成本。

4. 【计划成本下采购材料】乙公司为增值税一般纳税人，采用计划成本进行材料日常核算，当月发生的采购业务如下：

(1) 购入一批材料，增值税专用发票上注明的价款为100 000元、增值税税额为13 000元，发票账单已收到，计划成本为102 000元，材料已验收入库，全部款项以银行存款支付。

(2) 购入一批材料，增值税专用发票上注明的价款为300 000元、增值税税额为39 000元，发票账单已收到，计划成本为280 000元，材料已验收入库，采用商业承兑汇票结算款项。

(3) 购入一批材料，材料已验收入库，发票账单未收到，月末按照计划成本20 000元估价入账。

要求：编制乙公司以上相关业务的会计分录。

5.【材料成本差异率计算】某企业材料采用计划成本核算。月初结存材料的计划成本为120万元，材料成本差异为节约20万元。当月购入材料一批，实际成本为140万元，计划成本为130万元。当月领用材料的计划成本为100万元。

要求：计算该企业当月材料成本差异率、领用材料所负担的材料成本差异、领用材料的实际成本、结存材料的实际成本。

6.【材料成本差异率计算】某企业材料采用计划成本核算。月初结存材料的计划成本为120万元，材料成本差异为超支20万元。当月购入材料一批，实际成本为135万元，计划成本为130万元。当月领用材料的计划成本为100万元。

要求：计算该企业当月材料成本差异率、领用材料所负担的材料成本差异、领用材料的实际成本、结存材料的实际成本。

7.【计划成本下发出材料】乙公司采用计划成本进行材料日常核算。某月初结存材料的计划成本为100万元，材料成本差异为超支2万元。当月入库材料的计划成本为400万元，材料成本差异为节约12万元。

月末，乙公司"发料凭证汇总表"记录当月发出材料的计划成本如下：基本生产车间领用 100 万元，辅助生产车间领用 50 万元，委托其他企业加工领用 20 万元，企业行政管理部门领用 1 万元。

要求：

(1) 计算材料成本差异率。

(2) 编制乙公司发出材料相关的会计分录。

8.【原材料按计划成本核算】甲公司为增值税一般纳税人，采用计划成本进行材料日常核算。甲公司生产所用某种原材料，计划单位成本为 20 元/千克，2023 年 8 月初，该"原材料"账户借方余额为 30 000 元，相应"材料成本差异"账户借方余额为 6 000 元。甲公司 8 月发生的有关经济业务如下：

(1) 3 日，从乙公司购入材料 5 200 千克，增值税专用发票上注明的销售价格为 100 000 元、增值税税额为 13 000 元，以银行存款付清，材料尚未到达。

(2) 7 日，从乙公司购入的材料到达，验收入库时发现短缺 50 千克，经查明，短缺为运输途中的合理损耗，按实际数量入库。

(3) 12 日，从丙公司购入材料 3 800 千克，增值税专用发票上注明的销售价格为 73 000 元、增值税税额为 9 490 元，材料已验收入库，款项用银行承兑汇票结算。

(4) 17 日，从丁公司购入材料 3 000 千克，增值税专用发票上注明的销售价格为 65 000 元、增值税税额为 8 450 元，材料已验收入库，款项尚未支付。

(5) 月末，汇总本月发出原材料 5 000 千克，其中生产产品领用 4 000 千克、车间一般耗费 1 000 千克。

要求：编制甲公司以上相关业务的会计分录，并计算月末结存材料的实际成本。

9.【低值易耗品】甲公司为增值税一般纳税人，对低值易耗品采用实际成本核算，按加权平均法计算发出成本。甲公司某年2月发生业务如下：

（1）2月11日，辅助生产车间从仓库领用一批刀具，其实际成本为1 000元，因价值较低，采用一次转销法结转这批刀具的成本。

（2）2月13日，购入一批专用工具，取得的增值税专用发票上注明的销售价格为30 000元、增值税税额为3 900元，工具已验收入库，款项尚未支付。该批专用工具不符合固定资产的定义。

（3）2月15日，基本生产车间领用部分专用工具，其实际成本为10 000元，采用分次摊销法分2次进行摊销，分别是领用时和报废时，预计一年后报废。

要求：编制甲公司以上相关业务的会计分录。

10.【包装物】甲公司为一般纳税人，对包装物采用实际成本核算，并采用一次转销法结转其成本。2023年9月30日，甲公司因销售商品而发出单独计价包装物的实际成本为60 000元，开具的增值税专用发票上注明的价款为100 000元、增值税税额为13 000元，款项已存入银行。

要求：编制甲公司以上相关业务的会计分录。

11.【包装物】乙公司为增值税一般纳税人，对包装物采用计划成本核算，并采用一次转销法结转其成本。

（1）2023年1月，购入生产所需包装物一批，增值税专用发票上注明的销售价格为30 000元、增值税税额为3 900元，包装物已验收入库，款项已转账支付，计划成本为31 000元。

(2) 2023年2月，为生产产品领用部分包装物，计划成本为10 000元，当月该包装物成本差异率为-1%（节约差异）。

(3) 2023年11月，为销售产品领用部分包装物，不单独计价，计划成本为5 000元，当月该包装物成本差异率为2%（超支差异）。

要求：编制乙公司以上相关业务的会计分录。

12.【委托加工物资】甲公司为增值税一般纳税人，对原材料采用实际成本核算。

(1) 某年8月，委托乙公司加工一批家具所需的金属架，按先进先出法计算发出材料的实际成本为80 000元。

(2) 以银行存款支付运费1 000元，增值税专用发票上注明的增值税税额为90元。

(3) 以银行存款支付金属架的加工费20 000元，增值税专用发票上注明的增值税税额为2 600元。

(4) 收回金属架，以银行存款支付金属架的运费2 000元，增值税专用发票上注明的增值税税额为180元。

(5) 该金属架已作为家具制造所需材料验收入库。

要求：编制甲公司以上相关业务的会计分录。

13.【委托加工物资】甲公司为增值税一般纳税人，对存货采用计划成本核算。某年，甲公司委托其他公司加工产品10 000件，有关资料如下：

(1) 1月20日，发出材料一批，计划成本为500 000元，材料成本差异率为-3%。

(2) 2月20日，转账支付产品加工费100 000元，以及增值税专用发票上注明的增值税税额13 000元。

（3）3月4日，转账支付往返运费10 000元，以及增值税专用发票上注明的增值税税额900元。

（4）3月5日，上述10 000件产品加工完毕，甲公司已办理验收入库手续，每件计划成本为60元。

要求：编制甲公司以上相关业务的会计分录。

14.【库存商品】甲公司对库存商品采用实际成本核算。
（1）某月验收入库一批产品1 000台，实际单位成本为500元/台，共计500 000元。
（2）当月该产品已实现销售400台，对应已计提存货跌价准备10 000元。

要求：编制该产品入库和结转其销售成本的会计分录。

15.【毛利率法】某商场采用毛利率法核算发出商品的实际成本。2023年4月初，化妆品库存余额1 000万元，当月购进4 000万元，当月实现销售收入3 000万元，上季度该类商品毛利率为40%。

要求：计算当月已销该类商品的成本和月末结存该类商品的成本。

16.【售价金额核算法】某商场采用售价金额核算法核算发出商品的实际成本。2023年7月初，库存商品的进价成本为100万元，售价总额为110万元；当月购进该商品的进价成本为80万元，售价总额为90万元；当月销售收入为150万元。以上均为不含税价格，且均已用银行存款结算完毕。假定不考虑有关增值税等的处理。

要求：

（1）编制该商场以上购销业务的会计分录。

（2）计算该商场当月销售商品的实际成本和月末结存商品的实际成本。

17.【存货清查】甲公司在财产清查中发现：

（1）盘盈包装物1 000件，实际单位成本为5元/件，经查属于收发计量方面的错误。

（2）盘亏一批材料500千克，实际成本为100 000元，相关增值税专用发票上注明的增值税税额为13 000元，经查系管理不善造成的丢失。

（3）毁损一批库存商品，实际成本为100 000元；毁损一批原材料，实际成本为50 000元，相关增值税专用发票上注明的增值税税额为6 500元。毁损均由台风造成，经查部分毁损存货可以由财产保险公司赔偿，金额为90 000元。

要求：编制甲公司以上相关业务的会计分录。

18.【存货跌价准备计提】甲公司第一期期末某存货的账面实际成本为20 000元，预计可变现净值为19 000元。假设甲公司该存货没有发生减少的变动，第二期期末该存货的账面实际成本为22 000元，预计可变现净值为23 000元。

要求：

（1）计算第一期期末该存货应计提的存货跌价准备金额，并说明资产负债表上该存货列报金额是成本还是可变现净值，以及其具体金额。

（2）计算第二期期末该存货应计提的存货跌价准备金额，并说明资产负债表上该存货列报金额是成本还是可变现净值，以及其具体金额。

19.【期末计量】假定甲公司某商品采用实际成本核算，以前未计提存货跌价准备。

（1）2022年12月31日，甲公司该商品的账面余额为100 000元。由于市场价格下跌，该商品的预计可变现净值为80 000元。

（2）2023年6月30日，甲公司该商品的账面余额为100 000元。由于市场价格有所上升，该商品的预计可变现净值为95 000元。

（3）2023年12月31日，甲公司该商品的账面余额为100 000元。由于市场价格持续上升，该商品的预计可变现净值为120 000元。

要求：计算甲公司每期期末应计提的存货跌价准备金额，并编制以上相关业务的会计分录。

20.【期末计量】甲公司为增值税一般纳税人，存货采用实际成本核算，并分别单项存货按年计提存货跌价准备。2023年1月1日，A产品的存货跌价准备余额为80万元，B产品的存货跌价准备余额为240万元。2023年，因销售B产品结转存货跌价准备100万元，C配件的存货跌价准备余额为0。

2023年12月31日，甲公司期末与存货有关的资料如表3-6所示。

表3-6　2019年年末甲公司各项存货数据

存货品种	数量/台	单位成本/(万元/台)	账面成本/万元	备注
A产品	150	15	2 250	
B产品	800	5.5	4 400	
C配件	300	3.75	1 125	专门用于生产B产品

(1) 2023年7月5日，甲公司与乙公司签订销售合同：甲公司将于2024年2月10日向乙公司销售A产品100台，合同约定每台售价为18万元。2023年12月31日，A产品的市场售价为每台15万元，预计销售税费为每台1万元。

(2) 2023年12月31日，B产品的市场售价为每台5万元，预计销售税费为每台0.5万元。

(3) 2023年12月31日，C配件的市场售价为每台3.5万元。现有C配件可用于生产300台B产品，预计加工成B产品每台还需要投入成本1.75万元。

以上售价均不含增值税。

要求：计算甲公司2023年12月31日应计提或转回的存货跌价准备金额，并编制以上相关业务的会计分录。（分录金额以万元为单位）

21.【原材料按实际成本核算综合题】某企业为增值税一般纳税人，适用的增值税税率为13%，原材料采用实际成本计价，采用月末一次加权平均法计算发出甲材料成本。

2023年12月1日，该企业"原材料——甲材料"科目期初结存数量为800千克，单位成本为15元/千克，未计提存货跌价准备。该企业12月发生有关甲材料收发业务如下：

(1) 2日，购入甲材料1 000千克，增值税专用发票上注明的价款为16 000元、增值税税额为2 080元，销售方代垫运杂费1 000元（不考虑增值税），运输过程中发生合理损耗5千克。材料已验收入库，款项尚未支付。

(2) 23日，销售甲材料100千克，开出的增值税专用发票上注明的价款为2 000元、增值税税额为260元。材料已发出，并已向银行办妥托收手续。

(3) 25日，本月生产产品耗用甲材料900千克。

(4) 31日，相关产成品存在跌价，预计甲材料可变现净值为12 000元。

要求：编制该企业以上相关业务的会计分录。

22.【库存商品按计划成本核算综合题】甲公司为增值税一般纳税人，适用的增值税税率为13%，库存商品采用计划成本核算。2023年9月初，某库存商品数量为5万件，计划成本总额为35万元，计划单位成本为7元/件，相应"产品成本差异"账户贷方余额为2万元，"存货跌价准备"账户贷方余额为2万元。甲公司9月发生的与该库存商品有关的业务资料如下：

（1）5日，购入该商品7万件，取得增值税专用发票，以银行存款支付价款50万元和增值税税额6.5万元，商品尚未收到。

（2）8日，该批商品运达甲公司并验收入库。

（3）12日，销售该商品6万件，开出的增值税专用发票上注明的价款为60万元、增值税税额为7.8万元，商品已发出，控制权已转移给客户，并已向银行办妥托收手续。这部分商品对应的存货跌价准备贷方余额为2万元。

（4）15日，收到委托乙公司加工的该商品4万件，并验收入库，委托加工实际总成本为26万元。

（5）25日，水灾导致5号购入的商品毁损1万件。

（6）30日，计算当月产品成本差异率，并结转发出商品的成本差异。

（7）30日，根据保险合同规定，毁损商品可以由保险公司赔偿2万元，其余损失由甲公司承担，甲公司处理该毁损商品完毕。

（8）30日，该商品市场价格下跌，甲公司预计结存商品的可变现净值为58万元。

要求：编制甲公司以上相关业务的会计分录。

本章练习题参考答案

第四章 固定资产

第一节 知识概要

一、本章知识思维导图（图 4-1）

固定资产是企业一项重要的资产，代表着企业的生产能力。固定资产核算是否正确，不仅影响到资产负债表所反映信息的真实性，而且还关系到利润表所反映信息的质量。本章主要讲解固定资产的确认、初始计量、折旧、后续支出、处置等问题。需要注意的是，本章不涉及固定资产对外出租的会计处理，固定资产对外出租主要适用投资性房地产准则和租赁准则。

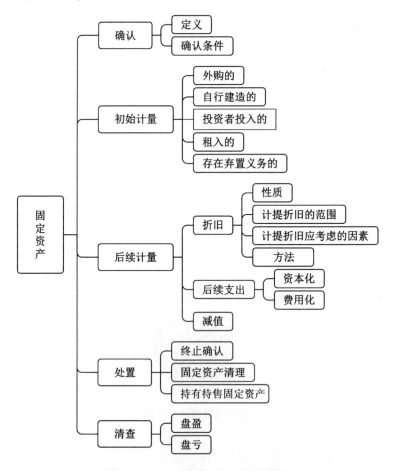

图 4-1 "固定资产"知识思维导图

二、本章重难点分析

本章重难点包括5组账户辨析、购买固定资产的价款超过正常信用条件延期支付的处理、自营方式建造固定资产、出包方式建造固定资产、承租人对租入固定资产的会计处理、固定资产折旧及持有待售固定资产的计量等。

（一）5组账户辨析

1. 在建工程和固定资产

是否达到预定可使用状态是这两类账户的关键区别。尚未达到预定可使用状态的在建项目为在建工程，否则为固定资产。

因此，企业的在建基建、更新改造等工程如果已达到预定可使用状态，即使尚未办理竣工决算，也应确认为固定资产，并按规定计提折旧。

2. 固定资产清理和待处理财产损溢

只有固定资产才有固定资产清理这样的账户设置。凡是未划归为持有待售类别的固定资产，在进行处置时，均通过"固定资产清理"账户归集所发生的各种损益，具体包括固定资产出售、报废、毁损、对外投资、非货币性资产交换、债务重组等过程中形成的各种损益（表4-1）。如果企业的固定资产在期末还没有处置完毕，那么该账户期末就会有余额。

而"待处理财产损溢"账户适用于企业所有财产物资的盘盈（固定资产除外）和盘亏及除固定资产之外的财产毁损的处理。企业的财产损溢通常在期末结账前处理完毕，因此该账户期末没有余额。

划归为持有待售类别的固定资产，其出售、转让按照持有待售非流动资产及处置组的相关规定进行会计处理，不通过固定资产清理账户核算，因为持有待售资产不再是固定资产。

表4-1　"固定资产清理"T形账户

借方	贷方
（1）转入清理的固定资产账面价值	（1）出售收入
（2）发生的清理费用	（2）残值变价收入
（3）非正常报废、毁损转出的进项税额等	（3）已收或应收赔偿款等
期末余额：期末尚未清理完毕的固定资产清理净损失	期末余额：期末尚未清理完毕的固定资产清理净收益

3. 固定资产清理净损益应区分不同情况结转到不同的损益类账户

（1）属于因正常出售、转让而产生的损益，计入资产处置损益。

（2）属于因已丧失使用功能而报废产生的损益，计入营业外收入或营业外支出。

（3）属于因自然灾害发生损毁而报废产生的损益，计入营业外收入或营业外支出。

4. 工程物资和存货

企业持有物资的目的是这两类账户最根本的区别，如果各种物资是企业为在建工程而准备的，包括工程所需材料、尚未安装的设备及为工程准备的工具、器具等，那么这些物资应该确认为工程物资，属于非流动资产。

5. 资产处置损益、营业外收入及营业外支出

它们都是损益类账户。资产处置损益核算处置有关非流动资产形成的利得或损失等，是营业利润的构成之一。营业外收入核算企业发生的营业利润以外的收益。营业外支出核算企业发生的营业利润及所得税费用以外的支出。具体核算内容如表4-2所示。

表 4-2 资产处置损益、营业外收入及营业外支出账户核算内容

账户名称	核算内容
资产处置损益	处置未划分为持有待售的固定资产、在建工程、生产性生物资产及无形资产而产生的利得或损失
	出售划分为持有待售的非流动资产（金融工具、长期股权投资和投资性房地产除外）或处置组（子公司和业务除外）时确认的利得或损失
	债务重组中因处置非流动资产（金融工具、长期股权投资和投资性房地产除外）产生的利得或损失
	非货币性资产交换中因换出非流动资产（金融工具、长期股权投资和投资性房地产除外）产生的利得或损失
营业外收入	与企业日常活动无关的政府补助、盘盈利得、捐赠利得等
营业外支出	非流动资产毁损、报废损失（包括因自然灾害发生毁损、因已丧失使用功能等而报废清理产生的损失）
	公益性捐赠支出、非常损失、盘亏损失等

（二）购买固定资产的价款超过正常信用条件延期支付的处理

这类交易实质上具有融资性质时，购入固定资产的成本通常以未来应付价款的现值为基础确定，并且计算未确认融资费用，其为未来应付价款与未来应付价款的现值的差额。其中，折现率应当考虑当前市场的货币时间价值和延期付款债务的特定风险，实质上是销售企业的必要报酬率。

后续处理时需要注意：① 在信用期间内按照实际利率法计算利息费用和未确认融资费用的摊销额，这里的计算方法见第四章的实际利率法；② 符合借款费用资本化条件的利息费用，应当计入固定资产成本，否则计入当期损益（财务费用）。

（三）自营方式建造固定资产

通过自营方式建造形成的固定资产，其成本应当按照工程所耗用的直接材料、直接人工、直接机械施工费等计算。

此外，所建造的工程已达到预定可使用状态，但尚未办理竣工决算的，应当自达到预定可使用状态之日起，根据工程预算、造价或工程实际成本等，按暂估价值转入固定资产，并按规定于次月开始计提折旧。待以后办理了竣工决算手续后再调整原来的暂估价值，但不需要调整原已计提的折旧额。

（四）出包方式建造固定资产

企业通过招标方式将工程项目发包给中标的建造承包商，与建造承包商签订建造合同。企业负责筹集资金、组织管理工程建设及与建造承包商结算工程价款；建造承包商（施工企业）负责具体的建筑安装工程施工任务。通过出包方式建造形成的固定资产，其成本构成如图4-2所示。

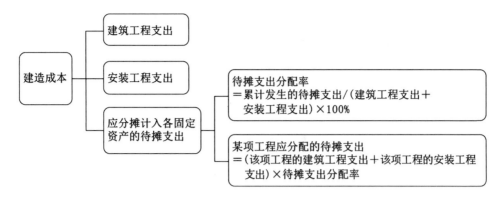

图 4-2　出包方式建造固定资产的成本构成图

（五）承租人对租入固定资产的会计处理（图 4-3）

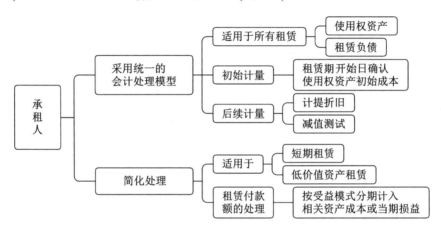

图 4-3　承租人对租入固定资产的会计处理

（六）固定资产折旧

企业应当根据与固定资产有关的经济利益的预期消耗方式，合理选择年限平均法或工作量法或双倍余额递减法或年数总和法，从固定资产增加的次月开始按月计提折旧，从固定资产减少的次月开始停止计提折旧，并根据"谁使用、谁受益、谁承担"的原则将折旧计入相关资产的成本或当期损益。

（1）固定资产的应计提折旧额＝固定资产原价－预计净残值－固定资产减值准备。不管企业采用哪种折旧方法，固定资产在预计使用寿命期内的应计提折旧额都是一样的，不同的只是该固定资产的应计提折旧额在各个会计期间分配的折旧金额不一样而已。

（2）对于超龄使用或提前报废的固定资产，不再计提折旧。固定资产进行更新改造、扩建等转入在建工程期间，应停止计提折旧，待改造完成达到预定可使用状态再开始计提折旧。而已达到预定可使用状态但尚未办理竣工决算的固定资产，应按暂估价值确认并计提折旧。

（3）固定资产预计使用寿命、预计净残值和折旧方法的改变应作为会计估计变更，采用未来适用法进行处理，但它们的变更应该有客观的理由，如技术环境的改善，而随意的变更会使企业利润产生增减变动并对企业利润的真实性造成不利影响。

（七）持有待售固定资产的计量

持有待售固定资产的计量方法由第 42 号准则进行规范，本章所学内容同样适用于其他的非流动资产划分为持有待售资产的处理。这里的计量包括初始计量和后续计量，基本内容如图 4-4 所示。

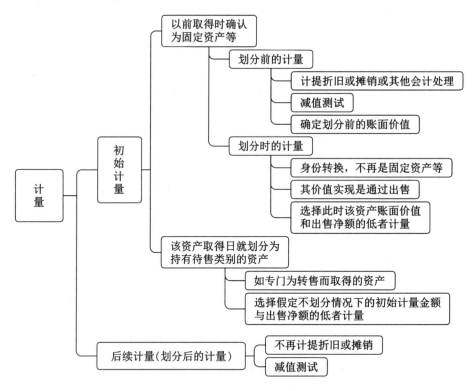

图 4-4 持有待售固定资产的初始计量和后续计量

三、本章涉及的主要会计科目（表 4-3）

表 4-3 本章涉及的主要会计科目

科目性质	总分类科目	明细分类科目	备注
资产类	固定资产		
	在建工程		
	工程物资		
	累计折旧		备抵账户
	固定资产减值准备		备抵账户
	固定资产清理		固定资产出售、报废、毁损、对外投资、非货币性资产交换、债务重组等
	待处理财产损溢		固定资产盘亏
	使用权资产		

续表

科目性质	总分类科目	明细分类科目	备注
资产类	使用权资产累计折旧		备抵账户
	使用权资产减值准备		备抵账户
	持有待售资产		
	持有待售资产减值准备		备抵账户
负债类	租赁负债		
	预计负债		
	长期应付款		
	未确认融资费用		备抵账户
	持有待售负债		
损益类	资产处置损益		固定资产出售、转让损益
	营业外支出		固定资产盘亏、报废、毁损损失
	资产减值损失		
	以前年度损益调整		固定资产盘盈

第二节　练习题

一、单项选择题

1. 甲企业为增值税一般纳税人，2023年购入一台不需要安装的设备，取得的增值税专用发票上注明的价款为50 000元、增值税税额为6 500元；另发生运输费和专业人员服务费，增值税专用发票上注明运输费价款1 000元、增值税税额90元，专业人员服务费价款500元、增值税税额30元。假定不考虑其他因素，该设备的入账价值为（　　）元。

　　A. 50 000　　　　B. 60 000　　　　C. 58 120　　　　D. 51 500

2. 乙企业为增值税一般纳税人，2023年自建仓库一幢，购入工程物资200万元，增值税税额为26万元，已全部用于建造仓库；此外，建造中耗用库存材料50万元，原先购入时确认的增值税税额为6.5万元；支付建筑工人工资36万元。该仓库在2024年建造完成并达到预定可使用状态，其入账价值为（　　）万元。

　　A. 250　　　　　B. 292.5　　　　C. 286　　　　　D. 318.5

3. 2023年12月15日，丁企业购入一台不需要安装的设备并投入使用。该设备入账价值为200万元，预计使用年限为5年，预计净残值率为1%，采用年数总和法计提折旧。假定不考虑其他因素，该设备2024年度应计提的折旧额为（　　）万元。

　　A. 5.28　　　　　B. 66.67　　　　C. 66　　　　　　D. 80

4. 下列关于企业计提固定资产折旧的会计处理的表述，不正确的是（　　）。

　　A. 对管理部门使用的固定资产计提的折旧应计入管理费用

B. 对财务部门使用的固定资产计提的折旧应计入财务费用

C. 对生产车间使用的固定资产计提的折旧应计入制造费用

D. 对专设销售机构使用的固定资产计提的折旧应计入销售费用

5. 甲企业在2023年对其拥有的一台大型设备进行更新改造。改造时，该设备原价为1 000万元，已计提折旧500万元，被替换部分账面价值为100万元；更新改造过程中发生满足固定资产确认条件的支出700万元。假定不考虑其他因素，该设备更新改造后的入账价值为（　　）万元。

A. 1 100　　　　B. 1 200　　　　C. 1 600　　　　D. 1 700

6. 下列各项，不会导致固定资产账面价值发生增减变动的是（　　）。

A. 盘盈固定资产　　　　　　　　B. 对车间设备进行日常维护修理

C. 以固定资产对外投资　　　　　D. 计提固定资产减值准备

7. 财产清查中，甲企业发现以前购入的一台设备未入账，在报经批准处理前正确的会计处理是（　　）。

A. 借：固定资产
　　　贷：以前年度损益调整

B. 借：固定资产
　　　贷：营业外收入

C. 借：固定资产
　　　贷：待处理财产损溢

D. 借：固定资产
　　　贷：固定资产清理

8. 丙公司为增值税一般纳税人，出售专用设备一台，取得价款30万元、增值税税额3.9万元；发生清理费用5万元、增值税税额0.3万元。该设备出售时的账面价值为22万元，不考虑其他因素。下列关于此项交易净损益的会计处理结果的表述，正确的是（　　）。

A. 营业外收入增加3万元　　　　B. 资产处置损益增加3万元

C. 资产处置损益增加25万元　　　D. 营业外收入增加25万元

9. 企业出租闲置的设备，出租时账面原值300万元，已计提折旧30万元，已计提减值准备40万元，公允价值400万元。此时该设备的账面价值是（　　）万元。

A. 400　　　　B. 300　　　　C. 230　　　　D. 330

10. 下列关于企业固定资产的会计处理的表述，正确的是（　　）。

A. 确认为使用权资产的租入设备，其后续计量按照成本模式进行会计处理

B. 已提足折旧仍继续使用的固定资产应继续计提折旧

C. 固定资产发生的符合资本化条件的后续支出计入当期损益

D. 已确定的固定资产减值损失在以后会计期间可以转回

11. 某企业为增值税小规模纳税人，2023年4月1日购入一台不需要安装即可投入使用的设备，取得的增值税专用发票上注明的价款为40 000元、增值税税额为5 200元；支付运费300元、增值税税额27元；全部款项以银行存款支付。该设备的入账价

值为（　　）元。

　　A. 40 300　　　　B. 40 000　　　　C. 45 527　　　　D. 45 500

12. 2023年1月1日，甲公司采用分期付款方式购入一套大型设备，当日投入使用。合同约定的价款为2 700万元，分3年等额支付；该分期支付购买价款的现值为2 430万元。假定不考虑其他因素，甲公司该设备的入账价值为（　　）万元。

　　A. 810　　　　　B. 2 430　　　　　C. 900　　　　　D. 2 700

13. 下列各项，不应计提折旧的是（　　）。

　　A. 暂时闲置的房屋　　　　　　　　B. 大修理停用的机器设备
　　C. 当月增加的固定资产　　　　　　D. 当月减少的固定资产

14. 甲公司一台用于生产产品的设备预计使用年限为5年，预计净残值为0。假定该产品各年产量基本均衡。下列折旧方法中，能够使该设备第一年计提折旧金额最多的是（　　）。

　　A. 工作量法　　B. 年限平均法　　C. 年数总和法　　D. 双倍余额递减法

15. 某企业月初固定资产余额为960万元，其中上月已提足折旧额仍继续使用的设备为60万元，上月已达到预定可使用状态但尚未投入使用的设备为20万元。采用年限平均法计提折旧，所有设备的月折旧率均为1%。假定不考虑其他因素，该企业当月应计提的折旧额为（　　）元。

　　A. 96 000　　　B. 94 000　　　　C. 90 000　　　　D. 92 000

16. 乙公司为增值税一般纳税人，2023年12月31日进行财产清查时，发现由于管理不善盘亏一台笔记本电脑，原价为10 000元，已计提折旧7 000元，购入时增值税税额为1 300元。该笔记本电脑盘亏事项对当期损益的影响金额为（　　）元。

　　A. 3 000　　　　B. 3 300　　　　　C. 3 390　　　　　D. 7 000

17. 某企业处置一项固定资产收回价款80万元，该固定资产原价为100万元，已计提折旧60万元，计提减值准备5万元，处置时发生清理费用5万元。假定不考虑其他因素，处置该固定资产对当期利润总额的影响金额为（　　）万元。

　　A. 40　　　　　　B. 80　　　　　　C. 50　　　　　　D. 35

18. 某企业报废一项固定资产取得残值收入30万元，该固定资产原价为100万元，已计提折旧60万元，计提减值准备5万元，报废时发生清理费用5万元。假定不考虑其他因素，报废该固定资产对当期利润总额的影响金额为（　　）万元。

　　A. -10　　　　　B. 5　　　　　　　C. 35　　　　　　D. 40

19. 下列各项，通过"待处理财产损溢"科目核算的是（　　）。

　　A. 报废固定资产　　　　　　　　　B. 盘盈固定资产
　　C. 盘亏固定资产　　　　　　　　　D. 毁损固定资产

20. 下列关于固定资产的会计处理的表述，正确的是（　　）。

　　A. 处置交通事故毁损的运输车辆的净损失记入"营业外支出"科目
　　B. 固定资产更新改造支出记入"固定资产清理"科目
　　C. 将企业自产的设备对外出售，通过"固定资产清理"科目核算
　　D. 盘盈办公设备的净收益记入"资产处置损益"科目

二、多项选择题

1. 下列各项，属于固定资产特征的有（　　）。

  A. 为生产商品、提供劳务而持有的资产

  B. 单位价值在 2 000 元以上的设备

  C. 为出租或经营管理而持有的资产

  D. 使用寿命超过一个会计年度

2. 在采用自营方式建造固定资产的情况下，下列项目，应计入固定资产取得成本的有（　　）。

  A. 工程项目耗用的工程物资

  B. 在建工程人员工资

  C. 生产车间为工程提供的水、电等费用

  D. 企业行政管理部门为组织和管理生产经营活动而发生的费用

3. 下列因素，影响固定资产折旧的有（　　）。

  A. 固定资产原价　　　　　　　　B. 固定资产的预计使用寿命

  C. 固定资产的预计净残值　　　　D. 已计提的固定资产减值准备

4. 下列各项，应计提固定资产折旧的有（　　）。

  A. 采用简化处理的租入设备

  B. 单独计价入账的土地

  C. 已投入使用但未办理竣工决算的厂房

  D. 已达到预定可使用状态但未投产的生产线

5. 下列各项，应通过"固定资产清理"账户核算的有（　　）。

  A. 盘亏固定资产的账面价值　　　B. 固定资产毁损净损失

  C. 固定资产更新改造支出　　　　D. 出售固定资产的账面价值

6. 甲公司对一幢办公楼进行更新改造，该办公楼原值为 1 000 万元，已计提折旧 600 万元。更新改造过程中发生符合资本化条件的支出 300 万元，被替换部分账面原值为 150 万元，换出后变价收入为 1 万元。假定不考虑相关税费等其他因素，下列对甲公司上述业务的会计处理，正确的有（　　）。

  A. 新办公楼的入账价值为 639 万元

  B. 被替换部分应从在建工程中转出的金额为 60 万元

  C. 办公楼进行更新改造时转入在建工程的金额为 400 万元

  D. 被替换部分形成的净损失为 60 万元

7. 下列各项，应计入固定资产入账价值的有（　　）。

  A. 固定资产购入时发生的运杂费

  B. 固定资产安装过程中发生的各种材料、工资等费用

  C. 固定资产日常修理期间发生的修理费

  D. 固定资产改良过程中发生的可以资本化的材料费

8. 某企业报废一台设备，该设备账面价值为 30 万元，发生自行清理费用 2 万元。根据保单，保险公司将赔偿 10 万元。取得设备报废残值变价收入 0.2 万元，可抵扣增

值税税额 0.026 万元。假定不考虑其他因素，下列关于该企业设备报废业务的表述，正确的有（　　）。

A. 确认应收保险公司赔偿款时，借记"其他应收款"科目 10 万元
B. 将报废设备转入清理时，借记"固定资产清理"科目 28 万元
C. 应确认营业外支出 21.8 万元
D. 当期营业利润减少 21.8 万元

9. "固定资产清理"科目贷方登记的项目有（　　）。

A. 转入清理的固定资产的账面价值　　B. 变价收入
C. 结转的清理净收益　　　　　　　　D. 结转的清理净损失

10. 甲公司有一台生产用设备，原价 75 000 元，预计可以使用 5 年，预计净残值 6 000 元。该生产用设备于 2022 年 6 月 30 日购入，采用年数总和法计提折旧。假定不考虑其他因素，下列关于该固定资产折旧的说法，正确的有（　　）。

A. 该固定资产的年折旧率为 40%
B. 2022 年该固定资产计提的折旧额为 1.15 万元
C. 2023 年该固定资产计提的折旧额为 2.07 万元
D. 至 2023 年年末，该固定资产累计折旧额为 2.5 万元

三、判断题

1. 企业将所持有的符合固定资产定义和确认条件的一些量刃工具、用具确认为存货，作为低值易耗品核算，这不符合可靠性要求。（　　）

2. 固定资产的各组成部分，如果具有不同使用寿命或以不同方式为企业提供经济利益，适用不同折旧率或折旧方法的，企业应当分别将各组成部分确认为单项固定资产。（　　）

3. 无论在哪种情况下租入设备，在租赁期开始日，企业既可以选择确认使用权资产和租赁负债，也可以选择简化处理。（　　）

4. 停止使用的生产设备，应当自停止使用月份的当月起停止计算折旧。（　　）

5. 已达到预定可使用状态暂按估计价值确定成本的固定资产在办理竣工决算后，应按实际成本调整原来的暂估价值，但不需要调整原已计提的折旧额。（　　）

6. 企业应当根据企业利润的实现情况选择固定资产折旧方法。（　　）

7. 固定资产如果同时满足可立即出售和出售极可能发生这两个条件，企业应当将该固定资产划分为持有待售类别。（　　）

8. 持有待售的固定资产不应计提折旧，也不应进行减值测试。（　　）

9. 企业发生的固定资产日常修理支出通常应当予以费用化处理，在发生时直接计入当期损益。但与存货的生产和加工相关的固定资产的修理费用按照存货成本确定原则进行处理。（　　）

10. 企业固定资产清理净损益应从"固定资产清理"账户全部转入"资产处置损益"账户。（　　）

四、计算分录题

1.【初始计量】甲公司为增值税一般纳税人，2023 年 8 月 1 日购入一台需要安装

的生产用设备，取得的增值税专用发票上注明的设备买价为 40 000 元、增值税税额为 5 200 元，款项尚未支付；支付运输费 1 200 元、增值税税额 108 元，已取得增值税专用发票。设备安装时领用的原材料成本为 1 000 元（不含增值税），支付有关人员费用 2 000 元。9 月 2 日，设备安装调试完毕，达到预定可使用状态。

要求：计算该固定资产的入账成本，并编制甲公司以上相关业务的会计分录。

2. 【初始计量】丁公司为增值税小规模纳税人，2023 年 6 月 15 日以银行存款购入一台不需要安装的设备，取得的增值税专用发票上注明的价款为 200 000 元、增值税税额为 26 000 元。

要求：编制丁公司以上相关业务的会计分录。

3. 【初始计量】甲公司为增值税一般纳税人，从乙公司一次购进了三台不同型号且具有不同生产能力的设备 A、B、C，三台设备到达甲公司不需要安装即可使用。甲公司共支付价款 10 000 万元、增值税税额 1 300 万元，包装费 75 万元、增值税税额 4.5 万元，全部以银行存款转账支付。假定设备 A、B、C 均满足固定资产的定义及确认条件，公允价值分别为 4 500 万元、3 850 万元、1 650 万元（均不含增值税）。不考虑其他相关税费。

要求：
(1) 计算应计入固定资产的总成本。
(2) 计算 A、B、C 设备各自的取得成本。
(3) 编制甲公司以上相关业务的会计分录。

4. 【自行建造工程的初始计量】甲公司为增值税一般纳税人，适用的增值税税率为13%。甲公司2023年发生的有关自行建造设备的经济业务如下：

(1) 5月6日，为建造设备购入各种物资5万元，增值税专用发票上注明的增值税税额为0.65万元，全部领用。

(2) 5月10日，领用生产用原材料一批，价值3万元。

(3) 5月20日，领用本公司产品一批，实际成本2万元。

(4) 5月30日，分配建造人员薪酬1万元。

(5) 6月5日，该设备建造完毕，交付使用。

要求：根据上述资料，编制甲公司以上相关业务的会计分录。

5. 【出包工程的初始计量】甲公司为增值税一般纳税人，2023年1月1日将一幢厂房的建造工程出包给丙公司（增值税一般纳税人）承建，按合理估计的发包工程进度和合同规定向丙公司结算进度款，并取得丙公司开具的增值税专用发票，发票上注明工程款60万元、增值税税率9%、增值税税额5.4万元。2024年1月1日，工程完工后，甲公司收到丙公司有关工程结算单据和增值税专用发票，补付工程款40万元、增值税税额3.6万元。工程完工达到预定可使用状态。

要求：编制甲公司建造厂房相关业务的会计分录。

6. 【折旧方法】2023年10月，甲公司购入一台生产设备并投入使用，该设备原价为100万元，预计可使用5年，预计报废时的净残值率为5%。

要求：

(1) 采用年限平均法计算该设备的年折旧率及月折旧额，并说明甲公司从什么时候开始计提该设备的折旧。

(2) 采用双倍余额递减法计算该设备每年的折旧额，并计算第一个月的折旧额。

(3) 采用年数总和法计算该设备每年的折旧额，并计算第一个月的折旧额。

7. 【工作量法】某企业的一辆运货卡车的原价为 600 000 元，预计总行驶里程为 500 000 千米，预计报废时的净残值率为 5%，本月行驶 4 000 千米。

要求：采用工作量法计算该卡车的本月折旧额。

8. 【计提折旧】某企业采用年限平均法计提折旧，2023 年 1 月各车间及其他部门应分配的折旧额如下：一车间 150 万元、二车间 240 万元、三车间 300 万元、管理部门 20 万元、财务部门 30 万元、销售部门 50 万元、经营租出固定资产折旧 10 万元。

要求：编制该企业 2023 年 1 月计提折旧的会计分录。

9. 【计提折旧】乙公司为增值税一般纳税人，所有固定资产均采用年限平均法计提折旧。管理部门、销售部门全部固定资产的月折旧额分别如下：管理部门房屋建筑物 1 480 万元，运输工具 240 万元；销售部门房屋建筑物 320 万元，运输工具 263 万元。

2023 年 3 月，销售部门暂时停用闲置一辆小型货车，原价为 10 万元，预计使用寿命为 10 年，预计净残值率为 5%；当月，新购置管理用机器设备一台，原价为 100 万元，预计使用寿命为 10 年，预计净残值率为 10%。

要求：

(1) 编制乙公司 2023 年 3 月计提折旧的会计分录。

(2) 编制乙公司 2023 年 4 月计提折旧的会计分录。

10.【后续支出】2023 年 1 月 1 日，甲公司对生产线进行扩建。该生产线于 2020 年 4 月 1 日购入，原价为 1 300 万元，已计提折旧 400 万元；扩建生产线时领用自产产品一批，成本为 200 万元，同时发生相关扩建支出 100 万元，已用银行存款支付。扩建支出符合固定资产确认条件，2023 年 4 月 1 日扩建顺利完成，生产线达到预定可使用状态。不考虑其他因素。

要求：

(1) 计算扩建后生产线的入账价值。

(2) 编制甲公司以上相关业务的会计分录。

11.【后续支出】2023 年 3 月，A 公司决定对一幢办公楼进行更新改造。该办公楼于 2013 年 3 月购入，原价为 1 000 万元，预计净残值率为 5%，预计使用年限为 20 年；更新改造过程中发生相关支出 600 万元，被替换部分账面原值为 100 万元，出售价款为 2 万元。假定相关款项均已通过银行转账结算。不考虑相关税费。2023 年 11 月，更新改造顺利完成，办公楼达到预定可使用状态。

要求：编制 A 公司以上相关业务的会计分录。

12.【后续支出】甲公司为增值税一般纳税人，2023 年 8 月发生业务如下：

(1) 31 日，对生产车间使用的设备进行日常维护修理，发生修理费并取得增值税专用发票，发票上注明修理费 20 000 元、增值税税额 2 600 元。

(2) 31 日，对销售部门使用的设备进行日常维护修理，发生修理费并取得增值税专用发票，发票上注明修理费 5 000 元、增值税税额 650 元。

要求：编制甲公司以上相关业务的会计分录。

13.【固定资产处置】丁公司为增值税一般纳税人，2023年3月处置一台旧设备，该设备原价为23万元，已计提折旧5万元。处置该设备开具的增值税专用发票上注明的出售价款为20万元、增值税税额为2.6万元。此外，发生清理费用1.5万元，未取得增值税专用发票。以上款项均已通过银行存款结清。至当月末，该设备清理完毕。

要求：编制丁公司以上相关业务的会计分录，并计算丁公司处置该设备应确认的净收益。

14.【固定资产处置】丙公司为增值税一般纳税人，2023年6月一座仓库因遭遇泥石流而毁损，该仓库原价为300万元，已计提折旧100万元，未计提减值准备。其残料估计价值5万元，残料已办理入库。发生清理费用并取得增值税专用发票，注明费用为2万元、增值税税额为0.12万元，以银行存款支付。经保险公司核定应赔偿损失100万元，款项尚未收到。至当月末，该仓库清理完毕。

要求：编制丙公司毁损固定资产相关业务的会计分录。

15.【固定资产处置】乙公司为增值税一般纳税人，2023年8月有一台设备由于性能较差提前报废，原价为50万元，已计提折旧17万元，已计提减值准备3万元。报废时的残值变价收入为5万元，增值税税额为0.65万元。报废清理过程中发生自行清理费用0.35万元。有关收入、支出均已通过银行办理转账结算。至当月末，该设备清理完毕。

要求：编制乙公司报废固定资产相关业务的会计分录。

16.【持有待售的固定资产】某企业为增值税一般纳税人，2022年12月10日购入一台不需要安装的生产设备，增值税专用发票上注明的价款为100万元、增值税税额为13万元，预计使用年限为5年，预计净残值率为5%，采用直线法计提折旧。

2023年12月，甲公司计划将该设备出售给丁公司，双方于2023年12月15日签订了设备转让合同，预计将于2024年1月15日完成转让，转让价格为81万元。此外，甲公司还将支付1万元的出售费用。不考虑税收影响。

假定该设备在签订转让合同日符合划分为持有待售类别的条件。2023年12月15日，甲公司对该设备计提12月的折旧，并对该设备进行减值测试，发生减值3万元。

2023年12月31日，经测试，该持有待售固定资产没有发生减值。双方于2024年1月15日完成转让。

要求：编制该持有待售固定资产相关业务的会计分录。

17.【固定资产清查】丁公司为增值税一般纳税人，2023年6月进行财产清查，发现事项如下：

（1）2021年12月购入的一台设备尚未入账，重置成本为3万元。假定丁公司按净利润的10%提取法定盈余公积，不考虑相关税费及其他因素。

（2）盘亏一台办公设备，原价为10万元，已计提折旧3万元，购入时增值税税额为1.3万元，按照现行增值税制度的规定，应按净值计算转出进项税额。

要求：编制丁公司以上事项在审批前与审批后的会计分录。

18.【固定资产综合题】丁公司为增值税一般纳税人，发生相关经济业务如下：

（1）2018年12月1日，购进一台设备并交付管理部门使用，取得的增值税专用发票上注明的价款为100万元、增值税税额为13万元，全部款项已用银行存款支付。该设备预计使用年限为5年，预计净残值率为5%，采用直线法计提折旧。

（2）2020年12月，按计划对该设备进行日常维护，发生支出0.5万元，已通过银行转账支付。

(3) 2023年12月31日，该设备使用期满经批准报废，处置所得2万元，开具的增值税专用发票上注明的增值税税额为0.26万元，款项已到账，此外无其他相关费用。

要求：编制丁公司以上相关业务的会计分录。

19.【固定资产综合题】丙公司为增值税一般纳税人，发生相关经济业务如下：

(1) 2022年5月1日，购进一台设备并交付生产部门使用，取得的增值税专用发票上注明的价款为100万元、增值税税额为13万元，款项尚未支付。该设备预计使用年限为10年，预计净残值率为5%，采用直线法计提折旧。

(2) 因业务调整，该设备闲置。2022年6月至10月，将该设备出租，每月取得不含税租金收入1万元，增值税税额为0.13万元，款项于每月底以银行存款收讫。

(3) 2022年11月，按期收回该设备，并进行日常维修，发生维修费用0.5万元。

(4) 2022年12月31日，该设备存在减值迹象，对该设备进行减值测试，其预计可收回金额低于账面价值的差额为20万元，预计使用年限和预计净残值率没有变动。

(5) 2023年3月，出售该设备，开具的增值税专用发票上注明的价款为50万元、增值税税额为6.5万元，款项尚未收到；另支付清理费用1万元，没有取得增值税扣税凭证。

要求：编制丙公司以上相关业务的会计分录。

20.【固定资产综合题】甲企业为增值税一般纳税人，2023年10月有关固定资产的资料如下：

(1) 购入一辆可立即使用的旧卡车，账面原价为52 500元，已计提折旧30 000元，双方协商确定交易价格为15 000元（不含增值税），收到增值税专用发票，列明增值税税额为1 950元，价款已用银行存款结清。

(2) 购入一台不需要安装的新机器设备，收到增值税专用发票，列明设备价款为200 000元、增值税税额为26 000；另发生运输费12 000元，增值税税额为1 080元。价款均已用银行存款结清。

（3）出售一台闲置设备，原价为 600 000 元，已计提折旧 200 000 元（包含 2023 年 10 月的折旧额）；支付清理费用，取得的增值税专用发票上注明的清理价格为 10 000 元、增值税税额为 1 300 元；出售价格为 500 000 元（不含增值税），增值税税率为 9%。价款均已用银行存款结清。

（4）旧仓库使用期满，不能继续使用，进行报废处理，原价为 2 050 000 元，已计提折旧 1 947 500 元（包含 2023 年 10 月的折旧额）；出售残料，取得的增值税专用发票上注明的价格为 50 000 元、增值税税额为 6 500 元；支付清理费用，取得的增值税专用发票上注明的清理价格为 20 000 元、增值税税额为 2 600 元。价款均已用银行存款结清。

（5）10 月，基本生产车间支付固定资产日常维护修理费 5 000 元。

（6）10 月初，固定资产账户余额为 10 000 万元，具体资料如表 4-4 所示，采用直线法计提折旧，请计算甲企业当月折旧额。

表 4-4　甲企业固定资产折旧数据　　　　　　　单位：元

类别	原价	预计使用寿命/年	预计净残值率/%	年折旧率/%	月折旧额
永久业权土地	4 000 000	无期限	—		
房屋及建筑物	56 000 000	20	5		
机器设备	32 000 000	10	5		
运输工具	8 000 000	5	5		
合计	100 000 000	—	—		

假定甲企业以上固定资产均没有计提固定资产减值准备。

要求：编制甲企业以上相关业务的会计分录。

本章练习题参考答案

第五章 无形资产

第一节 知识概要

一、本章知识思维导图（图 5-1）

无形资产是企业重要的非货币性资产，随着经济的发展和市场竞争的加剧，无形资产在企业经营中发挥着越来越重要的作用，企业也越来越重视无形资产。无形资产的会计处理主要涉及无形资产的确认、计量、摊销、处置等，本章对此进行了较为详细的讲解。此外，注意承租人通过许可使用协议取得的电影、录像、剧本、文稿等版权、专利等项目的权利，以及以出让、划拨或转让方式取得的土地使用权，均适用无形资产准则。而出租人授予的知识产权许可，适用收入准则。

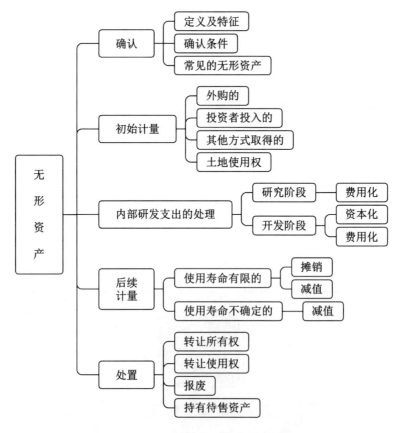

图 5-1　"无形资产"知识思维导图

二、本章重难点分析

本章重难点包括无形资产的初始计量、内部研究开发支出的会计处理、无形资产的后续计量。

（一）无形资产的初始计量（图 5-2）

按实际成本计量，即将取得无形资产并使之达到预定用途所发生的全部支出作为无形资产的成本。无形资产的来源不同，其初始成本构成也不同。其中，通过购买获得的无形资产及企业取得的土地使用权在初始计量时需要加以注意。

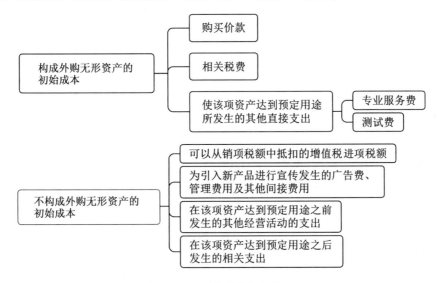

图 5-2　无形资产的初始计量

对于企业通过各种方式取得的土地使用权，通常应单独确认为无形资产。但应注意以下两种情况：① 房地产开发企业取得的土地使用权用于建造对外出售的房屋建筑物，相关的土地使用权应当计入所建造的房屋建筑物成本。② 企业外购房屋建筑物及土地使用权支付的一揽子价格，应当按照合理的方法在土地和地上建筑物之间进行分配；如果确实无法进行合理分配的，则应当全部作为固定资产核算。

（二）内部研究开发支出的会计处理

判断这些支出是否资本化的基本原则是其是否符合无形资产的定义及确认条件。具体处理方法是将企业内部研发活动区分为研究阶段和开发阶段，并分析判断这些支出是进行费用化还是资本化处理，如图 5-3 所示。

相关会计分录如下。

1. 研发支出发生时

借：研发支出——费用化支出
　　　　　　——资本化支出
　　应交税费——应交增值税（进项税额）
　贷：原材料
　　　应付职工薪酬
　　　银行存款等科目

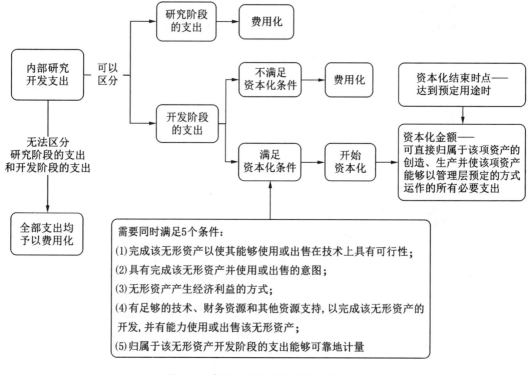

图 5-3 内部研究开发支出的会计处理

2. 期末费用化支出转入当期损益时

借：管理费用——研发费用
　　贷：研发支出——费用化支出

3. 达到预定用途时

借：无形资产
　　贷：研发支出——资本化支出

（三）无形资产的后续计量

无形资产的后续计量是基于对无形资产使用寿命的估计展开的，企业应当综合考虑各方面相关因素的影响，合理确定无形资产的使用寿命。

1. 使用寿命的确定

在存在多角度估计使用寿命的情况下，采用孰短原则确定。根据合同或法律规定获得的无形资产，其使用寿命不应超过合同性权利或其他法定权利的期限。比如，企业自行开发形成的专利权，其法定权利期限为 20 年，这是该无形资产使用寿命的上限，另外企业结合技术进步与更新等的影响，估计该专利权预期能给企业带来经济利益的期限为 10 年，则选择较短的 10 年为该无形资产的使用寿命。

无形资产如果没有明确的合同或法律规定，企业综合各方面情况并经过各种努力也确实无法合理确定无形资产为企业带来经济利益期限的，则为使用寿命不确定的无形资产。比如，企业自行开发的食品配方等专有技术，如果判断其在可预见的将来会给企业带来持续的经济利益，那么其就是使用寿命不确定的无形资产。

2. 使用寿命有限的无形资产

其摊销和减值的处理与固定资产类似，除了在摊销起止时间和残值上存在差异。无形资产当月增加，当月开始计提摊销；当月减少，当月停止计提摊销。无形资产的残值一般为零。

需要注意的是，企业不动产在建阶段的土地使用权，其经济利益是通过建造不动产实现的，其摊销是建造不动产达到预定可使用状态前所发生的必要支出，因此，企业不动产在建阶段的土地使用权摊销应予以资本化，计入自行建造固定资产的成本。

借：在建工程
　　贷：累计摊销——土地使用权

实务操作时，企业不动产在建阶段的土地使用权摊销资本化时点的处理，参照借款费用资本化的要求。

3. 使用寿命不确定的无形资产

持有期间不需要摊销，但期末需要重新复核其使用寿命，并应当在每个会计期末进行减值测试，如表明已发生减值，则需要计提减值准备。

三、本章涉及的主要会计科目（表5-1）

表5-1　本章涉及的主要会计科目

科目性质	总分类科目	明细分类科目	备注
资产类	无形资产		
	研发支出	费用化支出	期末结转到管理费用，期末无余额
		资本化支出	对应资产负债表项目"开发支出"
	累计摊销		备抵账户
	无形资产减值准备		
损益类	管理费用	研发费用	
	资产处置损益		转让所有权的损益
	其他业务收入		转让使用权的损益
	其他业务成本		
	营业外支出		核销报废的损失

第二节　练习题

一、单项选择题

1. 企业外购的无形资产，其取得成本按（　　）确定。

A. 购买价款、相关税费及直接归属于使该项资产达到预定用途所发生的其他支出

B. 根据现行规定可以抵扣的增值税进项税额

C. 为引入新产品进行宣传发生的广告费、管理费用及其他间接费用

D. 在该项资产达到预定用途之后发生的相关支出

2. 2023年3月1日，某企业开始自行研发一项非专利技术，至2024年1月1日研发成功并达到预定可使用状态。该非专利技术研究阶段累计支出为300万元（均不符合资本化条件），开发阶段累计支出为800万元（其中不符合资本化条件的支出为200万元）。假定不考虑其他因素，该企业非专利技术的入账价值为（　　）万元。

　　A. 800　　　　　　B. 900　　　　　　C. 1 100　　　　　　D. 600

3. 甲公司为增值税一般纳税人，2023年1月5日以2 820万元（不含增值税）购入一项专利权，取得的增值税专用发票上注明的增值税税额为169.2万元。甲公司取得该无形资产的入账价值为（　　）万元。

　　A. 2 820　　　　　B. 2 256　　　　　C. 2 650.8　　　　　D. 2 989.2

4. 研究开发活动无法区分研究阶段和开发阶段的，当期发生的研究开发支出应在资产负债表日结转计入（　　）。

　　A. 无形资产　　　B. 管理费用　　　C. 研发支出　　　D. 营业外支出

5. 2023年3月，某企业开始自行研发一项非专利技术，至2023年12月31日研发成功并达到预定可使用状态，累计研究支出为160万元，累计开发支出为500万元（其中符合资本化条件的支出为400万元）。该非专利技术的使用寿命不能合理确定。假定不考虑其他因素，该业务导致该企业2023年度利润总额减少（　　）万元。

　　A. 100　　　　　　B. 160　　　　　　C. 260　　　　　　D. 660

6. 某企业将其自行开发完成的管理系统软件出租给乙公司，每年收取使用费240 000元（不含增值税），双方约定租赁期限为5年。该管理系统软件的总成本为600 000元。该企业按月计提摊销。假定不考虑其他因素，下列关于该企业每月计提摊销的会计处理，正确的是（　　）。

　　A. 借：管理费用　　　　　　　　　　　　　　　　20 000
　　　　　贷：累计摊销　　　　　　　　　　　　　　　　　　20 000

　　B. 借：其他业务成本　　　　　　　　　　　　　　20 000
　　　　　贷：累计摊销　　　　　　　　　　　　　　　　　　20 000

　　C. 借：其他业务成本　　　　　　　　　　　　　　10 000
　　　　　贷：累计摊销　　　　　　　　　　　　　　　　　　10 000

　　D. 借：管理费用　　　　　　　　　　　　　　　　10 000
　　　　　贷：累计摊销　　　　　　　　　　　　　　　　　　10 000

7. 2023年7月，某制造业企业转让一项专利权，开具的增值税专用发票上注明的价款为100万元、增值税税额为6万元，全部款项已存入银行。该专利权的成本为200万元，已摊销150万元。假定不考虑其他因素，该企业转让专利权对利润总额的影响金额为（　　）万元。

　　A. -94　　　　　　B. 56　　　　　　C. -100　　　　　　D. 50

8. 自2023年1月1日起，企业对其确认为无形资产的某项非专利技术按照5年的期限进行摊销。由于替代技术研发进程的加快，2024年1月，企业将该无形资产的剩余摊销年限缩短为2年。这一变更属于（　　）。

　　A. 会计政策变更　　B. 会计估计变更　　C. 前期差错更正　　D. 本期差错更正

9. 企业内部研究开发支出符合资本化条件但尚未达到预定用途时，累计的研发支出在财务报表上列报的项目应为（ ）。

A. 无形资产　　　　B. 管理费用　　　　C. 开发支出　　　　D. 研发费用

10. 下列各项，应计入资产处置损益的是（ ）。

A. 出售无形资产形成的净损失　　　　B. 出售库存商品取得的收入

C. 出租无形资产取得的收入　　　　　D. 报废无形资产的账面价值

11. 下列关于企业内部研究开发项目的支出的说法，错误的是（ ）。

A. 企业内部研究开发项目的支出，应当区分研究阶段的支出与开发阶段的支出

B. 研究阶段的支出，应当于发生时计入当期损益

C. 开发阶段的支出，应确认为无形资产

D. 开发阶段的支出，可能确认为无形资产，也可能确认为费用计入当期损益

12. 某年2月5日，甲公司以3 000万元的价格从乙公司购入一项专利权，另支付相关费用180万元。为了推广由该专利权生产的产品，甲公司发生广告宣传费25万元。上述款项均用银行存款支付。甲公司取得该无形资产的入账价值为（ ）万元。

A. 3 000　　　　B. 3 180　　　　C. 3 205　　　　D. 3 025

13. 甲公司于2023年7月1日以50万元（不含增值税）的价格转让一项无形资产，同时发生增值税3万元。该无形资产系2020年7月1日购入并投入使用，入账价值为300万元，摊销年限为5年。甲公司转让该无形资产发生的净损失为（ ）万元。

A. 70　　　　B. 73　　　　C. 100　　　　D. 103

14. 甲公司为增值税一般纳税人，于2023年6月16日购入一项专利权，实际支付款项中包括价款180万元和增值税税额10.8万元，该专利权预计使用寿命为10年，采用直线法摊销。该专利权2023年年末的账面价值为（ ）万元。

A. 168.87　　　　B. 169.5　　　　C. 180　　　　D. 179.67

15. 2022年，某企业研发一项非专利技术，在研究阶段支付给合作单位研究费150万元，确认本企业研究人员薪酬60万元，计提研发设备折旧50万元；在开发阶段确认本企业开发人员薪酬340万元，耗用材料的实际成本为80万元，其他开发费用为120万元，开发阶段的支出符合资本化条件的金额为500万元。2022年12月20日，该非专利技术达到预定用途并确认为无形资产。2022年年末，该研发活动应计入当期损益的金额为（ ）万元。

A. 40　　　　B. 260　　　　C. 540　　　　D. 300

二、多项选择题

1. 无形资产具有的特征包括（ ）。

A. 无形资产不具有实物形态　　　　B. 无形资产具有可辨认性

C. 无形资产属于非货币性资产　　　D. 无形资产具有确定的使用寿命

2. 下列各项，通常不可以确认为无形资产的有（ ）。

A. 专利权　　　　　　　　　　　　B. 商誉

C. 非专利技术　　　　　　　　　　D. 版权

E. 出于出租或资本增值目的而持有的土地使用权

3. 下列各项，应计入专利权入账价值的有（　　）。

A. 无法区分研究阶段和开发阶段的设备折旧费

B. 研究阶段支付的研发人员薪酬

C. 依法取得专利权发生的注册费

D. 开发阶段满足资本化条件的材料支出

4. 下列关于无形资产的会计处理的表述，正确的有（　　）。

A. 使用寿命不确定的无形资产应按直线法进行摊销

B. 确认的无形资产减值损失在以后期间不得转回

C. 使用寿命有限的无形资产应进行摊销

D. 使用寿命不确定的无形资产在资产负债表日不需要进行减值测试

5. 某公司为增值税一般纳税人，2023年1月4日购入一项无形资产，取得的增值税专用发票上注明的价款为1 000万元、增值税税额为60万元，该无形资产使用年限为5年，按年进行摊销，预计净残值为0。下列关于该无形资产的会计处理的表述，正确的有（　　）。

A. 2023年1月4日，取得该无形资产的成本为1 000万元

B. 2023年12月31日，该无形资产的累计摊销额为200万元

C. 该无形资产自2023年2月起开始摊销

D. 该无形资产的应计摊销额为1 060万元

6. 下列关于无形资产摊销的表述，正确的有（　　）。

A. 使用寿命有限的无形资产自可供使用的次月起开始摊销

B. 无形资产无法可靠确定经济利益预期消耗方式的，应当采用直线法摊销

C. 无形资产的摊销额均应计入当期损益

D. 使用寿命有限的无形资产处置当月不再进行摊销

7. 某企业为改进技术而自行研究开发一项无形资产，研究阶段发生支出50万元，开发阶段发生符合资本化条件的支出120万元、不符合资本化条件的支出80万元，研发结束形成无形资产。假定不考虑其他因素，下列关于上述研究开发支出的会计处理结果，正确的有（　　）。

A. 计入管理费用的金额为130万元　　B. 无形资产的入账价值为120万元

C. 计入制造费用的金额为80万元　　D. 无形资产的入账价值为170万元

8. 下列关于无形资产相关会计处理的表述，不正确的有（　　）。

A. 使用寿命有限的无形资产应自达到预定用途的下月起开始摊销

B. 处置的无形资产在处置当月不再进行摊销

C. 转让无形资产的净损益应计入营业外收入或营业外支出

D. 报废无形资产的净损失应计入资产处置损益

三、判断题

1. 无形资产通常按实际成本计量，即将取得无形资产并使之达到预定用途所发生的全部支出作为无形资产的成本。　　　　　　　　　　　　　　　　　　　（　　）

2. 对于企业自行进行的研究开发项目，应区分研究阶段与开发阶段，分别进行核算。（　　）

3. 企业无法可靠区分研究阶段支出和开发阶段支出的，所发生的研发支出可以暂缓计入当期损益。（　　）

4. 可以资本化的研发支出在无形资产达到预定用途时，结转记入"无形资产"账户。（　　）

5. 企业拥有的无形资产，使用寿命有限的，按使用寿命按期进行摊销；使用寿命不确定的，按不低于10年进行摊销。（　　）

6. 企业使用寿命确定的无形资产应自可供使用（达到预定用途）的下月起开始摊销，处置当月照常摊销。（　　）

7. 企业摊销无形资产时，应借记"管理费用"等科目，贷记"无形资产"科目。（　　）

8. 无形资产的摊销方法，应当反映与该无形资产有关的经济利益的预期消耗方式。（　　）

9. 使用寿命有限的无形资产，如果无法可靠确定其经济利益的预期消耗方式，应采用直线法进行摊销。（　　）

10. 如果无形资产未来无法为企业带来经济利益，应将该无形资产予以报废，终止确认。（　　）

四、计算分录题

1.【初始计量】丁公司为增值税一般纳税人，2023年4月1日购入一宗土地使用权及地上建筑物，取得增值税专用发票，不含税总价款为16 000万元，其中，土地使用权的价款为10 000万元、增值税进项税额为900万元，地上建筑物的价款为6 000万元、增值税进项税额为540万元，款项均已通过银行转账支付。上述土地使用权及地上建筑物交付管理部门办公使用，预计使用年限均为50年，预计净残值均为0，采用直线法计提折旧和进行摊销。

要求：编制丁公司2023年4月购入土地使用权和地上建筑物及计提折旧、进行摊销的会计分录。

2.【初始计量】丁公司为增值税一般纳税人，有关分期付款购买无形资产的资料如下：

2021年1月2日，丁公司从丙公司购买一项商标权，由于丁公司资金周转比较紧张，与丙公司约定采用分期付款方式支付款项。合同规定，该项商标权价款总计300万元，每年年末付款100万元，三年付清，不考虑增值税等相关税费。假定银行同期贷款

利率为8%。[(P/A, 8%, 3) = 2.577 1]

要求：编制丁公司以上相关业务的会计分录。(计算结果保留两位小数，分录金额以万元为单位)

3. 【研发支出】甲公司2023年1月1日开始自行研究开发无形资产，至12月1日达到预定用途。其中，研究阶段发生职工薪酬30万元、计提专用设备折旧40万元；进入开发阶段后，相关支出符合资本化条件前发生职工薪酬30万元、计提专用设备折旧30万元，符合资本化条件后发生职工薪酬100万元、计提专用设备折旧200万元。

2023年12月1日，该无形资产研发成功并达到预定用途，预计使用年限为10年，采用直线法进行摊销，不考虑净残值等其他因素。摊销金额按月计入管理费用。

要求：

(1) 计算甲公司2023年与研究开发该无形资产有关的费用化支出、资本化支出分别是多少。

(2) 计算2023年年末该无形资产的账面价值。

(3) 确定计入2023年度利润表中"研发费用"项目的金额。

4. 【研发支出】某企业自行研究开发一项技术，共发生研发支出450万元。其中，研究阶段发生职工薪酬100万元、专用设备折旧费用50万元；开发阶段满足资本化条件的支出为300万元，取得的增值税专用发票上注明的增值税税额为39万元，全部款项以银行存款支付。开发阶段结束，研究开发项目达到预定用途形成无形资产。

要求：编制该企业研究阶段与开发阶段相关业务的会计分录。

5. 【摊销】丁公司为一家航空公司，拥有的无形资产类别及其预计使用寿命如表 5-2 所示，预计净残值均为 0，采用直线法进行摊销。

表 5-2　丁公司无形资产类别及其预计使用寿命数据

类别	原值/万元	预计使用寿命
土地使用权	10 000	50 年，法定使用权
星空联盟入盟权	4 000	不确定
计算机软件	3 000	5 年，为公司带来经济利益的期限
星空联盟入盟权在本公司加入该联盟期间持续有效，为本公司在可预见的将来持续带来经济利益的流入，因此使用寿命不确定		

要求：根据丁公司无形资产的资料，计算每月的摊销额并编制相应的会计分录。

6. 【摊销】甲公司于 2022 年 8 月 6 日购买了一项专利技术，价款为 420 万元（免征增值税），并办理完毕相关手续。2022 年 9 月 6 日，该无形资产达到能够按管理层预定的方式运作所必需的状态并正式用于甲产品生产。甲公司预计该无形资产共可生产甲产品 10 万件，预计净残值为 0，采用产量法进行摊销，2022 年实际生产甲产品 1 000 件。

要求：计算甲公司 2022 年年末应摊销金额，并编制相应的会计分录。

7. 【初始计量及后续计量】甲公司以银行存款购买了一项管理用特许权，取得的增值税专用发票上注明的价款为 480 万元、增值税税率为 6%、增值税税额为 28.8 万元。合同规定，受益年限为 10 年，净残值为 0，甲公司采用年限平均法按月进行摊销。

要求：

(1) 编制甲公司购买管理用特许权的会计分录。

(2) 计算甲公司每月应摊销金额，并编制相应的会计分录。

8. 【初始计量及后续计量】A公司于2021年1月1日支付50 000万元购入一项土地使用权，使用年限为50年，采用出包方式当日开始在该土地上建造自用办公楼。

2022年12月31日，该工程完工并达到预定可使用状态，以银行存款支付全部出包建造成本30 000万元。该办公楼的预计使用年限为30年。A公司不属于房地产开发企业，采用直线法进行摊销和计提折旧，假定不考虑净残值及增值税等税费。

要求：编制A公司以上相关业务的会计分录。

9. 【初始计量及后续计量】某企业为增值税一般纳税人，2023年发生的有关经济业务如下：

该企业自行研究开发一项行政部门管理用非专利技术，研究阶段自2023年1月1日开始至6月30日结束，共发生支出60万元，不符合资本化条件；开发阶段自2023年7月1日开始至12月2日结束，共发生支出30万元，全部符合资本化条件。开发阶段结束，该非专利技术达到预定用途。该企业预计该非专利技术的受益年限为5年，预计净残值为0，采用直线法进行摊销。假定以上款项已全部用银行存款支付。

要求：假定不考虑其他因素，根据上述资料，编制该企业以上相关业务的会计分录，并说明该企业2023年12月31日资产负债表中"无形资产"项目应列报的"期末余额"。

10. 【出售】甲公司为增值税一般纳税人，2023年12月出售一项无形资产，售价为800万元，增值税税率为6%，款项已存入银行。该无形资产取得时的实际成本为550万元，已摊销70万元，已计提减值准备20万元。

要求：编制甲公司以上相关业务的会计分录，并计算甲公司出售该无形资产的损益金额。

11.【出租】2023年1月1日，甲公司将其自行开发完成的非专利技术出租给丁公司，该非专利技术的成本为360万元，双方约定的租赁期为10年，净残值为0，甲公司采用年限平均法进行摊销。每月租金为4万元。假定不考虑相关税费。

要求：编制甲公司每月取得租金收入和进行摊销的会计分录。

12.【报废】甲公司拥有的一项技术专利仍然在法定期限内，但由于技术发展迅速，预期未来该专利权已无法给公司带来经济利益，甲公司在2023年6月10日对其进行注销报废处理。该专利权的原始成本为60万元，已摊销22万元，已计提减值准备20万元。

要求：编制甲公司以上相关业务的会计分录。

13.【综合题】丙公司为增值税一般纳税人，2022年1月5日以银行存款购入一项管理用特许权，取得的增值税专用发票上注明的价款为50万元、增值税税额为3万元，受益期为5年，残值为0，采用直线法进行摊销。

2023年12月10日，丙公司处置该特许权，开具的增值税专用发票上注明的价款为60万元、增值税税额为3.6万元。款项已全部存入银行。

要求：假定不考虑其他因素，编制丙公司以上相关业务的会计分录。

14. 【综合题】甲公司为增值税一般纳税人，发生的有关业务如下：

（1）2019年1月10日，甲公司开始自行研究开发一项非专利技术，截至2019年5月31日，用银行存款支付外单位协作费74万元、增值税税额4.44万元，并取得增值税专用发票，领用原材料成本26万元。经测试，该项研发活动已完成研究阶段的工作。

（2）2019年6月1日，该项研发活动进入开发阶段，该阶段发生研究人员的薪酬支出35万元，领用材料成本85万元，全部符合资本化条件；2019年12月1日，该项研发活动结束，最终开发形成一项非专利技术并投入使用，该非专利技术预计可使用年限为5年，预计净残值为0，采用直线法进行摊销。

（3）2020年1月1日，甲公司将该非专利技术出租给乙企业，双方约定租赁期限为2年，每月末以银行转账结算方式收取租金3万元、增值税税额0.18万元，并开具增值税专用发票。

（4）2021年12月31日，租赁期限届满，该非专利技术存在减值迹象，经减值测试，该非专利技术的可回收金额为40万元，预计可使用年限为2年，预计净残值为0，采用直线法进行摊销。

（5）2023年12月31日，该非专利技术使用期满，已不能为甲公司带来经济利益，经批准报废处理。

要求：编制甲公司以上相关业务的会计分录。

本章练习题参考答案

第六章 投资性房地产及其他资产

第一节 知识概要

一、本章知识思维导图（图 6-1）

企业除了将持有的房地产用作自身管理、生产经营活动场所和对外出售外，也可以将其用于赚取租金或资本增值，此时，企业持有这类房地产的目的与作为固定资产和无

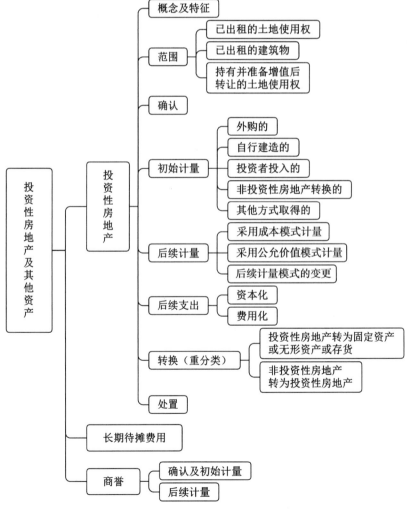

图 6-1 "投资性房地产及其他资产"知识思维导图

形资产核算的房地产完全不同,本章主要讲解了这类投资性房地产的会计处理,同时也讲解了长期待摊费用、商誉等其他资产的核算。

二、本章重难点分析

本章重难点包括投资性房地产的范围、投资性房地产的计量、投资性房地产的转换。

(一)投资性房地产的范围

投资性房地产是指企业为赚取租金或资本增值,或者两者兼有而持有的房地产,包括已出租的土地使用权、持有并准备增值后转让的土地使用权和已出租的建筑物。这里的出租都是指经营租赁方式下的出租,不包括融资租赁方式下的出租。融资租赁租出的房地产的会计处理在租赁准则中加以规范。

企业常常拥有不同种类的房地产,如一家房地产公司同时拥有办公所需的建筑物、将用于房产开发的土地使用权、已经开发完成的房屋、正在建造开发中的房地产及对外出租的房地产,这些房地产可能是存货,可能是无形资产,可能是投资性房地产,也可能是固定资产,将它们区分的基础就是这些资产的不同特征和企业持有这些资产的经济意图。比如,固定资产和投资性房地产的区别就是获利的方式不同,前者主要通过使用,其价值逐渐转移到商品或服务中,通过商品的出售为企业带来经济利益;后者主要通过对外经营出租,获取租金为企业带来经济利益。

因此,根据这些资产不同的特征和企业持有这些资产的经济意图,我们可以从中区别出属于投资性房地产的常见项目,如表 6-1 所示。

表 6-1 投资性房地产的常见项目

分类	房地产项目	确认为投资性房地产的时点
属于投资性房地产	以经营租赁方式出租的自有土地使用权	协议约定的租赁期开始日
	以经营租赁方式出租的自有建筑物	协议约定的租赁期开始日
	持有并准备增值后转让的自有土地使用权	取得产权开始用于持有增值之日或转换日
	持有以备经营出租的空置房地产	应视为转换为投资性房地产,在转换日,即企业董事会或类似机构做出将其用于经营出租书面决议的日期
	正在建造或开发过程中的将来用于出租的建筑物	有将用于经营出租的书面决议,在工程完工达到预定可使用状态时由在建工程转入
不属于投资性房地产	以经营租赁方式租入再转租的土地使用权	
	以经营租赁方式租入再转租的建筑物	
	按照国家有关规定认定的闲置土地	
	持有自用的房地产	
	作为存货的房地产	
	融资租赁对外出租的自有房地产	

此外，企业可能存在某项房地产部分自用或作为存货出售、部分用于赚取租金或资本增值的情形。如果该项房地产不同用途的部分能够单独计量和出售，则应当分别确认为固定资产、无形资产、存货和投资性房地产；但如果用于赚取租金或资本增值的部分不能单独计量和出售，则不确认为投资性房地产。

（二）投资性房地产的计量

1. 初始计量

投资性房地产应当按照成本进行初始计量，其成本可参照"固定资产"和"无形资产"等初始计量的相关要求确定。

2. 后续计量

企业通常应当采用成本模式对投资性房地产进行后续计量，也可采用公允价值模式对投资性房地产进行后续计量。具体内容如图 6-2 所示。

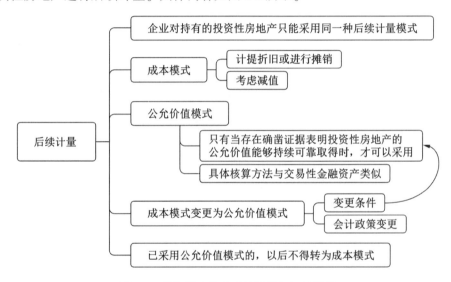

图 6-2　投资性房地产后续计量知识结构图

但准则要求同一企业只能采用一种计量模式对所有投资性房地产进行后续计量，不得同时采用两种计量模式。已采用公允价值模式的，以后不得转为成本模式。为什么这样规定呢？

这样规定可以防止企业根据不同地区房地产市场价格的走势区别不同地区的房地产，采用不同的后续计量方法，从而操纵企业的利润表现。另外，也可以防止企业通过后续计量模式的转变，随意调节企业的利润。比如，在房地产市场行情高涨时，企业采用公允价值模式计量，从而确认较多的公允价值变动收益；而在房地产市场行情不好时则变更为成本模式计量，从而避免市场价格大幅下跌给企业利润带来下滑的影响。

（1）在成本模式下，应当分别按照固定资产准则和无形资产准则的规定，对投资性房地产中的建筑物和土地使用权按月计提折旧或进行摊销；存在减值迹象的，应当按照资产减值准则的规定进行处理。

（2）公允价值模式，只有当存在确凿证据表明投资性房地产的公允价值能够持续可靠取得时，才可以采用。在这种计量模式下，投资性房地产的具体核算方法与交易性金融资产类似,不必计提折旧或进行摊销,应以资产负债表日投资性房地产的公允价值为基础调整其账面价值,同时将变动差额计入公允价值变动损益。

(三) 投资性房地产的转换

房地产的转换是因房地产用途发生改变而对房地产进行的重新分类,不涉及后续计量模式的转变。

(1) 在成本模式下,转换后的房地产入账价值是按照转换前的房地产账面价值确定的,因此这种转换不会产生任何转换损益。具体内容如图 6-3 所示。

图 6-3　成本模式下投资性房地产与自用房地产的相互转换

(2) 在公允价值模式下,将自用房地产转换为投资性房地产时,投资性房地产按照转换日的公允价值计价,转换损失计入公允价值变动损益,转换利得计入其他综合收益。相反,将投资性房地产转换为自用房地产时,应当将其转换日的公允价值作为自用房地产的账面价值,公允价值与原账面价值的差额计入公允价值变动损益。具体内容如图 6-4 所示。

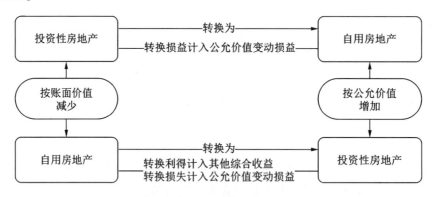

图 6-4　公允价值模式下投资性房地产与自用房地产的相互转换

三、本章涉及的主要会计科目 (表 6-2)

表 6-2　本章涉及的主要会计科目

科目性质	总分类科目	明细分类科目	备注
资产类	投资性房地产	成本	采用公允价值模式时设置这两个明细科目
		公允价值变动	
		在建	归集资本化的后续支出

续表

科目性质	总分类科目	明细分类科目	备注
资产类	投资性房地产累计折旧		采用成本模式时需要设置
	投资性房地产累计摊销		
	投资性房地产减值准备		
	开发产品		
	在建工程		
所有者权益类	其他综合收益		
损益类	其他业务收入		出租房地产形成的相关经济利益总流入
	其他业务成本		出租房地产形成的相关经济利益总流出
	公允价值变动损益		

第二节　练习题

一、单项选择题

1. 下列项目，不属于投资性房地产的是（　　）。

   A. 经营出租给子公司的自用写字楼

   B. 已出租的房屋租赁期届满，收回后继续用于出租但暂时空置

   C. 房地产开发企业持有并准备增值后出售的建筑物

   D. 企业持有并准备增值后转让的土地使用权

2. 某企业投资性房地产采用成本模式计量。2023 年 1 月 25 日，该企业购入一幢建筑物用于出租，该建筑物的成本为 270 万元，预计使用年限为 20 年，预计净残值为 30 万元，采用直线法计提折旧。2023 年，该建筑物应计提的折旧额为（　　）万元。

   A. 12　　　　B. 20　　　　C. 11　　　　D. 10

3. 下列说法，不正确的是（　　）。

   A. 投资性房地产的后续支出，满足资本化条件的，应当计入投资性房地产的成本

   B. 投资性房地产的后续支出，不满足资本化条件的，应当计入当期损益

   C. 企业对投资性房地产进行改扩建等再开发且将来仍将其作为投资性房地产的，在再开发期间，需要将投资性房地产的账面价值结转到在建工程

   D. 采用成本模式计量的投资性房地产在再开发期间不用计提折旧或进行摊销

4. 企业将作为存货的房地产转换为采用公允价值模式计量的投资性房地产，应当按照该项房地产在转换日的公允价值计量。转换日的公允价值小于原账面价值的差额通过（　　）科目核算。

   A. 营业外支出　　　　　　　　　　B. 公允价值变动损益

   C. 投资收益　　　　　　　　　　　D. 其他综合收益

5. 下列关于投资性房地产核算的表述，正确的是（　　）。

　　A. 采用成本模式计量的投资性房地产不需要确认减值损失

　　B. 采用公允价值模式计量的投资性房地产可转换为成本模式计量

　　C. 采用公允价值模式计量的投资性房地产，其公允价值的变动金额应计入其他综合收益

　　D. 采用成本模式计量的投资性房地产，符合条件时可转换为公允价值模式计量

6. 甲公司采用公允价值模式对投资性房地产进行后续计量，2023年3月10日将达到预定可使用状态的自行建造的办公楼对外出租，该办公楼建造成本为3 700万元，预计使用年限为30年，预计净残值为100万元。假定采用年限平均法计提折旧，则2023年该办公楼应计提的折旧额为（　　）万元。

　　A. 90　　　　　　B. 120　　　　　　C. 0　　　　　　D. 100

7. 甲公司对投资性房地产采用成本模式进行后续计量，2023年7月1日开始对一项投资性房地产进行改良，改良后将继续用于经营出租。该项投资性房地产原价为500万元，采用直线法计提折旧，预计使用寿命为20年，预计净残值为0，已使用4年。改良期间，共发生改良支出100万元，均满足资本化条件，2023年12月31日改良完成。2023年年末该项投资性房地产的账面价值为（　　）万元。

　　A. 500　　　　　　B. 487.5　　　　　　C. 475　　　　　　D. 100

8. 在将投资性房地产转换为其他资产或将其他资产转换为投资性房地产的过程中，关于转换日的确定，下列叙述不正确的是（　　）。

　　A. 企业2023年5月15日开始将原本用于出租的房地产改用于自身生产，则该房地产的转换日为2023年5月15日

　　B. 房地产开发企业2023年6月30日决定将其持有的开发产品以经营租赁的方式出租，租赁期开始日为2023年7月1日，则该房地产的转换日为2023年7月1日

　　C. 企业2023年10月20日将某项土地使用权停止自用，2023年11月30日正式确定该项资产将于增值后出售，则该房地产的转换日为2023年10月20日

　　D. 企业2023年6月4日将原本用于生产商品的房地产改用于出租，租赁期开始日为2023年7月1日，则该房地产的转换日为2023年7月1日

9. 甲公司2023年12月将采用成本模式计量的投资性房地产转为自用固定资产。转换日，"投资性房地产"科目余额为2 300万元，"投资性房地产累计折旧"科目余额为200万元；该建筑物的公允价值为2 000万元。转换日，"固定资产"科目的入账价值为（　　）万元。

　　A. 2 300　　　　　　B. 2 000　　　　　　C. 300　　　　　　D. 2 100

10. 下列各项，应计入长期待摊费用的是（　　）。

　　A. 企业生产车间固定资产日常修理支出

　　B. 企业生产车间固定资产更新改造支出

　　C. 企业租入并采用简化处理的低价值固定资产发生的改良支出

　　D. 企业购入非专利技术的支出

11. 下列各项，属于投资性房地产的是（　　）。
    A. 企业拥有并自行经营的饭店　　　　B. 企业出租的写字楼
    C. 房地产开发企业正在开发的商品房　D. 企业出租给职工的宿舍

12. 企业将自用房地产转换为采用公允价值模式计量的投资性房地产时，转换日公允价值大于原账面价值的差额，计入（　　）。
    A. 资本公积　　　　　　　　　　　　B. 投资收益
    C. 公允价值变动损益　　　　　　　　D. 其他综合收益

13. 2022年12月31日，甲公司以银行存款12 000万元外购一栋写字楼并立即出租给乙公司使用，租期5年，每年年末收取租金1 000万元。该写字楼的预计使用年限为20年，预计净残值为0，采用年限平均法计提折旧。甲公司对投资性房地产采用成本模式进行后续计量。2023年12月31日，该写字楼的公允价值为13 000万元。假定不考虑其他因素，与该写字楼相关的交易或事项对甲公司2023年度营业利润的影响金额为（　　）万元。
    A. 400　　　　B. 800　　　　C. 200　　　　D. 1 000

14. 乙公司对投资性房地产采用公允价值模式计量，2023年1月1日购入一幢房屋用于出租，该房屋的公允价值为1 010万元，用银行存款支付。该房屋的预计使用年限为20年，预计净残值为10万元。2023年6月30日，该房屋的公允价值为1 008万元。2023年6月30日，乙公司做出的下列会计处理，正确的是（　　）。
    A. 计入累计折旧45.83万元　　　　　B. 计入其他业务成本45.83万元
    C. 计入公允价值变动损失2万元　　　D. 计入公允价值变动收益2万元

15. 2023年1月1日，甲公司将一栋自用办公楼用于对外出租。该办公楼的账面原值为2 500万元，已计提折旧800万元，当日该办公楼的公允价值为4 000万元。假定甲公司投资性房地产采用公允价值模式进行后续计量，则甲公司下列会计处理，正确的是（　　）。
    A. 确认投资收益2 300万元　　　　　B. 确认其他综合收益2 300万元
    C. 确认公允价值变动损益2 300万元　D. 不确认损益，也不确认所有者权益

16. 采用成本模式计量的投资性房地产，核算时不会涉及的会计科目是（　　）。
    A. 公允价值变动损益　　　　　　　　B. 投资性房地产
    C. 投资性房地产累计折旧　　　　　　D. 投资性房地产减值准备

17. 企业处置一项采用公允价值模式计量的投资性房地产，实际收到的金额为100万元，该投资性房地产的账面余额为80万元，其中成本为70万元、公允价值变动为10万元。该投资性房地产是由自用房地产转换而来的，转换日公允价值大于账面价值的差额为10万元。假定不考虑相关税费，则处置该投资性房地产时影响当期损益的金额为（　　）万元。
    A. 30　　　　B. 20　　　　C. 40　　　　D. 10

二、多项选择题

1. 下列各项，属于投资性房地产的有（　　）。
    A. 企业拥有并自行经营的酒店

B. 企业以经营租赁方式租出的写字楼
C. 按照国家有关规定认定的闲置土地
D. 企业持有拟增值后转让的土地使用权

2. 下列关于投资性房地产的表述，正确的有（   ）。
A. 成本模式下，当月增加的房屋当月不计提折旧
B. 公允价值模式下，当月增加的房屋下月开始计提折旧
C. 成本模式下，当月增加的土地使用权当月进行摊销
D. 成本模式下，当月增加的土地使用权当月不进行摊销

3. 在对企业外购或自行建造的投资性房地产进行初始计量时，下列表述正确的有（   ）。
A. 无论是采用公允价值模式还是成本模式进行后续计量的投资性房地产，均应按照成本进行初始计量
B. 采用公允价值模式进行后续计量的投资性房地产，取得时按照公允价值进行初始计量
C. 自行建造投资性房地产的成本由建造该项资产达到预定可使用状态前所发生的必要支出构成
D. 外购投资性房地产的成本包括购买价款、相关税费和可直接归属于该项资产的其他支出

4. 下列关于投资性房地产后续计量的说法，不正确的有（   ）。
A. 投资性房地产后续计量模式的变更属于会计估计变更，不需要进行追溯调整
B. 处置投资性房地产时，应将实际收到的金额与账面价值的差额计入其他业务收入
C. 企业通常应当采用成本模式对投资性房地产进行后续计量，也可采用公允价值模式对投资性房地产进行后续计量
D. 处置投资性房地产时，与该投资性房地产相关的其他综合收益应转入其他业务成本

5. 下列各项，影响企业当期损益的有（   ）。
A. 采用成本模式计量，期末投资性房地产的可收回金额高于账面价值的差额
B. 采用成本模式计量，期末投资性房地产的可收回金额低于账面价值的差额
C. 采用公允价值模式计量的投资性房地产转换为自用房地产时，转换日房地产的公允价值高于账面价值的差额
D. 自用房地产转换为采用公允价值模式计量的投资性房地产时，转换日房地产的公允价值低于账面价值的差额

6. 下列关于投资性房地产的会计处理的表述，正确的有（   ）。
A. 采用成本模式计量的，期末公允价值变动不会影响当期损益
B. 采用成本模式计量的，不需要考虑减值问题
C. 采用公允价值模式计量的，不计提折旧
D. 采用公允价值模式计量的，不需要考虑减值问题

7. 甲公司采用公允价值模式计量投资性房地产，2023年8月31日将租赁期届满的办公楼出售给乙公司，合同价款为8 000万元，乙公司已用银行存款付清。出售时，该办公楼的账面价值为6 200万元，其中成本5 000万元、公允价值变动1 200万元。假定不考虑相关税费，下列对甲公司出售该投资性房地产的会计处理的表述，正确的有（　　）。

A．确认"其他业务收入"8 000万元
B．确认"其他业务成本"5 000万元
C．确认"其他业务成本"6 200万元
D．确认"其他业务收入"6 200万元

三、判断题

1. 从事房地产开发的企业依法取得的、用于开发后出售的土地使用权，属于房地产开发企业的存货，即使房地产开发企业决定待增值后再转让其开发的土地，也不得将其确认为投资性房地产。（　　）

2. 处置采用成本模式计量的投资性房地产的核算方法，与处置固定资产和无形资产相同，其处置损益均计入营业外收入或营业外支出。（　　）

3. 只有能够单独计量和出售的房地产，才能被划分为投资性房地产。（　　）

4. 房地产开发企业销售的或为销售而正在开发的商品房和土地，属于企业的投资性房地产。（　　）

5. 自用房地产或存货转换为采用公允价值模式计量的投资性房地产时，投资性房地产应当按照转换日的公允价值计量，公允价值与原账面价值的差额计入当期损益（其他业务收入）。（　　）

6. 企业的一幢3层建筑物，第3层出租给本企业职工居住，并按市场价格收取租金，第1、2层作为办公区使用，并且该建筑物的各层均能够单独计量和出售，在这种情况下，企业应将第3层确认为投资性房地产。（　　）

7. 已采用成本模式计量的投资性房地产，不得从成本模式转为公允价值模式。（　　）

8. 采用成本模式计量的投资性房地产按照固定资产或无形资产的有关规定，按期计提折旧或进行摊销，借记"管理费用"等科目，贷记"投资性房地产累计折旧（摊销）"科目。（　　）

9. 合并时购买方对合并成本大于合并中取得的被购买方可辨认净资产公允价值份额的差额，应当确认为商誉。（　　）

10. 商誉的后续计量不需要摊销，但至少应当在每年年度终了进行减值测试。（　　）

四、计算分录题

1.【投资性房地产取得核算】某企业对投资性房地产采用成本模式计量。2023年1月15日，该企业购入一幢房屋用于经营出租。该房屋的成本为3 020万元，款项已通过银行转账支付。预计使用年限为20年，预计净残值为20万元，采用直线法计提折旧。

要求：假定不考虑相关税费，编制该企业有关投资性房地产的会计分录，并计算该企业2023年应计提的折旧额。

2. 【投资性房地产后续计量模式变更】甲公司将一栋写字楼租赁给乙公司使用，并一直采用成本模式进行后续计量。2023年1月1日，该投资性房地产具备了采用公允价值模式计量的条件，甲公司决定将该投资性房地产从成本模式转换为公允价值模式计量。该写字楼的原价为3 000万元，已计提折旧1 500万元，已计提减值准备250万元，当日该写字楼的公允价值为3 500万元。甲公司按净利润的10%计提盈余公积。

要求：说明该后续计量模式变更是否会影响甲公司当期损益，并编制该后续计量模式变更的相关会计分录。

3. 【投资性房地产后续支出】2023年6月，甲公司与乙公司的一项办公楼经营租赁合同即将到期，该办公楼采用成本模式进行后续计量。甲公司决定在租赁期届满后对办公楼进行改扩建，并与丙公司签订了经营租赁合同，约定自改扩建完工时将办公楼出租给丙公司。6月10日，甲公司与乙公司的租赁合同到期，办公楼随即进入改扩建工程。该办公楼的原价为10 000万元，已计提折旧2 000万元。12月15日，办公楼改扩建工程完工，共发生支出3 000万元，即日甲公司按照租赁合同将办公楼出租给丙公司。改扩建支出属于资本化的后续支出，不考虑相关税费。

要求：计算甲公司改扩建完工后投资性房地产的入账价值，并编制甲公司以上相关业务的会计分录。

4.【投资性房地产转换】甲公司为房地产开发企业,对投资性房地产采用成本模式计量。2023年12月,甲公司将一项投资性房地产转为开发产品,转换日,该投资性房地产的原值为50 000万元,已计提折旧10 000万元,未计减值准备。

要求:计算甲公司转换日应转入"开发产品"科目的金额。

5.【投资性房地产转换】A房地产开发商于2023年1月将作为存货的商品房转换为采用公允价值模式计量的投资性房地产,转换日商品房的账面余额为10 000万元,未计提跌价准备,该项房地产在转换日的公允价值为9 900万元。

要求:计算在转换日A房地产开发商应确认的投资性房地产的计量金额。

6.【投资性房地产转换】甲公司于2023年12月将采用成本模式计量的投资性房地产转换为自用固定资产,转换日,该房地产的公允价值为20 000万元;转换日之前,"投资性房地产"科目的余额为20 300万元,"投资性房地产累计折旧"科目的金额为2 000万元,未计提减值准备。

要求:计算在转换日甲公司应确认的转换损益。

7.【投资性房地产转换】丙房地产开发公司对投资性房地产采用公允价值模式计量,该类业务属于丙房地产开发公司的主营业务。丙房地产开发公司发生的有关业务如下:

(1) 2021年7月1日,将部分已经开发完成作为存货的房产转换为经营出租,承租方为丁公司。该项房产的总价值为8 000万元,其中用于出租部分的价值为2 500万元,2021年7月1日的公允价值为2 800万元;12月31日,收到半年度租金100万元,当日该房产的公允价值为2 750万元。

(2) 2022年12月31日，收到租金200万元并存入银行，当日该房产的公允价值为2 720万元。

(3) 2023年12月31日，收到租金200万元并存入银行，当日该房产的公允价值为2 650万元。

要求：假定不考虑相关税费，编制丙房地产开发公司以上相关业务的会计分录。

8.【投资性房地产转换】乙公司为增值税一般纳税人，于2020年7月1日开始对一生产用厂房进行改扩建。改扩建前，该厂房的原价为2 000万元，已计提折旧200万元，已计提减值准备100万元。在改扩建过程中，领用工程物资400万元，领用生产用原材料200万元，发生改扩建人员薪酬50万元，用银行存款支付其他费用66万元。该厂房于2020年12月20日达到预定可使用状态。

乙公司对改扩建后的厂房采用年限平均法计提折旧，预计尚可使用年限为20年，预计净残值为50万元。

2022年12月10日，由于所生产的产品停产，乙公司决定将上述厂房以经营租赁方式对外出租，租期为2年，每年年末收取租金，每年租金为180万元（不含增值税），出租不动产的增值税税率为9%。起租日为2022年12月31日，到期日为2024年12月31日，对租出的投资性房地产采用成本模式计量，租出后，该厂房仍按原折旧方法、折旧年限和预计净残值计提折旧。

要求：假定不考虑相关税费，编制乙公司与该厂房相关业务的会计分录。

(1) 计算厂房改扩建后的入账价值，并编制相应的会计分录。

(2) 计算2021年厂房计提的折旧额，并编制相应的会计分录。

(3) 编制2022年12月31日租出厂房的会计分录。

(4) 编制2023年12月31日收到租金、计提折旧的会计分录。

9.【投资性房地产综合题】甲公司采用成本模式对投资性房地产进行后续计量，发生的与固定资产和投资性房地产相关的业务如下：

（1）2020年6月30日，将一项自用房产转换为经营出租。该房产为2017年以银行存款6 000万元购入的，另发生相关装修费等费用2 250万元，2017年6月20日达到预定可使用状态。该房产预计可使用20年，预计净残值为250万元，采用直线法计提折旧，2019年12月31日计提300万元减值准备。

（2）2020年12月31日，将取得的半年租金收入300万元存入银行并计提投资性房地产折旧。

（3）2021年12月31日，将取得的租金收入600万元存入银行并计提投资性房地产折旧，减值测试表明该房产的公允价值减去处置费用后的净额为5 500万元，预计未来现金流量的现值为6 000万元。

（4）2022年12月31日，将取得的租金收入600万元存入银行并计提投资性房地产折旧，减值测试表明此时该房产的可收回金额回升至8 000万元。

（5）2023年6月30日，收取半年租金300万元，该投资性房地产停止出租，重新作为自用房产管理。

要求：假定不考虑相关税费，编制甲公司以上相关业务的会计分录。

10.【投资性房地产综合题】A公司采用公允价值模式计量投资性房地产，有关资料如下：

2020年11月10日，A公司与B公司签订协议，将自用的办公楼出租给B公司，租期为3年，每年租金为500万元，于每年年末收取，2021年1月1日为租赁开始日，2023年12月31日到期。2021年1月1日，该办公楼的公允价值为9 000万元，账面原值为30 000万元，已计提折旧20 000万元，未计提减值准备。各年年末均收到租金。

2021年12月31日，该投资性房地产的公允价值为12 000万元。

2022年12月31日，该投资性房地产的公允价值为18 000万元。

2023年12月31日，租赁协议到期，A公司将该办公楼出售，取得价款30 000万元。

要求：假定不考虑增值税等相关税费，编制A公司有关投资性房地产业务的会计分录。(分录金额以万元为单位)

11.【投资性房地产综合题】甲公司是从事房地产开发业务的企业，为增值税一般纳税人。2021年5月5日，甲公司与乙企业签订了租赁协议，将其开发的一栋写字楼出租给乙企业使用一年，租金为不含税价100万元，租赁开始日为2021年6月10日。2021年6月10日，该写字楼的公允价值为5 600万元，账面余额为5 500万元，未计提存货跌价准备，转换后采用公允价值模式计量。2021年12月31日，该项投资性房地产的公允价值为5 650万元。不动产出租的增值税税率为9%。

2022年6月，租赁期届满，甲公司收回该项投资性房地产，并于2022年8月以不含税价6 000万元出售，增值税税率为9%，出售款项已收讫。

要求：根据上述资料，编制甲公司以上相关业务的会计分录。

12.【长期待摊费用】2022年3月1日，丙公司对以经营租赁方式租入的办公楼进行装修，发生职工薪酬15万元，以银行存款支付其他费用45万元。2022年10月31日，该办公楼装修完工，达到预定可使用状态并交付使用，至租赁到期还有5年。不考虑税费。

要求：编制丙公司该装修业务的相关会计分录。

13.【长期待摊费用】2023年7月1日，乙公司与出租人签订了一份租赁合同，约定的租赁资产包括以下几种：(1) IT设备，包括供员工个人使用的笔记本电脑、台式电脑、桌面打印机等办公设备；(2) 饮水机；(3) 办公家具，如桌椅和办公隔断等。按租赁合同规定，租赁期为2年，租赁开始日为2023年7月1日，年租金为20万元(不含增值税)。因为预付租金可以获得8折的折扣，乙公司选择预先支付2年租金的付款方式，并在合同生效日支付押金2万元。乙公司将IT设备、饮水机和办公家具作为低价值租赁资产，选择按照简化方法进行会计处理，同时不考虑重大融资成分。

要求：假定不考虑税费，编制乙公司以上相关业务的会计分录。

14. 【长期待摊费用综合题】丁公司为增值税一般纳税人，发生有关固定资产的业务如下：

（1）2022年6月1日，以租赁方式租入的厂部办公楼采用出包工程方式进行装修改造，以银行存款支付全部工程款，取得的增值税专用发票上注明的价款为60万元、增值税税额为5.4万元。当月30日，工程完工达到预定可使用状态并交付使用。

（2）按租赁合同规定，租赁期为5年，租赁开始日为2022年5月31日，年租金为48万元（不含增值税，不动产租赁的增值税税率为9%），每半年末支付。

（3）2023年4月1日，以租赁方式租入一间销售展厅并对其进行装修，共发生装修费用120万元，取得的增值税专用发票上注明的价款为120万元、增值税税额为10.8万元。该展厅于当年11月30日装修完工，达到预定可使用状态并交付使用，装修费用从12月开始按租赁期10年进行摊销。

要求：编制丁公司以上相关业务的会计分录。

15. 【商誉】甲公司于2023年3月10日与乙公司的控股股东依依公司签订股权转让协议，依依公司向甲公司转让其所持有乙公司70%的股权，甲公司向依依公司支付108 000万元作为对价。双方于当日办理了股权登记手续，甲公司取得了对乙公司的控制权。购买日，乙公司可辨认净资产的公允价值为148 000万元。甲公司与依依公司在交易前后不存在任何关联方关系。假定不考虑所得税等其他因素。

要求：计算甲公司在购买日应确认的商誉价值。

本章练习题参考答案

第七章 对外投资

第一节 知识概要

一、本章知识思维导图（图7-1）

金融工具是指形成一方的金融资产并形成其他方的金融负债或权益工具的合同。其中，金融资产包括货币资金、应收账款、应收票据、其他应收款、股权投资、债权投资等资产。第二章讲解了货币资金和应收款项，本章主要讲解交易性金融资产、债权投

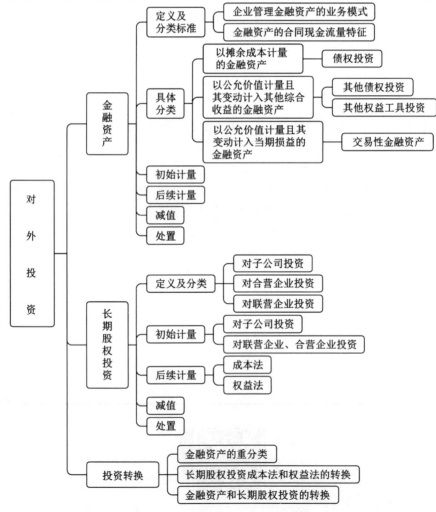

图7-1 "对外投资"知识思维导图

资、其他债权投资、其他权益工具投资、长期股权投资等对外投资形成的金融资产。

二、本章重难点分析

本章重难点包括金融资产的分类、不同金融资产的核算方法、实际利率法的应用及摊余成本的计算、预期信用损失法的应用、对子公司投资的初始计量、成本法和权益法、未实现内部交易损益的调整及确定投资的账面价值。

（一）金融资产的分类

表 7-1　按分类标准进行的金融资产分类

初始分类（三类）	分类标准		重分类
	企业管理金融资产的业务模式	金融资产的合同现金流量特征	当企业改变管理金融资产的业务模式时
以摊余成本计量的金融资产	以收取合同现金流量为目标	本金+利息	三类之间可以重分类，自重分类日起采用未来适用法进行处理
以公允价值计量且其变动计入其他综合收益的金融资产	既以收取合同现金流量为目标，又以出售金融资产为目标	本金+利息	
以公允价值计量且其变动计入当期损益的金融资产	不以收取合同现金流量为目标，也不以两者兼有为目标（出售金融资产）	—	

除了按照表 7-1 中的分类标准进行分类外，还有一些特殊分类：

（1）非交易性权益工具投资可以指定为以公允价值计量且其变动计入其他综合收益的金融资产，该指定一经做出，不得撤销。

（2）为消除或显著减少会计错配，可以将金融资产指定为以公允价值计量且其变动计入当期损益的金融资产，该指定一经做出，不得撤销。

（3）企业在非同一控制下的企业合并中确认的或有对价构成金融资产的，该金融资产应分类为以公允价值计量且其变动计入当期损益的金融资产。

（二）企业常见投资对象核算的分类比较（表 7-2、表 7-3）

表 7-2　企业持有的权益工具核算的分类比较

投资对象	分类	核算账户	初始计量	后续计量	减值	处置
股票	以公允价值计量且其变动计入当期损益的金融资产	交易性金融资产	公允价值	公允价值；变动差额计入公允价值变动损益	不考虑	出售损益计入投资收益
	指定为以公允价值计量且其变动计入其他综合收益的金融资产	其他权益工具投资	公允价值+交易费用	公允价值；变动差额计入其他综合收益	不考虑	出售损益计入留存收益；相应的其他综合收益结转到留存收益

续表

投资对象	分类	核算账户	初始计量	后续计量	减值	处置
股票	对子公司投资	长期股权投资	分类确定	成本法	考虑	见表7-10
	对合营企业投资			权益法		
	对联营企业投资			权益法		

表7-3 企业持有的债务工具核算的分类比较

投资对象	分类	核算账户	初始计量	后续计量	减值	处置
债券	以公允价值计量且其变动计入当期损益的金融资产	交易性金融资产	公允价值	公允价值；变动差额计入公允价值变动损益	不考虑	出售损益计入投资收益
	以摊余成本计量的金融资产	债权投资	公允价值+交易费用	摊余成本；按实际利率法计算利息收入及相关摊销额	如有，确认信用减值损失，同时计提减值准备；以后可以转回	出售损益计入投资收益
	以公允价值计量且其变动计入其他综合收益的金融资产	其他债权投资	公允价值+交易费用	公允价值；先按实际利率法计算利息收入及相关摊销额，再将变动差额计入其他综合收益	如有，确认信用减值损失，并计入其他综合收益；以后可以转回	出售损益计入投资收益；相应的其他综合收益结转到投资收益

金融资产在初始计量时，如果支付的价款中包含已到付息期但尚未领取的债券利息，或者包含已宣告但尚未发放的现金股利，则应该将这些债券利息或现金股利从价款中扣减，单独确认为"应收利息"或"应收股利"，因为这是投资方暂时垫付的债券利息或现金股利，后续随着债券或股票发行方支付这些到期的债券利息或已宣告现金股利，投资方一般就可以收回这部分垫付资金。

除了长期股权投资外，这些金融资产的相关会计处理如表7-4至表7-7所示。

表7-4 交易性金融资产的相关会计处理

业务	会计分录
购入时	借：交易性金融资产——成本 　　应收股利/应收利息 　　投资收益 　贷：其他货币资金——存出投资款/银行存款
收到现金股利或债券利息时	借：其他货币资金——存出投资款/银行存款 　贷：应收股利/应收利息
股价或债券公允价值上升时	借：交易性金融资产——公允价值变动 　贷：公允价值变动损益
股价或债券公允价值下跌时	借：公允价值变动损益 　贷：交易性金融资产——公允价值变动

续表

业务	会计分录
确认持有期间的收益时	借：应收股利/应收利息 　　贷：投资收益
出售时	借：其他货币资金——存出投资款/银行存款 　　贷：交易性金融资产——成本 　　　　　　　　　　　——公允价值变动（或在借方） 　　　　投资收益（如为出售损失则在借方）

表 7-5　其他权益工具投资的相关会计处理

业务	会计分录
购入时	借：其他权益工具投资——成本 　　　应收股利 　　贷：银行存款
收到现金股利时	借：银行存款 　　贷：应收股利
股票公允价值上升时	借：其他权益工具投资——公允价值变动 　　贷：其他综合收益
股票公允价值下跌时	借：其他综合收益 　　贷：其他权益工具投资——公允价值变动
确认持有期间的收益时	借：应收股利 　　贷：投资收益
出售时	借：银行存款 　　贷：其他权益工具投资——成本 　　　　　　　　　　　——公允价值变动（或在借方） 　　　　盈余公积——法定盈余公积 　　　　利润分配——未分配利润（如为出售损失则在借方） 借：其他综合收益 　　贷：盈余公积——法定盈余公积 　　　　利润分配——未分配利润 （或相反分录）

表 7-6　债权投资的相关会计处理

业务	会计分录
购入时	借：债权投资——成本 　　贷：银行存款 　　　　债权投资——利息调整（或在借方）
资产负债表日，确认实际利息、摊销利息调整时	借：应收利息 　　　债权投资——利息调整（或在贷方） 　　贷：投资收益
收到利息时	借：银行存款 　　贷：应收利息
收回本金时	借：银行存款 　　贷：债权投资——成本

表 7-7 其他债权投资的相关会计处理

业务	会计分录
购入时	借：其他债权投资——成本 　　贷：银行存款 　　　　其他债权投资——利息调整（或在借方）
资产负债表日：先（1）后（2），此时按公允价值列报	
（1）确认实际利息、摊销利息调整时	借：应收利息 　　其他债权投资——利息调整（或在贷方） 　　贷：投资收益
（2）确认公允价值变动时	借：其他债权投资——公允价值变动 　　贷：其他综合收益——其他债权投资公允价值变动 （或相反分录）
收到利息时	借：银行存款 　　贷：应收利息
出售时 （明细账户结转方向应根据此时余额方向判断）	借：银行存款 　　其他综合收益——其他债权投资公允价值变动 　　其他债权投资——利息调整 　　贷：其他债权投资——成本 　　　　　　　　　　——公允价值变动 　　　　投资收益（如为出售损失则在借方）

(三) 实际利率法的应用及摊余成本的计算

分类为以摊余成本计量的金融资产和金融负债，要求采用实际利率法按摊余成本计量。下面的利息计算假设均按年计算，处理具体问题时需要根据实际情况确定利息计算期间。这里的摊余成本同样适用于第十章金融负债，在第十章将不再赘述。

1. 实际利率法的应用

实际利率法是指计算金融资产或金融负债的摊余成本及将利息收入或利息费用分摊计入各会计期间的方法。

其中，实际利率是指将金融资产或金融负债在预计存续期的估计未来现金流量，折现为该金融资产账面余额（不考虑减值）或该金融负债摊余成本所使用的利率。也就是该实际利率要使以下等式成立：

金融资产或金融负债当前的账面余额=金融资产或金融负债未来现金流量的现值

比如，企业购入债券分类为债权投资，则实际利率就是使下列等式成立的折现利率：

债权投资当前的账面余额=债券面值的现值+票面利息的现值

(1) 金融资产的利息收入和利息调整的摊销额计算。

当期利息收入=期初金融资产账面余额或摊余成本×实际利率

当期票面利息=债券面值×票面利率

当期利息调整的摊销额=当期利息收入－当期票面利息

(2) 金融负债的利息费用和利息调整的摊销额计算。

当期利息费用＝期初金融负债摊余成本×实际利率

当期票面利息＝债券面值×票面利率

当期利息调整的摊销额＝当期利息费用−当期票面利息

2. 摊余成本的计算

摊余成本是以金融资产或金融负债的初始确认金额经以下调整后的结果确定的：

(1) 扣除已偿还的本金。

(2) 加上或减去采用实际利率法将该初始确认金额与到期日金额之间的差额进行摊销形成的累计摊销额。

(3) 扣除计提的累计信用减值准备（仅适用于金融资产）。

具体可用以下公式表示：

金融资产的期末摊余成本＝初始确认金额−已偿还的本金±利息调整的累计摊销额−已计提的累计信用减值准备

金融负债的期末摊余成本＝初始确认金额−已偿还的本金±利息调整的累计摊销额

以上相关数据的计算可以通过编制利息调整的摊销表来完成，如表7-8所示。

表7-8 摊销表

年份	期初摊余成本 A	实际利息 B＝A×实际利率	票面利息 C＝面值×票面利率	利息调整的摊销额 D＝B−C	期末摊余成本 E＝A+D
第1年					
第2年					
……					
第n年					
合计					

(四) 预期信用损失法的应用

第22号准则要求企业采用预期信用损失法，以未来可能发生的违约事件所造成的损失的期望值来计量资产负债表日企业应确认的减值准备。

1. 适用范围

本章所讲的减值规定是第22号准则中的金融工具减值规定，不但适用于第二章的应收款项，也适用于本章的金融资产，其中债权投资和其他债权投资需要考虑减值，交易性金融资产和其他权益工具投资不用考虑减值。本章长期股权投资的减值处理适用第8号准则，将在第八章展开学习。

2. 金融工具信用减值处理的一般流程

企业应当在每个资产负债表日评估金融工具信用风险的增减变化，并以此为基础进行金融工具减值的会计处理。金融工具减值处理的一般流程如图7-2所示。

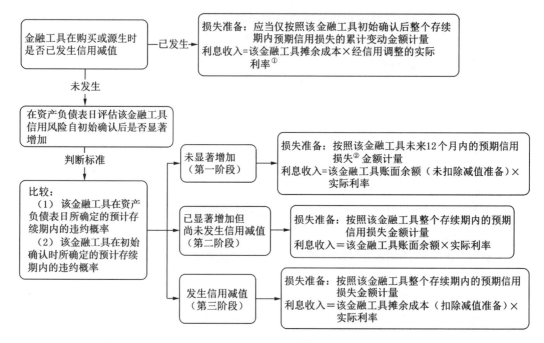

图 7-2 金融工具减值处理的一般流程图

注：① 经信用调整的实际利率，是指将购入或源生的已发生信用减值的金融工具在预计存续期的估计未来现金流量，折现为该金融工具摊余成本的利率。

② 未来 12 个月内的预期信用损失，是指资产负债表日后 12 个月内可能发生的违约事件所造成的金融工具在整个存续期内的预期信用损失，是整个存续期预期信用损失的一部分。这里强调的是导致损失的违约事件发生在 12 个月内，而不是按 12 个月内的现金流量损失来计算预期信用损失。

3. 金融资产已发生信用减值的证据

当对金融资产预期未来现金流量具有不利影响的一项或多项事件发生时，该金融资产成为已发生信用减值的金融资产。图 7-2 中的处于第三阶段的金融资产，以及购买或源生时已发生信用减值的金融资产，都属于已发生信用减值的金融资产。

金融资产已发生信用减值的证据通常包括以下可观察信息：

（1）发行方或债务人发生重大财务困难。

（2）债务人违反合同，如偿付利息或本金违约或逾期等。

（3）债权人出于与债务人财务困难有关的经济或合同考虑，给予债务人在任何其他情况下都不会做出的让步。

（4）债务人很可能破产或进行其他财务重组。

（5）发行方或债务人财务困难导致该金融资产的活跃市场消失。

（6）以大幅折扣购买或源生一项金融资产，该折扣反映了发生信用损失的事实。

4. 信用减值处理的特殊情形

以上是基于金融工具信用风险评估的一般原则进行的处理，第 22 号准则还规定了两类特殊情形，即企业无须就金融工具初始确认时的信用风险与资产负债表日的信用风险进行比较分析。这是出于简化会计处理、兼顾实务的考虑。

（1）在资产负债表日具有较低信用风险的金融工具。企业可以选择将该金融工具直接评估为信用风险自初始确认后未显著增加,从而可以按照未来 12 个月内的预期信用损失金额计量其损失准备,如企业在具有较高信用评级的商业银行的定期存款。

(2)收入准则所规定的、不含重大融资成分的应收款项和合同资产。企业应当始终按照整个存续期内的预期信用损失金额计量其损失准备,如在第二章中学习的应收款项就是这样处理的。

此外,根据第 22 号准则,对包含重大融资成分的应收款项、合同资产和租赁应收款,企业也可以做出简化处理的会计政策选择,即始终按照相当于整个存续期内的预期信用损失金额计量其损失准备。

5. 会计分录

综上所述,企业在资产负债表日根据金融工具的信用风险评估确定预期信用损失,并与减值准备已有金额进行比较,计算当期减值准备计提或转回的金额。计算公式如下:

当期减值准备计提或转回金额=期末预期信用损失金额-减值准备当前已有账面金额

相应的会计分录为

(1)计提时:

借:信用减值损失
　　贷:债权投资减值准备
　　　　其他综合收益——信用减值准备

(2)转回时:编制以上相反分录。

(3)认定金融资产无法收回进行核销时:

借:债权投资减值准备
　　其他综合收益——信用减值准备
　　贷:债权投资
　　　　其他债权投资

如有差额,借记"信用减值损失"。

(五)对子公司投资的初始计量比较(表 7-9)

表 7-9　对子公司投资的初始计量比较

项目	对子公司投资的取得方式	
	同一控制下的企业合并	非同一控制下的企业合并
定义	参与合并的各方在合并前后均受同一方或相同的多方最终控制,且该控制并非暂时性的	参与合并的各方在合并前后不受同一方或相同的多方最终控制
投资成本的初始计量	投资成本=被合并方在最终控制方合并财务报表中的净资产的账面价值[①]×股权比例	投资成本=合并方付出的资产、发生或承担的负债、发行的权益性证券的公允价值之和
	投资成本与付出对价账面价值或所发行股份面值总额之间的差额,调整资本公积;资本公积不足冲减的,调整留存收益	付出资产公允价值与账面价值的差额计入合并当期损益

注:① 被合并方在合并日的净资产账面价值为负数的,长期股权投资成本按零确定,同时在备查簿中予以登记。

续表

项目	对子公司投资的取得方式	
	同一控制下的企业合并	非同一控制下的企业合并
合并方发生的中介费用及其他相关管理费用	应当于发生时计入当期损益	
合并方作为合并对价发行的权益性工具或债务性工具的发行费用	应当计入权益性工具或债务性工具的初始确认金额	

（六）长期股权投资成本法与权益法比较（表7-10）

表7-10　长期股权投资成本法与权益法比较

项目		投资方采用权益法	投资方采用成本法
适用范围		对合营企业、联营企业投资	对子公司投资
投资方取得投资时		（1）按投资方付出对价的公允价值确认投资成本 （2）如有折价应调增投资成本，并确认营业外收入	分别同一控制和非同一控制确认投资成本
持有期间	被投资方实现净利润时	借：长期股权投资——损益调整 　贷：投资收益	不做处理
	发生亏损时	借：投资收益 　贷：长期股权投资——损益调整	不做处理
	宣告分配现金股利时	借：应收股利 　贷：长期股权投资——损益调整	借：应收股利 　贷：投资收益
	其他综合收益发生变动时	借：长期股权投资——其他综合收益 　贷：其他综合收益 （或相反分录）	不做处理
	除以上变动外的所有者权益发生其他变动时	借：长期股权投资——其他权益变动 　贷：资本公积——其他资本公积 （或相反分录）	不做处理
投资方收到现金股利时		借：银行存款 　贷：应收股利	
经减值测试发生减值时		借：资产减值损失 　贷：长期股权投资减值准备	
投资方处置投资时		（1）处置损益确认为投资收益 （2）相应的其他综合收益和资本公积转入投资收益，不能结转损益的其他综合收益转入留存收益	处置损益确认为投资收益

（七）权益法下未实现内部交易损益对被投资方净损益的调整

在权益法下投资存续期间，投资方所确认的投资损益应反映实质上归属于投资方的损益金额，但当投资方与被投资方发生购销交易，这种内部交易形成的资产在尚未对外部独立第三方出售或未被消耗时，投资方或其联营企业、合营企业持有的该资产账面价值中包含的出售损益金额就形成未实现内部交易损益，在内部交易发生当期，投资方确认投资收益时应该抵销其相应份额，否则会导致权益法下投资方确认的投资收益出现扭曲。

在后续期间，随着未实现内部交易损益的实现，投资方应进行相反的处理。比如，通过内部交易购入固定资产，该固定资产的折旧意味着通过成本的分配实现了经济利益，因此应调整折旧费用对净利润的影响。

顺流交易是指投资方向其联营企业或合营企业出售资产。逆流交易是指联营企业或合营企业向投资方出售资产。在教学中，常有学生问为什么顺流交易和逆流交易中的未实现内部交易损益采用这样或那样的方式抵销，以下简要说明抵销的基本思路，如图7-3、图7-4所示。

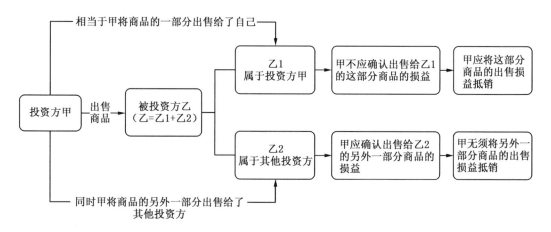

图 7-3　顺流交易中的未实现内部交易损益抵销说明

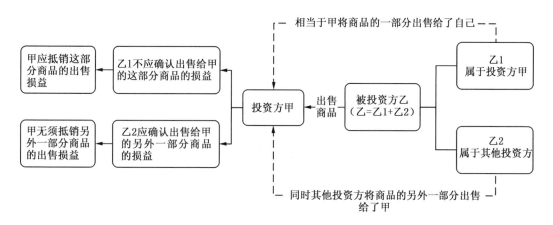

图 7-4　逆流交易中的未实现内部交易损益抵销说明

（八）确定投资的账面价值

账面价值与账面余额是两个不同的概念，虽然都是根据企业账簿记录得出的数据。账面余额是指某个总分类账户或某个明细分类账户的余额，而账面价值是指核算某项资产或负债的所有相关账户余额的汇总。比如，长期股权投资的账面余额就是指这个账户的余额，不包括长期股权投资减值准备；而长期股权投资的账面价值是指长期股权投资的账面余额减去长期股权投资减值准备后的净额。

三、本章涉及的主要会计科目（表 7-11）

表 7-11　本章涉及的主要会计科目

科目性质	总分类科目	明细分类科目	备注
资产类	交易性金融资产	成本	
		公允价值变动	
	债权投资	成本或面值	
		利息调整	
		应计利息	
	其他债权投资	成本或面值	
		利息调整	
		公允价值变动	
	其他权益工具投资	成本	
		公允价值变动	
	长期股权投资	投资成本	权益法设置这 4 个明细科目，成本法不设置，此外还应按被投资方设置明细科目
		损益调整	
		其他综合收益	
		其他权益变动	
	债权投资减值准备		备抵账户
	长期股权投资减值准备		备抵账户
所有者权益类	其他综合收益	其他权益工具投资公允价值变动	以后不能重分类进损益
		其他债权投资公允价值变动	以后可以重分类进损益
		其他债权投资信用减值准备	
		金融资产重分类计入其他综合收益的金额	
损益类	信用减值损失		针对金融资产
	资产减值损失		长期股权投资
	公允价值变动损益		
	投资收益		

第二节 练习题

一、单项选择题

1. 下列各项，不属于金融资产的是（　　）。
   A. 企业持有的现金　　　　　　B. 企业的银行存款
   C. 预付账款　　　　　　　　　D. 应收票据

2. 企业在进行各类对外投资时，支付的价款中包含的已宣告但尚未发放的现金股利或已到付息期但尚未领取的债券利息应计入（　　）。
   A. 投资收益　　　　　　　　　B. 应收股利或应收利息
   C. 投资初始成本　　　　　　　D. 营业外收入

3. 企业持有交易性金融资产的主要目的是（　　）。
   A. 近期出售或回购　　　　　　B. 控制对方的经营政策
   C. 向对方提供财务援助　　　　D. 分散经营风险

4. 2023年1月1日，甲公司购入乙公司于当日发行的面值100万元、期限3年、票面利率3%、每年12月31日付息的债券并分类为以公允价值计量且其变动计入当期损益的金融资产，实际支付购买价款110万元（包括交易费用1万元）。甲公司持有的该交易性金融资产的初始计量金额为（　　）万元。
   A. 100　　　　B. 101　　　　C. 109　　　　D. 110

5. 甲公司于2023年5月26日从证券市场上购入B公司发行在外的股票100万股，分类为以公允价值计量且其变动计入当期损益的金融资产，每股买价10元（含已宣告但尚未发放的现金股利1元），另支付相关税费10万元。甲公司取得该交易性金融资产的初始计量金额为（　　）万元。
   A. 1 000　　　B. 1 010　　　C. 910　　　D. 900

6. 2023年7月1日，甲公司从证券市场上以200万元（含已到付息日但尚未领取的利息8万元）购入乙公司发行的债券，另发生交易费用2万元，确认为交易性金融资产，当年12月31日的公允价值为200万元。假定不考虑其他因素，甲公司当年年末应就该资产确认的公允价值变动损益为（　　）万元。
   A. 10　　　　B. 8　　　　　C. 0　　　　　D. 6

7. 某企业2023年3月购入股票，确认为交易性金融资产，购入时入账价值为40 000元，6月末公允价值为35 000元，公允价值变动额已记入公允价值变动损益账户。该年8月，该企业以45 500元将该股票出售，并支付交易费用50元。出售该交易性金融资产应计入投资收益的金额为（　　）元。
   A. 10 450　　　B. 5 500　　　C. 10 550　　　D. 5 000

8. 企业将购入的债券分类为以摊余成本计量的金融资产，则其初始计量金额应为（　　）。
   A. 债券面值　　　　　　　　　B. 债券面值加相关交易费用
   C. 债券公允价值　　　　　　　D. 债券公允价值加相关交易费用

9. 2023年1月1日，丁公司购入甲公司于2022年1月1日发行的面值2 000万元、期限4年、票面利率3%、每年12月31日付息的债券并分类为以摊余成本计量的金融资产，实际支付购买价款1 860万元（包括债券利息60万元、交易费用5万元）。该债券的初始计量金额为（　　）万元。

  A. 1 860　　　　B. 1 800　　　　C. 1 795　　　　D. 2 000

10. 以摊余成本计量的金融资产应当采用实际利率法，按（　　）对其进行后续计量。

  A. 历史成本　　B. 成本与市价孰低　C. 现值　　　D. 摊余成本

11. 甲公司于2023年4月6日从证券市场上购入B公司发行在外的股票10万股，每股买价20元（含已宣告但尚未发放的现金股利1元），另支付交易费用5万元，指定为以公允价值计量且其变动计入其他综合收益的金融资产。甲公司取得该资产的初始计量金额为（　　）万元。

  A. 195　　　　B. 200　　　　C. 190　　　　D. 205

12. 下列各项，不应计入相关金融资产初始计量金额的是（　　）。

  A. 取得以公允价值计量且其变动计入当期损益的金融资产发生的交易费用

  B. 取得以摊余成本计量的金融资产发生的交易费用

  C. 取得以公允价值计量且其变动计入其他综合收益的金融资产发生的交易费用

  D. 以上都不应计入

13. 企业将以摊余成本计量的金融资产重分类为以公允价值计量且其变动计入其他综合收益的金融资产，以公允价值计量且其变动计入其他综合收益的金融资产的入账金额应为（　　）。

  A. 债券的初始成本　　　　　　B. 债券的摊余成本

  C. 债券的公允价值　　　　　　D. 债券的账面价值

14. 非同一控制下企业合并取得的长期股权投资，初始投资成本按（　　）计量。

  A. 股权投资的公允价值

  B. 支付合并对价的账面价值

  C. 支付合并对价的公允价值

  D. 合并日被合并方所有者权益在最终控制方合并财务报表中的账面价值的份额

15. A公司和B公司为同一母公司所控制的两个子公司。2023年9月1日，A公司和B公司达成合并协议，约定A公司以无形资产作为合并对价，取得B公司70%的股权。购买日，A公司投出无形资产的账面价值为900万元，公允价值为1 200万元。在合并中，A公司支付审计费用、法律服务费用等共计20万元。B公司2023年9月1日在母公司合并财务报表中的所有者权益账面价值为1 400万元。A公司该项长期股权投资的初始成本为（　　）万元。

  A. 630　　　　B. 980　　　　C. 840　　　　D. 1 000

16. 长期股权投资应采用成本法核算的是（　　）。

  A. 对子公司投资　　　　　　B. 对联营企业投资

  C. 对合营企业投资　　　　　　D. 以上全部投资

17. 采用成本法核算长期股权投资，被投资单位宣告分派现金股利时，投资企业按应享有的份额记入（   ）。

A. "长期股权投资"科目的贷方　　B. "资本公积"科目的贷方

C. "营业外收入"科目的贷方　　D. "投资收益"科目的贷方

18. 企业用银行存款1 000万元购入股票，其中含已宣告但尚未发放的现金股利40万元，另支付交易费用8万元，占被投资企业25%的股权，对被投资企业具有重大影响。该长期股权投资的初始成本为（   ）万元。

A. 1 000　　　　B. 968　　　　C. 960　　　　D. 952

19. 采用权益法核算时，初始投资成本大于投资时应享有被投资单位可辨认净资产公允价值份额的差额，应计入（   ）。

A. 商誉　　　　　　　　　　　B. 资本公积

C. 营业外收入　　　　　　　　D. 不调整长期股权投资的初始投资成本

20. 投资企业对长期股权投资采用权益法核算时，不会影响长期股权投资账面价值增减变动的是（   ）。

A. 被投资单位宣告分配现金股利

B. 被投资单位其他债权投资期末公允价值变动

C. 被投资单位提取法定盈余公积

D. 被投资单位实现净利润

21. 同一控制下企业合并取得的长期股权投资，初始投资成本是指（   ）。

A. 股权投资的公允价值

B. 支付合并对价的账面价值

C. 支付合并对价的公允价值

D. 合并日被合并方所有者权益在最终控制方合并财务报表中的账面价值的份额

22. 采用权益法核算时，初始投资成本小于投资时应享有被投资单位可辨认净资产公允价值份额的差额，应计入（   ）。

A. 投资收益　　　　　　　　　B. 资本公积

C. 营业外收入　　　　　　　　D. 公允价值变动损益

23. 下列资产，取得时发生的交易费用不应计入初始入账价值的是（   ）。

A. 其他权益工具投资　　　　　B. 债权投资

C. 交易性金融资产　　　　　　D. 其他债权投资

24. 甲公司2023年7月1日购入乙公司2023年1月1日发行的债券，支付价款2 100万元（含已到付息期但尚未领取的债券利息40万元），另支付交易费用15万元。2023年7月20日，甲公司收到利息40万元。该债券面值为2 000万元，票面年利率为4%（票面利率等于实际利率），每半年付息一次，甲公司将其划分为交易性金融资产。甲公司2023年度该项交易性金融资产应确认的投资收益为（   ）万元。

A. 25　　　　　B. 40　　　　　C. 65　　　　　D. 80

25. 2023年3月20日，甲公司从深交所购买乙公司股票100万股，将其划分为交易性金融资产，购买价格为每股8元，另支付相关交易费用25 000元。2023年6月30日，该股票的公允价值为每股 10 元，当日该交易性金融资产的账面价值为（　　）万元。

　　A. 802.5　　　　　B. 800　　　　　C. 1 000　　　　　D. 1 000.5

26. 2023 年 1 月 2 日，甲公司以银行存款 2 000 万元取得乙公司 30%的股权，投资时乙公司可辨认净资产的公允价值及账面价值的总额均为 8 000 万元。甲公司取得投资后可派人参与乙公司生产经营决策，但无法对乙公司实施控制。2023 年 5 月 9 日，乙公司宣告分配现金股利 400 万元。2023 年度，乙公司实现净利润 800 万元。假定不考虑所得税等因素，该项投资对甲公司 2023 年度损益的影响金额为（　　）万元。

　　A. 240　　　　　B. 640　　　　　C. 860　　　　　D. 400

27. 甲公司为乙公司和丙公司的母公司。2023 年 1 月 1 日，乙公司购入甲公司持有的丙公司 80%的股权，实际支付款项 4 200 万元，形成同一控制下的控股合并。2023 年 1 月 1 日，甲公司合并财务报表中丙公司按购买日可辨认净资产公允价值持续计算的净资产账面价值为 5 000 万元。假定不考虑其他因素，2023 年 1 月 1 日乙公司购入丙公司 80%股权的初始投资成本为（　　）万元。

　　A. 4 200　　　　　B. 4 000　　　　　C. 3 360　　　　　D. 3 680

28. 甲公司和乙公司为非关联方。2023 年 5 月 1 日，甲公司按每股 6 元的价格增发每股面值为 1 元的普通股股票 2 000 万股，并以此为对价取得乙公司 70%的股权，能够对乙公司实施控制。甲公司另以银行存款支付审计费、评估费等共计 20 万元。乙公司 2023 年 5 月 1 日可辨认净资产的公允价值为 14 000 万元。假定不考虑其他因素，甲公司取得乙公司 70%股权的初始投资成本为（　　）万元。

　　A. 9 800　　　　　B. 12 000　　　　　C. 12 200　　　　　D. 9 820

29. 2023 年 2 月 1 日，甲公司以增发 1 000 万股本公司普通股股票为对价，取得乙公司 25%的股权，能够对乙公司施加重大影响。其中，所发行的普通股面值为每股 1 元，公允价值为每股 10 元。为了增发股票，甲公司向证券承销机构支付佣金和手续费 400 万元。当日，乙公司可辨认净资产的公允价值为 50 000 万元。假定不考虑其他因素，甲公司该项长期股权投资的入账价值为（　　）万元。

　　A. 10 000　　　　　B. 12 500　　　　　C. 12 100　　　　　D. 9 600

30. 甲企业于 2022 年 10 月 1 日以银行存款 5 000 万元取得乙公司 80%的股权，能够对乙公司实施控制。乙公司 2022 年度实现净利润 480 万元，2023 年 4 月 3 日宣告分配上年度现金股利 200 万元，2023 年度实现净利润 600 万元。假定不考虑其他因素，甲企业 2023 年个别财务报表中应确认的投资收益为（　　）万元。

　　A. 96　　　　　B. 160　　　　　C. 480　　　　　D. 320

二、多项选择题

1. 企业应当根据（　　）对金融资产进行分类。

　　A. 管理金融资产的业务模式　　　　B. 金融资产的合同现金流量特征
　　C. 金融资产的定义　　　　　　　　D. 没有明确的依据

2. 根据第 22 号准则，企业持有的金融资产可以分类为（　　）。

　　A. 以摊余成本计量的金融资产
　　B. 以公允价值计量且其变动计入其他综合收益的金融资产

C. 以公允价值计量且其变动计入当期损益的金融资产

D. 贷款及应收款

3. 企业所管理的金融资产的现金流量来源可以是（　　）。

A. 收取本金和利息　　　　　　　　B. 出售金融资产

C. 收取现金股利　　　　　　　　　D. 以上都不是

4. 企业购买的股票，可能分类为（　　）。

A. 交易性金融资产　　　　　　　　B. 其他权益工具投资

C. 以摊余成本计量的金融资产　　　D. 长期股权投资

5. 企业发生的下列事项，应计入投资收益的有（　　）。

A. 购入交易性金融资产时发生的相关交易费用

B. 处置其他权益工具投资时，收到的款项与其他权益工具投资账面价值的差额

C. 处置其他债权投资时，收到的款项与其他债权投资账面价值的差额

D. 债权投资持有期间获得的利息收入

6. 下列关于其他债权投资的核算，正确的有（　　）。

A. 初始确认时，按公允价值计入初始确认金额，相关交易费用计入当期损益

B. 持有期间每个资产负债表日，按实际利率法计算确认利息收入并计入投资收益

C. 资产负债表日，公允价值变动额计入其他综合收益

D. 资产负债表日，公允价值变动额计入当期损益

7. 下列关于其他权益工具投资的核算，正确的有（　　）。

A. 公允价值的后续变动计入其他综合收益

B. 后续计量时，计入其他综合收益的金额，以后期间不得转入损益

C. 持有期间获得的股利通常计入当期损益

D. 不需要计提减值准备

E. 终止确认时，之前计入其他综合收益的金额应结转计入留存收益

8. 资产负债表日，需要考虑减值的金融资产有（　　）。

A. 交易性金融资产　　　　　　　　B. 其他权益工具投资

C. 债权投资　　　　　　　　　　　D. 其他债权投资

E. 长期股权投资

9. 按照准则的规定，可以将金融工具发生信用减值的过程分为（　　）三个阶段。

A. 信用风险自初始确认后未显著增加

B. 信用风险自初始确认后已显著增加但尚未发生信用减值

C. 初始确认后发生信用减值

D. 购买或源生时已发生信用减值

10. 长期股权投资采用权益法核算的范围包括（　　）。

A. 对子公司投资

B. 对联营企业投资

C. 对合营企业投资

D. 不具有控制、共同控制或重大影响的非交易性权益工具投资

11. 长期股权投资采用权益法核算，应设置的明细科目有（   ）。
   A. 投资成本　　　　B. 公允价值变动　　C. 损益调整　　　　D. 其他权益变动

12. 采用权益法核算时，应记入"长期股权投资——损益调整"明细科目的有（   ）。
   A. 被投资单位发生亏损　　　　　　　B. 被投资单位实现净利润
   C. 被投资单位其他综合收益发生变动　D. 投资企业收回投资

13. 下列关于长期股权投资会计处理的表述，正确的有（   ）。
   A. 对合营企业的长期股权投资应采用权益法核算
   B. 长期股权投资减值准备一经确认，在以后会计期间不得转回
   C. 权益法下，按被投资单位宣告发放的现金股利应享有的份额确认投资收益
   D. 权益法下，按被投资单位实现净利润应享有的份额确认投资收益

14. 企业发生的下列事项，应计入其他综合收益的有（   ）。
   A. 其他权益工具投资在资产负债表日的公允价值变动额
   B. 其他债权投资在资产负债表日确认的信用损失准备金额
   C. 权益法下，长期股权投资在被投资单位其他综合收益发生增减变动时确认的变动份额
   D. 其他债权投资在资产负债表日的公允价值变动额

15. 权益法下，不会引起投资企业长期股权投资账面价值发生变动的事项有（   ）。
   A. 被投资单位以资本公积转增资本
   B. 被投资单位宣告分派现金股利
   C. 投资企业期末计提长期股权投资减值准备
   D. 被投资单位宣告分派股票股利

16. 采用成本法核算时，不会使投资企业"长期股权投资"科目发生变动的有（   ）。
   A. 被投资企业宣告分配现金股利　　　B. 被投资企业发生亏损
   C. 被投资企业实现净利润　　　　　　D. 被投资企业提取盈余公积

17. 企业持有交易性金融资产，若发生下列事项，会影响企业投资收益的有（   ）。
   A. 持有期间被投资单位宣告分派现金股利
   B. 资产负债表日发生公允价值变动
   C. 取得时支付交易费用
   D. 出售时公允价值与账面余额有差额

18. 2023年1月2日，甲公司以银行存款取得乙公司30%的股权，初始投资成本为1 700万元；当日，乙公司可辨认净资产的公允价值为7 000万元，与其账面价值相等。甲公司取得投资后即派人参与乙公司生产经营决策，但未能对乙公司实施控制。2023年，乙公司实现净利润1 000万元，其他债权投资的公允价值增加300万元。假定不考虑所得税等其他因素，2023年甲公司下列与该项投资相关的会计处理，正确的有（   ）。
   A. 确认营业外收入400万元　　　　　B. 确认商誉400万元
   C. 确认投资收益300万元　　　　　　D. 确认其他综合收益90万元

19. 下列关于交易费用的会计处理的表述，正确的有（   ）。
A. 同一控制下企业控股合并发生的直接相关费用计入当期损益
B. 以发行股票方式取得长期股权投资，支付的股票发行费用应冲减溢价发行收入，不足冲减的，依次冲减盈余公积和未分配利润
C. 非同一控制下企业控股合并发生的直接相关费用计入长期股权投资成本
D. 合并以外其他方式取得长期股权投资发生的审计费、咨询费等计入管理费用

三、判断题

1. 非合同的资产和负债不属于金融工具，如应交所得税。（   ）
2. 企业管理金融资产的业务模式是指企业如何管理其金融资产以产生现金流量。（   ）
3. 在初始确认时，如果能够消除或显著减少会计错配，企业可以将金融资产指定为以公允价值计量且其变动计入当期损益的金融资产，该指定一经做出，以后可以撤销。（   ）
4. 企业应当以预期信用损失为基础，对金融资产进行减值会计处理并确认损失准备。（   ）
5. 企业应当在每个资产负债表日评估金融工具信用风险自初始确认后是否已显著增加，其结果取决于该金融工具在初始确认时和在资产负债表日所分别确定的预计存续期内的违约概率孰高孰低。（   ）
6. 以摊余成本计量的金融资产期末计提减值准备，一经计提，以后会计期间不得转回。（   ）
7. 由于其他债权投资与交易性金融资产一样，期末按公允价值计量，因此期末不需要计提减值准备。（   ）
8. 企业改变其管理金融资产的业务模式时，应当按照企业会计准则的规定对所有受影响的相关金融资产进行重分类。（   ）
9. 交易性金融资产在一定条件下可重分类为以摊余成本计量的金融资产。（   ）
10. 投资企业确认应分担被投资单位发生的损失，原则上应以长期股权投资及其他实质上构成对被投资单位净投资的长期权益减记至零为限，投资企业负有承担额外损失义务的除外。（   ）

四、计算分录题

1. 【金融资产分类】甲公司2023年度发生业务如下：

（1）甲公司2023年度购入上市公司乙公司5%的股权，取得乙公司股权后，甲公司对乙公司的财务和经营政策不具有控制、共同控制或重大影响，甲公司准备择机近期出售该股权。

（2）甲公司2023年度利用自有资金购买银行理财产品。该理财产品为非保本、非固定收益型，根据合同约定，该理财产品期限为3年，预计年收益率为6%，当年收益于下年1月底前支付；该理财产品到期时按资产的实际现金流量情况支付全部或部分本金；银行不保证偿还全部本金和支付按照预计年收益率计算的收益。甲公司计划持有该理财产品至到期。

(3) 甲公司在 2023 年 1 月 1 日购入某公司于当日发行的 5 年期、一次还本、分期付息的债券。甲公司管理该债券的业务模式是以收取本金加利息的合同现金流量为目标。

(4) 甲公司 2023 年度购入丁公司发行的分期付息、到期还本的债券，期限为 5 年。甲公司管理该金融资产的业务模式是既以收取本金加利息的合同现金流量为目标，又以出售该金融资产为目标。

(5) 甲公司 2023 年度购入上市公司丙公司 2%的股权，取得丙公司股权后，甲公司对丙公司的财务和经营政策不具有控制、共同控制或重大影响，甲公司也不准备随时交易出售该股权。

要求：根据上述资料，说明甲公司该如何对这些金融资产进行分类。

2.【交易性金融资产计量】甲公司 2022 年 11 月购入上市公司乙公司 0.05%的股权，实际支付价款 90 万元，另发生相关交易费用 4 万元；甲公司持有乙公司股权的目的是利用股票价格变动出售获利，甲公司将该股权分类为交易性金融资产。2022 年年末，该股权的公允价值为 80 万元。2023 年 3 月，甲公司出售该股权实际收到价款 110 万元，不考虑其他相关税费。

要求：

(1) 计算甲公司购入该股权的初始计量金额。

(2) 说明后续计量该如何处理。

(3) 计算该股权 2022 年年末的账面价值。

(4) 说明该股权对甲公司 2022 年度利润有无影响，如有则计算影响金额。

(5) 计算出售该股权应确认的投资收益。

3. 【交易性金融资产】甲公司2021年1月1日购入乙公司于2020年年初发行的债券，面值100万元，票面利率6%，期限5年，每年年末付息，到期还本。买价为107万元（含已到付息期但尚未领取的利息6万元），另支付交易费用2万元。此债券的内含报酬率为5.15%。

2021年1月10日，收到前述已到期利息。

2021年12月31日，此债券公允价值为110万元，年末利息如约收到。

2022年12月31日，此债券公允价值为112万元，年末利息如约收到。

2023年5月3日，甲公司将持有的乙公司债券抛售，售价为120万元，交易费用为5万元。

假定不考虑相关税费。

要求：假设甲公司是为短期获利而持有该债券，将该债券分类为以公允价值计量且其变动计入当期损益的金融资产，为甲公司编制以上相关业务的会计分录。（分录金额以万元为单位）

4. 【交易性金融资产】甲公司为增值税一般纳税人，2023年发生的有关交易性金融资产业务如下：

（1）1月3日，向证券公司存出投资款2 000万元。同日，委托证券公司购入上市公司乙公司股票50万股，支付价款500万元（含已宣告但尚未发放的现金股利5万元），另支付相关交易费用1.25万元，取得的增值税专用发票上注明的增值税税额为0.075万元，甲公司将该股票投资分类为交易性金融资产。

（2）3月20日，收到乙公司发放的现金股利并存入银行的投资款专户。

（3）3月31日，持有的乙公司股票公允价值为480万元。

（4）4月30日，将乙公司股票50万股全部出售，售价为600万元，款项已收到。另外，转让该金融商品应交增值税5.66万元。

要求：编制甲公司以上相关业务的会计分录。（分录金额以万元为单位）

5.【债权投资】甲公司 2021 年 1 月 1 日购入乙公司于 2019 年年初发行的债券，面值 100 万元，票面利率 5%，期限 5 年，每年年末付息，到期还本。买价为 100.33 万元（含已到付息期但尚未领取的上年利息 5 万元），另支付交易费用 2 万元。此债券的内含报酬率为 6%。

2021 年 1 月 10 日，收到前述已到期利息。

2021 年 12 月 31 日，此债券年末利息如约收到。

2022 年 12 月 31 日，此债券年末利息如约收到。

2023 年 12 月 31 日，此债券年末利息如约收到，并收回债券本金。

假定不考虑相关税费。

要求：假设甲公司为收取本金加利息的合同现金流量而持有该债券，将该债券分类为以摊余成本计量的金融资产，为甲公司编制以上相关业务的会计分录。（分录金额以万元为单位）

6.【债权投资】甲公司 2021 年 1 月 1 日购入乙公司于 2020 年年初发行的公司债券，面值 100 万元，票面利率 6%，期限 5 年，每年年末付息，到期还本。买价为 107 万元（含已到付息期但尚未领取的利息 6 万元），另支付交易费用 2 万元。此债券的内含报酬率为 5.15%。

2021 年 1 月 10 日，收到前述已到期利息。

2021 年 12 月 31 日，此债券年末利息如约收到。

2022 年 12 月 31 日，此债券年末利息如约收到。

2023 年 5 月 3 日，甲公司将持有的乙公司债券抛售，售价为 120 万元，交易费用为 5 万元。

假定不考虑相关税费。

要求：假设甲公司是为收取本金加利息的合同现金流量而持有该债券，将该债券分类为以摊余成本计量的金融资产，为甲公司编制以上相关业务的会计分录。（分录金额以万元为单位）

7. 【其他债权投资】甲公司 2021 年 1 月 1 日购入乙公司于 2020 年年初发行的债券，面值 100 万元，票面利率 6%，期限 5 年，每年年末付息，到期还本。买价为 107 万元（含已到付息期但尚未领取的利息 6 万元），另支付交易费用 2 万元。此债券的内含报酬率为 5.15%。

2021 年 1 月 10 日，收到前述已到期利息。

2021 年 12 月 31 日，此债券公允价值为 110 万元，年末利息如约收到。

2022 年 12 月 31 日，此债券公允价值为 112 万元，年末利息如约收到。

2023 年 5 月 3 日，甲公司将持有的乙公司债券抛售，售价为 120 万元，交易费用为 5 万元。

假定不考虑相关税费。

要求：假设甲公司既为出售又为收取本金加利息的合同现金流量而持有该债券，将该债券分类为以公允价值计量且其变动计入其他综合收益的金融资产，为甲公司编制以上相关业务的会计分录。（分录金额以万元为单位）

8. 【其他权益工具投资】甲公司于 2022 年 5 月 1 日购入乙公司股票 10 万股，占股比例为 1%，对乙公司不具有重大影响。每股买价为 20 元（含已宣告但尚未发放的现金股利 0.7 元），另支付交易费用 2 万元。

2022 年 5 月 13 日，收到前述现金股利。

2022 年 6 月 30 日，该股票每股公允价值为 21 元。

2022 年 12 月 31 日，该股票每股公允价值为 30 元。

2023 年 2 月 1 日，乙公司宣告发放红利，每股红利为 1 元。

2023 年 3 月 11 日，乙公司发放现金股利。

2023 年 5 月 3 日，甲公司将持有的乙公司股票抛售，每股售价为 40 元，交易费用为 5 万元。

假定不考虑相关税费。

要求：假设甲公司将持有的乙公司股票指定为以公允价值计量且其变动计入其他综合收益的金融资产，为甲公司编制以上相关业务的会计分录。

9.【债权投资的减值】2022 年 1 月 1 日,甲公司购入乙公司当日发行的一批 3 年期债券,甲公司根据合同现金流量特征及管理该金融资产的业务模式,将其分类为以摊余成本计量的金融资产。

2022 年 12 月 31 日,甲公司评估认为,该金融工具的信用风险自初始确认后显著增加,应按整个存续期内的预期信用损失计量损失准备,损失准备金额为 150 万元。2023 年 12 月 31 日,甲公司评估认为,该金融工具的信用风险自初始确认后并无显著增加,应按 12 个月内的预期信用损失计量损失准备,损失准备金额为 50 万元。

要求:编制甲公司以上相关业务的会计分录。(分录金额以万元为单位)

10.【其他债权投资的减值】2022 年 1 月 1 日,甲公司购入乙公司当日发行的一批 3 年期债券。甲公司根据合同现金流量特征及管理该金融资产的业务模式,将其分类为以公允价值计量且其变动计入其他综合收益的金融资产。

2022 年 12 月 31 日,甲公司评估认为,该金融工具的信用风险自初始确认后显著增加,应按整个存续期内的预期信用损失计量损失准备,损失准备金额为 150 万元。2023 年 12 月 31 日,甲公司评估认为,该金融工具的信用风险自初始确认后并无显著增加,应按 12 个月内的预期信用损失计量损失准备,损失准备金额为 50 万元。

要求:编制甲公司以上相关业务的会计分录。(分录金额以万元为单位)

11.【债权投资核算综合题】2019 年 1 月 1 日,甲公司购入乙公司当日发行的一批 5 年期债券,面值 5 000 万元,实际支付价款 4 639.52 万元(包括交易费用 9.52 万元),票面利率为 10%,每年年末支付利息,到期一次归还本金。甲公司根据合同现金流量特征及管理该金融资产的业务模式,将其分类为以摊余成本计量的金融资产。初始确认时确定的实际利率为 12%。乙公司每年年末均如约付息。

2019 年 12 月 31 日,甲公司评估认为,该金融工具的信用风险自初始确认后显著增加,损失准备金额为 200 万元。2020 年年末、2021 年年末,甲公司对该金融工具信用风险的评估不变。2022 年 12 月 31 日,甲公司评估认为,该金融工具的信用风险自初始确认后并无显著增加,应按 12 个月内的预期信用损失计量损失准备,损失准备金额为 50 万元。

2023 年 12 月 31 日,该债券到期,甲公司顺利收回本金和最后一期利息。

要求:编制甲公司以上相关业务的会计分录。(分录金额以万元为单位)

12.【长期股权投资的分类】(1) 2022 年 7 月 1 日,甲公司发行 1 000 万股普通股换取丙公司原股东持有的丙公司 20% 有表决权的股份。甲公司取得丙公司 20% 有表决权的股份后,派出一名代表作为丙公司董事会成员,参与丙公司的财务和经营决策。

(2) 2023 年 7 月 1 日,甲公司将银行存款 9 000 万元支付给乙公司,取得乙公司持有丁公司 70% 的股权,从而对丁公司形成控股合并。

(3) 甲公司与乙公司签订有关投资协议,共同合作参与某新兴行业企业的经营,甲公司和乙公司对该新兴行业企业的财务和经营等进行决策时,必须经双方一致同意才能通过。

要求:根据以上不同情况,判断甲公司持有的股权属于哪种长期股权投资。

13.【对子公司投资的初始计量】2023 年 2 月 1 日,A 公司将银行存款 6 000 万元支付给 B 公司,作为取得 B 公司持有 C 公司 70% 股权的合并对价,另发生评估、审计等中介费用 10 万元,已用银行存款支付。交易前 B 公司为 A 公司和 C 公司的母公司,合并日被合并方 C 公司在最终控制方 B 公司合并财务报表中净资产的账面价值为 10 000 万元(原母公司 B 公司未确认商誉)。

要求:计算 A 公司在合并日确认的长期股权投资的初始成本。

14. 【对子公司投资的初始计量】甲公司于 2023 年 11 月 1 日定向增发普通股 100 万股给丙公司，自其手中换得乙公司 60% 的股份，获得对乙公司的控制权，该股票每股面值为 1 元，甲公司、乙公司和丙公司均属于同一个企业集团。

增发当日相关资料如下：甲公司每股市价为 10 元，乙公司在合并财务报表中净资产的账面价值为 800 万元，乙公司可辨认净资产的公允价值为 1 500 万元；甲公司资本公积结存余额为 240 万元，全部为股本溢价，盈余公积结存余额为 360 万元，未分配利润结存余额为 1 000 万元。

甲公司为此次合并支付相关审计和咨询费用 10 万元，此外向证券公司支付发行费用 45 万元，均已支付完毕。

要求：编制甲公司以上相关业务的会计分录。

15. 【对子公司投资的初始计量】甲公司于 2023 年 11 月 1 日定向增发普通股 100 万股给丙公司，自其手中换得乙公司 60% 的股份，获得对乙公司的控制权，该股票每股面值为 1 元，甲公司和丙公司不属于同一个企业集团。

增发当日相关资料如下：甲公司每股市价为 10 元，乙公司可辨认净资产的账面价值为 800 万元，乙公司可辨认净资产的公允价值为 1 500 万元；甲公司资本公积结存余额为 240 万元，全部为股本溢价，盈余公积结存余额为 360 万元，未分配利润结存余额为 1 000 万元。

甲公司为此次合并支付相关审计和咨询费用 10 万元，此外向证券公司支付发行费用 45 万元，均已支付完毕。

要求：编制甲公司以上相关业务的会计分录。

16.【长期股权投资成本法】2022年8月,甲公司以银行存款80 000万元自非关联方处取得乙公司80%的股份,相关手续于当日完成,并能够对乙公司实施控制。2022年年末,乙公司实现净利润6 000万元。2023年3月8日,乙公司宣告分派现金股利1 000万元,不考虑相关税费等其他因素的影响。2023年4月8日,甲公司收到乙公司宣告分派的现金股利。

要求:根据上述资料,判断甲公司对乙公司股权投资所属的企业合并类型,并说明理由;编制甲公司以上相关业务的会计分录。(分录金额以万元为单位)

17.【对联营企业投资的初始计量】甲公司以增发股票2 000万股(每股面值1元)的方式取得丙公司20%的股份,甲公司股票的发行价为每股5元。为增发该部分股份,甲公司向证券承销机构等支付了50万元的佣金和手续费。甲公司取得该部分股份后能够对乙公司施加重大影响。

要求:
(1)计算甲公司应确认该长期股权投资的初始成本。
(2)编制甲公司以上相关业务的会计分录。

18.【对联营企业投资的初始计量】甲公司从公开市场上买入乙公司25%的股份,实际支付价款9 000万元,其中包含乙公司已宣告但尚未发放的现金股利40万元,在购买过程中支付手续费等相关费用100万元。甲公司取得该部分股份后能够对乙公司施加重大影响。

要求:
(1)计算甲公司应确认该长期股权投资的初始成本。
(2)编制甲公司以上相关业务的会计分录。

19.【后续计量——初始投资成本的调整】甲公司于2021年1月1日以3 015万元的价格购入乙公司30%的股份,甲公司取得该项投资后对乙公司具有重大影响。假设购入时有两种情况:(1) 乙公司可辨认净资产的公允价值为11 000万元;(2) 乙公司可辨认净资产的公允价值为10 000万元。

要求:分别以上两种情况,判断甲公司在取得该项投资后是否需要调整长期股权投资的初始投资成本。

20.【后续计量——损益调整】甲公司于2021年1月3日取得乙公司30%有表决权的股份,能够对乙公司施加重大影响。其初始投资成本为1 650万元,采用权益法核算。投资时,乙公司可辨认净资产的公允价值为5 000万元。2021年,乙公司实现净利润1 500万元;2022年,乙公司发生净亏损7 500万元;2023年,乙公司实现净利润3 000万元。假定取得投资时乙公司可辨认净资产的公允价值等于其账面价值,双方采用的会计政策、会计期间相同,也不存在未实现的内部交易损益。

要求:假定不考虑其他因素,编制甲公司以上相关业务的会计分录,并计算甲公司2023年年末长期股权投资的账面价值。

21.【后续计量——损益调整】甲公司于2021年1月1日以3 015万元的价格购入乙公司30%的股份,甲公司取得该项投资后对乙公司具有重大影响。购入时,乙公司可辨认净资产的公允价值为11 000万元(包含一项无形资产评估增值200万元,预计尚可使用年限为10年,采用直线法摊销,不考虑净残值)。乙公司2021年实现净利润620万元。

要求:假定不考虑其他因素,计算甲公司2021年应确认的投资收益。

22.【后续计量——损益调整】甲公司持有乙公司30%有表决权的股份,能够对乙公司生产经营决策施加重大影响。2021年,甲公司将其账面价值为500万元的商品以400万元的价格出售给乙公司,该交易不构成业务,有证据表明交易价格与账面价值之间的差额是由于该资产发生了减值损失。2021年年末,该批商品尚未对外部第三方出售。假定甲公司取得该项投资时,乙公司各项可辨认资产、负债的公允价值与其账面价值相等,双方在以前期间未发生过内部交易。乙公司2021年实现净利润1 000万元。

要求:假定不考虑所得税等其他因素,计算甲公司2021年应确认的投资收益。

23.【后续计量——损益调整】丙公司与丁公司原股东在交易前不存在任何关联方关系,不考虑其他因素,丙公司2023年发生的有关投资业务如下:

(1)丙公司于2023年1月1日将银行存款5 000万元支付给丁公司的原股东,取得丁公司30%的股份,丙公司对丁公司具有重大影响。2023年1月1日,丁公司可辨认净资产的公允价值为17 000万元,仅有一项固定资产的公允价值与其账面价值不相等,除此之外,其他可辨认资产、负债的账面价值与其公允价值相等。

该固定资产的原值为2 000万元,丁公司预计其使用年限为10年,净残值为0,按照直线法计提折旧,已使用2年,已计提折旧400万元;该固定资产的公允价值为4 000万元,预计剩余使用年限为8年,净残值为0,按照直线法计提折旧。假定双方采用的会计政策、会计期间相同,对净利润的调整不考虑所得税因素。丙公司拟长期持有对丁公司的投资。

(2)2023年4月10日,丙公司将其成本为180万元的商品以300万元的价格出售给丁公司,该交易不构成业务,丁公司将取得的商品作为存货,至2023年资产负债表日,丁公司对外出售该存货的20%。2023年度,丁公司实现净利润1 000万元。

要求:

(1)说明丙公司长期股权投资后续计量采用的方法并简述理由,编制丙公司2023年1月1日投资时的会计分录。

(2)编制丙公司2023年度确认投资收益的会计分录。

24.【长期股权投资权益法】2021年3月1日,甲企业将银行存款2 000万元投入乙公司,该股权投资占乙公司有表决权资本的40%,甲企业对被投资方乙公司具有重大影响。投资时,乙公司可辨认净资产的公允价值为5 500万元,乙公司可辨认净资产的公允价值与其账面价值相等。交易前,甲企业和乙公司无任何关联方关系。投资后,乙公司的相关资料如下:

(1) 2021年,因新投资者投入资金,乙公司其他资本公积增加600万元;全年实现净利润1 100万元。

(2) 2022年2月10日,乙公司宣告发放现金股利700万元。

(3) 2022年3月15日,乙公司实际发放现金股利700万元。

(4) 2022年,乙公司全年净亏损500万元。

(5) 2023年,因持有的其他债权投资的公允价值变动,乙公司其他综合收益净增加100万元;全年实现净利润300万元。

要求:根据上述资料,对甲企业以上相关业务进行会计处理。假设甲企业对持有的该股权投资具有控制权,说明甲企业该如何进行会计处理。

25.【长期股权投资权益法】甲公司为增值税一般纳税人,适用的增值税税率为13%。甲公司发生的有关交易或事项如下:

(1) 2021年1月1日,甲公司以银行存款1 914万元为对价取得乙公司股票600万股,该股票每股面值1元,占乙公司实际发行在外股数的30%。股权过户手续等于当日办理完毕,投资后,甲公司可以派人参与乙公司的生产经营决策。

2021年1月1日,乙公司可辨认净资产的公允价值为4 500万元。取得投资时,乙公司固定资产的公允价值为450万元,账面价值为300万元,固定资产的预计尚可使用年限为10年,预计净残值为0,按照年限平均法计提折旧;无形资产的公允价值为150万元,账面价值为75万元,无形资产的预计尚可使用年限为10年,预计净残值为0,按照直线法摊销。乙公司其他资产、负债的公允价值与其账面价值相等。

(2) 2021年年末,乙公司实现净利润375万元,提取盈余公积37.5万元。2021年6月5日,乙公司出售一批商品给甲公司,商品成本为600万元,售价为900万元,甲公司将购入的商品作为存货。至2021年年末,甲公司已将从乙公司购入商品的60%出售给外部独立的第三方。

(3) 2022年,因持有的其他债权投资的公允价值变动,乙公司其他综合收益净增加150万元。2022年,乙公司发生亏损7 500万元,假定甲公司账上有应收乙公司长期应收款90万元且乙公司无任何清偿计划。2022年年末,甲公司从乙公司购入的商品剩余40%仍未实现对外销售。

（4）2023年，乙公司在调整了经营方向后，扭亏为盈，当年实现净利润780万元；2023年，甲公司从乙公司购入的商品剩余部分全部实现对外销售。

假定不考虑所得税和其他事项。

要求：说明甲公司对乙公司的投资应当采用哪种核算方法，并编制甲公司以上相关业务的会计分录。

26.【长期股权投资核算综合题】2021年6月1日，甲公司将银行存款3 000万元投入丙公司，该股权投资占丙公司有表决权资本的30%，甲企业对丙公司具有重大影响。投资时，丙公司可辨认净资产的公允价值为9 000万元，丙公司可辨认净资产的公允价值与其账面价值相等。交易前，甲企业和丙公司无任何关联方关系。投资后，丙公司的相关资料如下：

（1）2021年，丙公司实现净利润1 000万元。

（2）2022年3月10日，丙公司宣告发放现金股利500万元。

（3）2022年4月15日，丙公司实际发放现金股利500万元。

（4）2022年，因持有的其他权益工具投资的公允价值变动，丙公司其他综合收益净减少1 000万元。

（5）2022年，丙公司发生亏损2 000万元。

（6）2023年年初，甲公司转让了该股权投资，转让净所得为2 000万元，已转入银行，假定不考虑相关税费。

要求：说明甲公司对乙公司的投资应当采用哪种核算方法，并编制甲公司以上相关业务的会计分录。

27.【金融资产重分类】2023年4月，乙公司出于提高资金流动性考虑，于4月1日对外出售以摊余成本计量的金融资产的10%，收到价款120万元（公允价值）。出售时，该项金融资产的账面价值为1 100万元（其中，成本为1 000万元，利息调整为

100万元），公允价值为1 200万元。对于该项金融资产的剩余部分，乙公司改变其管理金融资产的业务模式，计划在未来期间根据市场行情择机出售。

要求：说明在重分类日乙公司应将该项金融资产的剩余部分分类为哪种金融资产，通过哪个科目核算，入账价值为多少，并编制重分类的会计分录。

28.【债权投资转交易性金融资产】2022年1月6日，甲公司以银行存款1 000万元购入一项债券投资组合，面值总额为1 000万元，分类为以摊余成本计量的金融资产。2022年12月31日，由于市场利率变动，该债券投资组合的信用风险自初始确认后已经显著增加，按照预期信用损失计量损失准备的金额为90万元。2022年年末，甲公司变更了其管理债券投资组合的业务模式，其变更符合重分类的要求，2023年1月1日将以摊余成本计量的金融资产重分类为以公允价值计量且其变动计入当期损益的金融资产。重分类日，该债券投资组合的公允价值为1 100万元。

要求：假定不考虑该债券投资组合的利息收入，根据上述资料，编制金融资产进行重分类转换的会计分录。（分录金额以万元为单位）

29.【债权投资转其他债权投资】2022年2月1日，乙公司以银行存款2 000万元购入一项债券投资组合，面值总额为2 000万元，分类为以摊余成本计量的金融资产。2022年12月31日，由于市场利率变动，该债券投资组合的信用风险自初始确认后已经显著增加，按照预期信用损失计量损失准备的金额为190万元。2022年年末，乙公司变更了其管理债券投资组合的业务模式，其变更符合重分类的要求，2023年1月1日将以摊余成本计量的金融资产重分类为以公允价值计量且其变动计入其他综合收益的金融资产。重分类日，该债券投资组合的公允价值为1 900万元。

要求：假定不考虑该债券投资组合的利息收入，根据上述资料，编制金融资产进行重分类转换的会计分录。（分录金额以万元为单位）

30.【其他债权投资转债权投资】2022年3月1日,丙公司以银行存款3 000万元购入一项债券投资组合,面值总额为3 000万元,分类为以公允价值计量且其变动计入其他综合收益的金融资产。2022年12月31日,由于市场利率变动,该债券投资组合的公允价值下跌至2 900万元,信用风险自初始确认后已经显著增加,按照预期信用损失计量损失准备的金额为290万元。2022年年末,丙公司变更了其管理债券投资组合的业务模式,其变更符合重分类的要求,2023年1月1日将公允价值计量且其变动计入其他综合收益的金融资产重分类为以摊余成本计量的金融资产。重分类日,该债券投资组合的公允价值为2 900万元。

要求:假定不考虑该债券投资组合的利息收入,根据上述资料,编制金融资产进行重分类转换的会计分录。(分录金额以万元为单位)

31.【其他债权投资转交易性金融资产】2022年4月1日,丁公司以银行存款4 000万元购入一项债券投资组合,面值总额为4 000万元,分类为以公允价值计量且其变动计入其他综合收益的金融资产。2022年12月31日,由于市场利率变动,该债券投资组合的公允价值下跌至3 900万元,信用风险自初始确认后已经显著增加,按照预期信用损失计量损失准备的金额为390万元。2022年年末,丁公司变更了其管理债券投资组合的业务模式,其变更符合重分类的要求,2023年1月1日将公允价值计量且其变动计入其他综合收益的金融资产重分类为以公允价值计量且其变动计入当期损益的金融资产。重分类日,该债券投资组合的公允价值为3 900万元。

要求:假定不考虑该债券投资组合的利息收入,根据上述资料,编制金融资产进行重分类转换的会计分录。(分录金额以万元为单位)

32.【交易性金融资产转债权投资】2022年5月1日，戊公司以银行存款5 000万元购入一项债券投资组合，面值总额为5 000万元，分类为以公允价值计量且其变动计入当期损益的金融资产。2022年12月31日，该债券投资组合的公允价值为5 500万元。2022年年末，戊公司变更了其管理债券投资组合的业务模式，其变更符合重分类的要求，2023年1月1日将以公允价值计量且其变动计入当期损益的金融资产重分类为以摊余成本计量的金融资产。重分类日，该债券投资组合的公允价值为5 500万元。

要求：假定不考虑该债券投资组合的利息收入，根据上述资料，编制金融资产进行重分类转换的会计分录。（分录金额以万元为单位）

33.【交易性金融资产转其他债权投资】2022年6月1日，己公司以银行存款6 000万元购入一项债券投资组合，面值总额为6 000万元，分类为以公允价值计量且其变动计入当期损益的金融资产。2022年12月31日，该债券投资组合的公允价值为6 600万元。2022年年末，己公司变更了其管理债券投资组合的业务模式，其变更符合重分类的要求，2023年1月1日将以公允价值计量且其变动计入当期损益的金融资产重分类为以公允价值计量且其变动计入其他综合收益的金融资产。重分类日，该债券投资组合的公允价值为6 600万元。

要求：假定不考虑该债券投资组合的利息收入，根据上述资料，编制金融资产进行重分类转换的会计分录。（分录金额以万元为单位）

34.【权益法转成本法】乙公司为母公司，甲公司为其子公司。相关资料如下（假定不考虑所得税的影响）：2022年1月1日，甲公司以银行存款1 500万元自乙公司处购入丙公司20%的股份，甲公司对丙公司具有重大影响，当日丙公司可辨认净资产的账面价值为7 115万元（与其公允价值相等）。

2022年7月1日，甲公司发行4 000万股普通股（每股面值1元）作为对价，自乙公司处购入丙公司60%的股份,至此持股比例达到80%并取得丙公司的控制权,当日在乙公司合并财务报表中丙公司所有者权益的账面价值为7 500万元。

要求:编制甲公司以上相关投资的会计分录。(分录金额以万元为单位)

35.【成本法转权益法】甲公司对乙公司长期股权投资的账面价值截止到2022年1月2日为6 520万元,持股比例为80%并能控制乙公司。当日,乙公司向非关联方丙公司定向增发新股,增资15 000万元,相关手续于当日完成,甲公司对乙公司的持股比例下降为30%,对乙公司由控制转换为具有重大影响。

要求:

(1) 计算甲公司应享有的乙公司因增资扩股而增加净资产的份额与应结转持股比例下降部分所对应的长期股权投资原账面价值之间的差额。

(2) 说明应当如何进行会计处理。

36.【其他权益工具投资转长期股权投资成本法】2022年2月1日,甲公司以银行存款17 600万元作为对价再次从乙公司其他股东处购买了乙公司50%的股权。追加投资后,甲公司对乙公司的持股比例上升为55%,取得了对乙公司的控制权。该分步交易不属于一揽子交易。2022年2月1日,乙公司可辨认净资产的公允价值总额为30 000万元。原持有5%的股权投资指定为其他权益工具投资,追加投资当日账面价值为1 700万元(其中,成本为1 500万元,公允价值变动为200万元),公允价值为1 800万元。首次取得股权投资前,甲公司和乙公司无关联方关系。

要求:计算购买日该长期股权投资的初始投资成本。

37.【其他权益工具投资转长期股权投资权益法】2022年1月2日，A公司以银行存款2 000万元自另一非关联方处取得B公司15%的股权，相关手续于当日完成。当日，B公司可辨认净资产的公允价值总额为16 000万元，至此A公司对B公司的持股比例达到20%，能够对B公司施加重大影响，对该项股权投资转为采用权益法核算。原持有5%的股权投资指定为其他权益工具投资，当日账面价值为1 000万元（其中，成本为600万元，公允价值变动为400万元），公允价值为1 100万元。

要求：由其他权益工具投资转换为长期股权投资权益法后，计算该长期股权投资的初始投资成本。

38.【长期股权投资权益法转交易性金融资产】2023年7月1日，甲公司出售乙公司15%的股权，取得价款1 980万元，相关手续于当日完成。甲公司无法再对乙公司施加重大影响，将剩余股权投资转为交易性金融资产。剩余5%的股权的公允价值为660万元。原股权为2020年甲公司取得的乙公司20%的股权，出售时长期股权投资的账面价值为2 400万元，其中，投资成本1 500万元，损益调整借方余额500万元，其他综合收益借方余额200万元（均可重分类进损益），其他权益变动借方余额200万元。

要求：计算甲公司由长期股权投资权益法转换为交易性金融资产应确认的投资收益。

本章练习题参考答案

第八章 资产减值

第一节 知识概要

一、本章知识思维导图（图 8-1）

资产的主要特征之一是预期能够为企业带来经济利益，如果资产不能够为企业带来经济利益或带来的经济利益低于其账面价值，那么该资产就不能再予以确认，或者不能再以原账面价值予以确认，这也是会计信息质量谨慎性要求的体现。本章讲解了如何判断资产减值准则所规范的各类资产是否存在减值迹象及如何对其进行减值的会计处理。

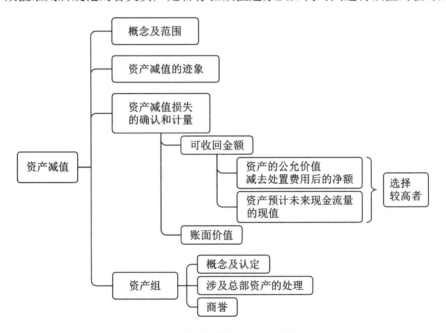

图 8-1 "资产减值"知识思维导图

二、本章重难点分析

本章重难点包括资产减值准则规范的资产范围、资产减值损失的确认和计量、资产减值准备的相关会计分录及资产组、总部资产和商誉的减值测试。

（一）资产减值准则规范的资产范围

根据资产减值准则，企业应当在资产负债表日根据企业外部信息和内部信息判断企业持有的资产是否存在减值迹象，对于存在减值迹象的资产应当进行减值测试，计算可收回金额。需要注意的是，资产减值准则并不涵盖所有资产的减值处理，其具体规范的资产类别如表 8-1 所示。在这些资产中,因企业合并所形成的商誉和使用寿命不确定的无形资产,不管它们是否存在减值迹象,企业都要至少在每年年度终了时进行减值测试。此外,对于尚未达到可使用状态的无形资产,由于其价值通常具有较大的不确定性,也应当每年进行减值测试。

表 8-1　资产减值准则规范的资产类别

资产类别	减值准备以后是否可以转回
对子公司、联营企业和合营企业的长期股权投资	已计提的减值准备在以后期间不得转回,只有在处置时才能核销
采用成本模式进行后续计量的投资性房地产	
固定资产、在建工程、工程物资	
生产性生物资产	
使用权资产	
无形资产	
商誉	
探明石油天然气矿区权益等	

除了上述由资产减值准则规范减值处理的资产外,还有一些资产的减值处理则由其他企业会计准则进行规范,如表 8-2、表 8-3 所示。

表 8-2　其他企业会计准则规范减值处理的资产类别

资产类别	相应会计准则	减值准备以后是否可以转回
存货	存货	以后期间减值因素消失,减值准备可以转回
消耗性生物资产	生物资产	
递延所得税资产	所得税	
未探明石油天然气矿区权益(减值不得转回)	石油天然气开采	
以摊余成本计量的金融资产(债权投资、应收款项等)	金融工具确认和计量	
分类为以公允价值计量且其变动计入其他综合收益的金融资产(其他债权投资等)		
合同资产		
租赁应收款		
合同履约成本、合同取得成本、合同资产	收入	

表 8-3　其他企业会计准则规范的不用考虑减值的资产类别

不用考虑减值的资产	相应会计准则
采用公允价值模式进行后续计量的投资性房地产	投资性房地产
以公允价值计量且其变动计入当期损益的金融资产	金融工具确认和计量
指定为以公允价值计量且其变动计入其他综合收益的金融资产(其他权益工具投资)	

(二) 资产减值损失的确认和计量

减值测试步骤如下：

(1) 资产负债表日，资产存在减值迹象的，应当估计其可收回金额。

(2) 将该资产的可收回金额与其账面价值进行比较。

(3) 如果可收回金额低于账面价值，则该资产发生减值，应计提资产减值准备并确认相应的减值损失。

资产减值损失确认后，减值资产的折旧或摊销金额应当在后续期间做相应调整，即按照新的账面价值在后续期间计提折旧或进行摊销。

可收回金额的估计方法适用于单项资产，也适用于资产组或资产组组合，其确定方法如图 8-2 所示。

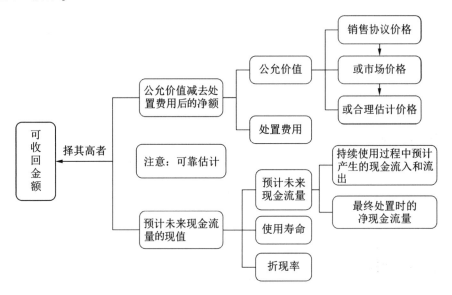

图 8-2 资产可收回金额的确定方法

(三) 资产减值准备的相关会计分录

(1) 计提时：

借：资产减值损失
　　贷：固定资产减值准备
　　　　无形资产减值准备
　　　　长期股权投资减值准备等科目

(2) 以后发生资产处置、对外投资等情况，同时符合资产终止确认条件的，企业应当将已计提的资产减值准备予以转销。例如：

借：固定资产清理
　　累计折旧
　　固定资产减值准备
　　贷：固定资产

(四) 资产组、总部资产和商誉的减值测试

有迹象表明一项资产可能发生减值的,企业应当以单项资产为基础估计其可收回金额。企业难以对单项资产的可收回金额进行估计的,应当以该资产所属的资产组为基础确定资产组的可收回金额。

如果资产组的可收回金额低于其账面价值,则说明该资产组发生了减值损失,这项减值损失应分配给资产组中的各项资产。资产组减值测试的处理流程如图8-3所示。

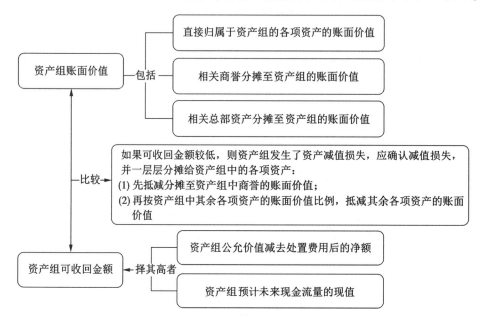

图8-3 资产组减值测试的处理流程图

1. 资产组可收回金额和其账面价值的确定基础

认定资产组的因素包括:① 应当以资产组产生的主要现金流入是否独立于其他资产或资产组的现金流入为依据;② 应当考虑企业管理层管理生产经营活动的方式和对资产的持续使用或处置的决策方式等。

资产组账面价值的确定基础应当与其可收回金额的确定方式相一致。如果两者是在不同的基础上进行估计和比较,就难以正确估计资产组的减值损失。

资产组组合是指由若干个资产组组成的最小资产组组合,包括资产组或资产组组合,以及按合理方法分摊的总部资产部分。资产组组合减值测试的原理和资产组是一样的(图8-3),只是资产组组合包括的资产范围更广,最后分配减值损失时层次也更多。

2. 总部资产减值测试的特殊处理

总部资产的显著特征是难以脱离其他资产或资产组产生独立的现金流量,而且其账面价值难以完全归属于某一资产组。因此,总部资产的账面价值应当按照合理和一致的基础分摊至相关资产组;难以分摊至相关资产组的,应当将其分摊至相关的资产组组合。

当有迹象表明某项总部资产可能发生减值时,企业应当计算确定该总部资产所归属的资产组或资产组组合的可收回金额,然后将其与相应的账面价值进行比较,据此判断

是否需要确认减值损失。

3. 商誉减值测试的特殊处理

企业合并所形成的商誉，至少应当在每年年度终了进行减值测试，由于商誉难以产生独立的现金流量，因此商誉应当结合与其相关的资产组或资产组组合进行减值测试。

商誉的账面价值应当自购买日起按照合理的方法分摊至相关资产组；难以分摊至相关资产组的，应当将其分摊至相关的资产组组合。

4. 抵减后的各资产账面价值的限制

减值损失分配后的各资产账面价值不得低于以下三者之中的最高者：该资产公允价值减去处置费用后的净额（如可确定）、该资产预计未来现金流量的现值（如可确定）和零。因此而导致的未能分摊的减值损失金额，应当按照相关资产组中其他各项资产的账面价值所占比重进行分摊。

这里的零表明资产减值的底线，如商誉、总部资产和难以确定可收回金额的资产，它们减值后的账面价值最低应该为零，而可以确定可收回金额的资产，其减值后的账面价值应该为其可收回金额，即净额和现值的较高者。所以，在进行资产组减值测试时，就有可能出现资产组减值损失的多次分配，以符合对资产抵减后账面价值限制的要求。

三、本章涉及的主要会计科目（表 8-4）

表 8-4　本章涉及的主要会计科目

科目性质	总分类科目	明细分类科目	备注
资产类	固定资产减值准备	可按各资产内容设置	备抵账户
	无形资产减值准备		
	长期股权投资减值准备		
	投资性房地产减值准备		
	在建工程减值准备		
	商誉减值准备		
	……		
损益类	资产减值损失		

第二节　练习题

一、单项选择题

1. 下列资产项目，每年年末必须进行减值测试的是（　　）。

   A. 固定资产　　　　　　　　　B. 长期股权投资
   C. 使用寿命有限的无形资产　　D. 商誉

2. 下列关于可收回金额的表述，正确的是（　　）。

   A. 可收回金额应当根据资产的公允价值与资产预计未来现金流量的现值两者之间较高者确定

B. 可收回金额应当根据资产的公允价值减去处置费用后的净额与资产预计未来现金流量两者之间较高者确定

C. 可收回金额应当根据资产的公允价值减去处置费用后的净额与资产预计未来现金流量的现值两者之间较高者确定

D. 可收回金额应当根据资产的账面价值减去处置费用后的净额与资产预计未来现金流量的现值两者之间较高者确定

3. 甲公司采用期望现金流量法估计未来现金流量,2023年A设备在不同经营情况下产生的现金流量分别如下:甲公司经营好的可能性是70%,产生的现金流量为60万元;经营一般的可能性是20%,产生的现金流量为50万元;经营差的可能性是10%,产生的现金流量为40万元。甲公司预计A设备2023年产生的现金流量是( )万元。

A. 60   B. 56   C. 150   D. 42

4. 2022年1月1日,A公司以2 000万元的对价取得B公司30%的股权,采用权益法核算。2022年,B公司实现净利润50万元;2023年5月20日,B公司宣告分配现金股利100万元;2023年下半年,经济环境的变化对B公司的经营活动产生重大不利影响,当年B公司发生净亏损20万元。A公司于2023年年末对该长期股权投资进行减值测试,其可收回金额为1 500万元。假定不考虑其他因素,2023年12月31日该长期股权投资应计提的减值准备为( )万元。

A. 509   B. 479   C. 470   D. 0

5. 下列关于资产组的说法,正确的是( )。

A. 资产组确定后,在以后会计期间可以根据需要随时变更

B. 只要是企业的资产,任意两项或两项以上的资产都可以组成企业的资产组

C. 资产组组合是指由若干个资产组组成的任何资产组组合

D. 企业难以对单项资产的可收回金额进行估计的,应当以该资产所属的资产组为基础确定资产组的可收回金额

6. 甲公司于2019年12月购入一项固定资产,当日交付使用,原价为6 300万元,预计使用年限为10年,预计净残值为300万元,采用直线法计提折旧。2023年年末,甲公司对该固定资产的减值测试表明,其可收回金额为3 300万元,预计使用年限和预计净残值不变。2024年度,该固定资产应计提的折旧额为( )万元。

A. 630   B. 600   C. 550   D. 500

7. 在确定资产的公允价值减去处置费用后的净额时,应优先选择的方法是( )。

A. 根据资产的市场价格减去处置费用后的金额确定

B. 以可获取的最佳信息为基础,估计资产的公允价值减去处置费用后的净额

C. 根据公平交易中资产的销售协议价格减去可直接归属于该资产处置费用后的净额确定

D. 通过对资产的预计未来现金流量折现得到其现值

8. 下列关于商誉减值的说法,不正确的是( )。

A. 与企业合并所产生的商誉相关的资产组或资产组组合是指能够从企业合并的协

同效应中受益的资产组或资产组组合

B. 由于商誉难以产生独立的现金流量，因此商誉应当分摊到相关资产组后进行减值测试

C. 因吸收合并产生的商誉发生的减值损失应当全部反映在母公司个别财务报表中

D. 包含商誉的资产组发生减值的，应当将资产减值损失按商誉与资产组中其他资产的账面价值的比例进行分摊

9. 资产的预计未来现金流量不应当包括的项目是（　　）。

A. 资产持续使用过程中预计产生的现金流入

B. 为实现资产持续使用过程中产生的现金流入所必需的预计现金流出

C. 资产使用寿命结束时，处置资产所产生的现金流量

D. 购买资产发生的支出

10. 在计算资产预计未来现金流量的现值时，折现率的确定，应当首先以该资产的（　　）为依据。

A. 市场利率　　　　　　　　　B. 无风险利率

C. 风险利率　　　　　　　　　D. 借款利率调整后的利率

11. 2023年12月31日，企业某项固定资产的公允价值为1 000万元，预计处置费用为100万元，预计未来现金流量的现值为960万元。该项固定资产的可收回金额为（　　）万元。

A. 860　　　　B. 900　　　　C. 960　　　　D. 1 000

12. 2023年12月31日，甲公司某项无形资产的原价为120万元，已摊销42万元，未计提减值准备。当日，甲公司对该项无形资产进行减值测试，预计公允价值减去处置费用后的净额为55万元，预计未来现金流量的现值为60万元。2023年12月31日，甲公司应当为该项无形资产计提的减值准备为（　　）万元。

A. 18　　　　B. 23　　　　C. 60　　　　D. 65

13. 甲公司于2022年1月1日购入一项无形资产，初始入账金额为300万元。该项无形资产预计使用年限为10年，预计净残值为0，采用直线法进行摊销。2022年12月31日，该项无形资产预计可收回金额为240万元。假设该项无形资产计提减值准备后尚可使用年限为6年，预计净残值和摊销方法不变。2023年7月1日，甲公司将该项无形资产以190万元出售给乙公司。假定以上交易不考虑相关税费，甲公司处置该项无形资产应当确认的损益为（　　）万元。

A. -30　　　　B. 65　　　　C. -50　　　　D. 80

14. 2023年2月1日，甲公司以2 800万元购入一项专门用于生产H设备的专利技术。该专利技术按产量法进行摊销，预计净残值为0，预计该专利技术可用于生产500台H设备。甲公司2023年共生产90台H设备。2023年12月31日，经减值测试，该专利技术的可收回金额为2 100万元。假定不考虑增值税等相关税费及其他因素，甲公司2023年12月31日应当确认的资产减值损失为（　　）万元。

A. 700　　　　B. 0　　　　C. 196　　　　D. 504

15. 2023年1月1日，甲公司自行研究开发的一项非专利技术达到预定可使用状态

并立即投入使用，研究支出为10万元，开发支出为90万元（其中符合资本化条件的支出为80万元）。该项专利技术的使用寿命无法合理确定，当年年末的可收回金额为70万元，甲公司对该项专利技术应当确认的资产减值损失为（　　）万元。

A. 10　　　　B. 40　　　　C. 20　　　　D. 30

16. 2023年12月31日，甲公司某项固定资产计提减值准备前的账面价值为1 000万元，公允价值为980万元，预计处置费用为80万元，预计未来现金流量的现值为1 050万元。2023年12月31日，甲公司应当对该项固定资产计提的减值准备为（　　）万元。

A. 0　　　　B. 20　　　　C. 50　　　　D. 100

17. 下列资产，无论是否存在减值迹象，至少应当在每年年度终了进行减值测试的是（　　）。

A. 使用寿命不确定的无形资产　　　　B. 固定资产
C. 长期股权投资　　　　D. 投资性房地产

18. 下列关于资产减值的表述，错误的是（　　）。

A. 无形资产的减值损失一经确认，在以后会计期间不得转回
B. 已计提存货跌价准备的存货价值以后得以恢复的，应当在原已计提的减值准备金额内予以转回
C. 已计提资产减值准备的交易性金融资产价值以后得以恢复的，应当在原已计提的减值准备金额内予以转回
D. 固定资产的减值损失一经确认，在以后会计期间不得转回

二、多项选择题

1. 下列资产减值准备一经确认，在相应资产持有期间不得转回的有（　　）。

A. 坏账准备　　　　B. 固定资产减值准备
C. 存货跌价准备　　　　D. 无形资产减值准备

2. 总部资产的显著特征包括（　　）。

A. 能够脱离其他资产或资产组产生独立的现金流量
B. 难以脱离其他资产或资产组产生独立的现金流量
C. 资产的账面价值难以完全归属于某一资产组
D. 资产的账面余额难以完全归属于某一资产组

3. 下列表述，不正确的有（　　）。

A. 资产组确定后，在以后会计期间可以随意变更
B. 资产的公允价值减去处置费用后的净额如果无法可靠估计，应当以该资产预计未来现金流量的现值作为其可收回金额
C. 资产组组合是指由若干个资产组组成的任何资产组组合
D. 在估计资产可收回金额时，只能以单项资产为基础加以确定

4. 企业应当在资产负债表日判断资产是否存在可能发生减值的迹象，对于存在减值迹象的资产，应当进行减值测试。资产可能发生减值的迹象有（　　）。

A. 资产的市价当期大幅度下跌，其跌幅明显高于因时间的推移或正常使用而预计

的下跌

B. 有证据表明资产已经陈旧过时或其实体已经损坏

C. 资产已经或将被闲置、终止使用或计划提前处置

D. 市场利率在当期已经提高，从而影响企业计算资产预计未来现金流量现值的折现率，导致资产可收回金额大幅度降低

5. 下列资产，属于资产减值准则所规范的有（　　）。

A. 商誉

B. 采用公允价值模式进行后续计量的投资性房地产

C. 长期股权投资

D. 生产性生物资产

E. 债权投资

6. 下列资产，企业应当采用可收回金额与账面价值孰低的方法进行减值测试的有（　　）。

A. 债权投资　　　　　　　　B. 固定资产

C. 存货　　　　　　　　　　D. 长期股权投资

7. 下列各项，每年年末必须进行减值测试的有（　　）。

A. 投资性房地产　　　　　　B. 因企业合并所形成的商誉

C. 使用寿命有限的无形资产　　D. 使用寿命不确定的无形资产

8. 下列关于资产减值测试时认定资产组的表述，正确的有（　　）。

A. 资产组是企业可以认定的最小资产组合

B. 认定资产组应当考虑对资产的持续使用或处置的决策方式

C. 认定资产组应当考虑企业管理层管理生产经营活动的方式

D. 资产组产生的现金流入应当独立于其他资产或资产组产生的现金流入

9. 企业在资产减值测试时，下列关于预计资产未来现金流量的表述，正确的有（　　）。

A. 不包括与企业所得税收付有关的现金流量

B. 包括处置时取得的净现金流量

C. 包括将来可能会发生的尚未做出承诺的重组事项的现金流量

D. 不包括筹资活动产生的现金流量

三、判断题

1. 如果某资产组在计算可收回金额时考虑了某项负债的金额，则该资产组在计算账面价值时也应考虑这部分负债的金额。（　　）

2. 资产减值准则所规范的各项资产所发生的资产减值损失一经确认，在以后持有期间不可以转回，但是企业相关资产处置或用于债务重组偿债、非货币性资产交换等交易，同时符合资产终止确认条件的，应当将其减值准备予以转销。（　　）

3. 资产的公允价值减去处置费用后的净额，不能根据公平交易中销售协议价格减去可直接归属于该资产处置费用的金额确定，而应该根据熟悉情况的交易双方自愿进行公平交易愿意提供的交易价格减去处置费用后的金额确定。（　　）

4. 企业对总部资产一般不能单独进行减值测试，只能结合其他相关资产组或资产组组合进行。（　　）

5. 企业使用寿命不确定的无形资产，无论是否存在减值迹象，都应当至少于每年年度终了进行减值测试。（　　）

6. 企业当期确认的资产减值损失应在资产负债表中反映，作为相关资产的备抵项目。（　　）

7. 在进行减值测试时，企业只能采用单一的未来每期预计现金流量和单一的折现率预计资产未来现金流量的现值。（　　）

8. 只有资产的公允价值减去处置费用后的净额与资产预计未来现金流量的现值均大于资产的账面价值时，才表明资产没有发生减值，不需要计提减值准备。（　　）

9. 有迹象表明一项资产可能发生减值的，企业应当以单项资产为基础估计其可收回金额。企业难以对单项资产的可收回金额进行估计的，应当以该资产所属的资产组为基础确定资产组的可收回金额。（　　）

10. 建立在预算或预测基础上的预计现金流量最多涵盖 5 年，即使企业管理层能证明更长的期间是合理的，也不可以涵盖更长的期间。（　　）

四、计算分录题

1. 【未来现金流量现值】2022 年年末，A 公司正在自行建造的一项固定资产出现减值迹象，A 公司对其进行了减值测试：该固定资产预计将于 2023 年年末达到预定可使用状态，为此预计将发生净现金流出 200 万元；完工后，该固定资产预计使用年限为 4 年。根据公司管理层批准的财务预算，A 公司将于第 3 年对该固定资产进行改良。如果不考虑改良的影响，预计该固定资产完工后平均每年产生的现金流量为 150 万元；如果考虑改良的影响，预计完工后第 3 年、第 4 年的净现金流量分别为 210 万元和 180 万元。假定计算该固定资产预计未来现金流量现值适用的折现率为 5%；已知部分复利现值系数如表 8-5 所示。

表 8-5　部分复利现值系数

年数	1 年	2 年	3 年	4 年	5 年
5%的复利现值系数	0.952 4	0.907 0	0.863 8	0.822 7	0.783 5

要求：假定有关现金流量均发生在年末，不考虑其他因素，计算该固定资产预计未来现金流量的现值。（计算结果保留两位小数）

2. 【可收回金额的确定】2023年12月31日，丁公司对购入的时间相同、型号相同、性能相似的设备进行检查时发现，该类设备可能发生减值。该类设备的公允价值总额为8 200万元，直接归属于该类设备的处置费用为200万元；该类设备的尚可使用年限为3年，预计其在未来2年内产生的现金流量分别为4 000万元、3 000万元，第3年产生的现金流量及使用寿命结束时处置形成的现金流量合计2 000万元；在考虑相关因素的基础上，丁公司决定采用3%的折现率。

要求：计算2023年年末该类设备的可收回金额。[$(P/F, 3\%, 1) = 0.970\,87$；$(P/F, 3\%, 2) = 0.942\,60$；$(P/F, 3\%, 3) = 0.915\,14$]

3. 【单项资产减值】2023年12月31日，丁公司对作为固定资产的机器进行检查时发现，该机器出现减值迹象。该机器的原值为8 000万元，累计折旧5 000万元。该机器的公允价值总额为2 000万元，直接归属于该机器的处置费用为100万元。该机器的尚可使用年限为5年，预计其在未来4年内产生的现金流量分别为600万元、540万元、480万元、370万元，第5年产生的现金流量及使用寿命结束时处置形成的现金流量合计300万元；在考虑相关因素的基础上，丁公司决定采用5%的折现率。复利现值系数如下：$(P/F, 5\%, 1) = 0.952\,38$；$(P/F, 5\%, 2) = 0.907\,03$；$(P/F, 5\%, 3) = 0.863\,84$；$(P/F, 5\%, 4) = 0.822\,70$；$(P/F, 5\%, 5) = 0.783\,53$。

要求：计算丁公司2023年12月31日上述资产计提的减值准备，并编制相应的会计分录。

4. 【单项资产减值】为了扩展生产规模，乙公司于2020年年末开始建造新厂房，工程开工1年后，因资金困难无法继续施工，至2022年年末已停工1年。乙公司内部报告有证据表明预计在未来3年内资金困难仍得不到解决，在建工程仍会停滞不前。2022年12月31日，该在建工程挂账成本为600万元。该在建工程存在活跃市场，其公允价值为256万元，处置费用为6万元。扣除继续建造所需投入因素，预计未来现金流量现值为260万元；未扣除继续建造所需投入因素，预计未来现金流量现值为270万元。

要求：计算乙公司2022年12月31日对上述资产计提的减值准备，并编制相应的会计分录。

5.【单项资产减值】甲公司拥有B公司30%的股份，采用权益法核算。2022年年初，该长期股权投资的账面余额为1 000万元，未计提减值准备。2022年，B公司实现净利润700万元，假定不存在净利润调整因素。

2022年年末，该长期股权投资的公允价值为1 200万元，处置费用为200万元，预计未来现金流量现值为1 100万元。

要求：假定不考虑其他因素，判断2022年年末甲公司对该长期股权投资是否应计提减值准备，计算2022年年末甲公司资产负债表中"长期股权投资"项目列示的金额，并编制甲公司以上相关业务的会计分录。

6.【减值及折旧】2021年12月31日，某公司在对某项管理用固定资产的账面价值进行检查时，发现存在减值迹象。该固定资产的原价为500 000元，预计净残值为10 000元，截止到2021年年末，累计折旧50 000元，已计提固定资产减值准备20 000元，预计尚可使用年限为5年。

根据2021年12月31日的市场情况，如果将该固定资产出售，预计可获得的出售价款为440 000元，清理费用为30 000元；如果继续使用该固定资产，预计未来5年可获得的现金流量现值为420 000元。

要求：判断该固定资产是否发生减值，计算2022年该固定资产的年折旧额，并编制该公司以上相关业务的会计分录。

7.【减值及摊销】2023年12月31日,市场上某项新技术生产的产品销售势头较好,已对甲公司产品的销售产生重大不利影响。此时,甲公司生产该产品所用类似专利技术的账面价值为80万元,剩余摊销年限为5年,净残值为0。经减值测试,该专利技术的可收回金额为75万元。

要求:判断该无形资产是否发生减值,计算2024年该无形资产按年摊销的年摊销额,并编制甲公司以上相关业务的会计分录。

8.【资产组减值】2023年12月31日,X公司对一条存在减值迹象的生产线进行减值测试,该生产线的资料如下:由A、B、C三台设备组成,被认定为一个资产组;A、B、C三台设备的账面价值分别为80万元、100万元、70万元,三台设备的使用寿命相同。减值测试表明,A设备的公允价值减去处置费用后的净额为50万元,无法合理估计B设备和C设备的公允价值减去处置费用后的净额及未来现金流量的现值;该生产线的可收回金额为200万元。

要求:假定不考虑其他因素,为该资产组进行减值处理并编制相应的会计分录。

9.【资产组减值】甲公司有一条生产线由A、B、C、D四台设备组成,这四台设备无法单独使用,不能单独产生现金流量,因此作为一个资产组来管理。2022年年末,对该资产组进行减值测试,该资产组的账面价值为300万元,其中A、B、C、D四台设备的账面价值分别为80万元、70万元、50万元、100万元。A设备的公允价值减去处置费用后的净额为71万元,无法获知其未来现金流量的现值;其他三台设备的可收回金额也无法获取。甲公司确定该资产组的公允价值减去处置费用后的净额为225万元,预计未来现金流量的现值为175万元。

要求:假定不考虑其他因素,为该资产组进行减值处理并编制相应的会计分录。(计算结果保留整数,分录金额以万元为单位)

10.【资产组减值】甲公司2022年年末对某资产组进行减值测试，该资产组包括A、B、C、D、E设备。

2022年年末，该资产组的账面价值为4 350万元，其中A、B、C、D、E设备的账面价值分别为885万元、1 170万元、1 425万元、270万元、600万元。五台设备无法单独使用，使用寿命相同，不能单独产生现金流量，因此作为一个资产组。

C设备的公允价值减去处置费用后的净额为1 233万元，预计未来现金流量的现值无法可靠取得。其余四台设备的公允价值减去处置费用后的净额及预计未来现金流量的现值均无法单独确定，但甲公司确定该资产组的公允价值减去处置费用后的净额为3 450万元，预计未来现金流量的现值为2 850万元。

要求：

(1) 计算资产组的减值损失。

(2) 计算C设备应分摊的资产组的减值损失。

(3) 分别计算A、B、D、E设备应分摊的资产组的减值损失。

(4) 编制资产组减值损失的会计分录。

11.【总部资产减值】甲公司系生产家用电器的上市公司，实行事业部制管理，有平板电视机、洗衣机、电冰箱三个事业部，分别生产不同的家用电器，每一事业部为一个资产组。

甲公司有关总部资产及平板电视机、洗衣机、电冰箱三个事业部的资料如下：

(1) 甲公司的总部资产为一组服务器，至2022年年末，该服务器的账面价值为6 000万元，预计剩余使用年限为16年。该服务器用于平板电视机、洗衣机、电冰箱三个事业部的行政管理，由于技术已经落后，认定其出现减值迹象。

(2) 平板电视机资产组为一条生产线，该生产线由A、B、C三部机器组成。至2022年年末，A、B、C机器的账面价值分别为10 000万元、15 000万元、25 000万元，预计剩余使用年限均为4年。由于产品技术落后于其他同类产品，平板电视机资产组出现减值迹象。

经对平板电视机资产组（包括分配的总部资产，下同）未来4年的现金流量进行预测并按适当的折现率折现后，甲公司预计平板电视机资产组未来现金流量的现值为42 400万元。甲公司无法合理预计平板电视机资产组的公允价值减去处置费用后的净额，A、B、C 机器均无法单独产生现金流量，因此也无法预计 A、B、C 机器各自的未来现金流量现值。甲公司估计 A 机器的公允价值减去处置费用后的净额为 9 000 万元，但无法估计 B、C 机器的公允价值减去处置费用后的净额。

（3）洗衣机资产组为一条生产线，至 2022 年年末，该生产线的账面价值为 7 500 万元，预计剩余使用年限为 16 年。洗衣机资产组未出现减值迹象。

经对洗衣机资产组（包括分配的总部资产，下同）未来 16 年的现金流量进行预测并按适当的折现率折现后，甲公司预计洗衣机资产组未来现金流量的现值为 13 000 万元。甲公司无法合理预计洗衣机资产组的公允价值减去处置费用后的净额。

（4）电冰箱资产组为一条生产线，至 2022 年年末，该生产线的账面价值为 10 000 万元，预计剩余使用年限为 8 年。电冰箱资产组出现减值迹象。

经对电冰箱资产组（包括分配的总部资产，下同）未来 8 年的现金流量进行预测并按适当的折现率折现后，甲公司预计电冰箱资产组未来现金流量的现值为 10 080 万元。甲公司无法合理预计电冰箱资产组的公允价值减去处置费用后的净额。

（5）其他资料如下：

① 全部资产均采用年限平均法计提折旧，预计净残值均为 0。

② 服务器按各资产组的账面价值和剩余使用年限加权平均计算的账面价值比例进行分配。

不考虑其他因素。

要求：

（1）计算甲公司 2022 年 12 月 31 日将总部资产服务器分配至平板电视机、洗衣机、电冰箱资产组的账面价值。

（2）计算各个资产组（包括分配的总部资产）应计提的减值准备，并计算各个资产组（不包括分配的总部资产）和总部资产服务器应分配的减值准备，编制总部资产减值的会计分录。

（3）计算分摊平板电视机资产组各资产的减值准备，并编制有关平板电视机资产组减值的会计分录。

12.【商誉减值】甲公司是生产家用电器的上市公司，D 资产组为其新购入的生产小家电的丙公司。甲公司持有丙公司 70% 的股权。企业合并确认的商誉为 700 万元，D 资产组不存在减值迹象。至 2023 年 12 月 31 日，丙公司可辨认净资产按照购买日的公允价值持续计算的账面价值为 13 000 万元。甲公司估计包括商誉在内的 D 资产组的可收回金额为 13 500 万元。

要求：计算甲公司 2023 年 12 月 31 日合并报表中商誉应计提的减值准备，并编制相应的会计分录。

本章练习题参考答案

第九章 流动负债

第一节 知识概要

一、本章知识思维导图（图 9-1）

企业在生产经营活动中，会由于各种原因形成短期内需要偿还的债务，如赊购、承担纳税义务、解决暂时的流动资金不足而借入款项，或者与员工形成债务关系等，这些负债中的绝大多数属于金融负债，除了准则规定的交易性金融负债等外，都采用摊余成本计量，一般不需要考虑货币时间价值。本章对这些流动负债的形成和支付或偿还等进行了讲解。

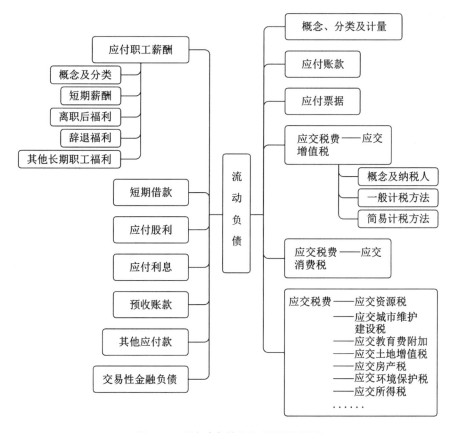

图 9-1 "流动负债"知识思维导图

二、本章重难点分析

本章重难点包括应交增值税、企业当期应交增值税与当期损益的关系及应付职工薪酬。

（一）应交增值税

增值税是以商品和劳务、应税行为在流转过程中形成的增值额为计税依据而征收的一种流转税。

1. 增值税计征基本框架（图9-2）

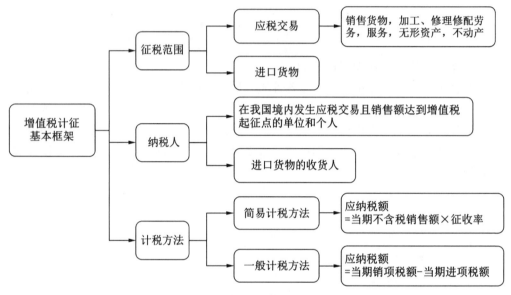

图 9-2　增值税计征基本框架图

2. 一般计税方法

发生应税交易，应当按照一般计税方法计算缴纳增值税，即当期应交增值税税额=当期销项税额-当期进项税额，国务院规定适用简易计税方法的除外。

（1）销项税额和进项税额的确定。

只有在学习时正确理解，才能掌握好相应的会计处理，其基本规定如表9-1所示。

表 9-1　销项税额和进项税额确定的基本规定

销项税额（销售环节收取）		进项税额（购进环节支付）
不含税销售额×增值税税率		进项税额应当凭合法有效凭证抵扣
不含税销售额：纳税人发生应税交易取得的与之相关的对价，包括全部货币或非货币形式的经济利益	现行增值税税率：13%、9%、6%、零税率	包括但不限于： （1）从销售方取得的增值税专用发票上注明的增值税税额 （2）从海关取得的海关进口增值税专用缴款书上注明的增值税税额 （3）购进农产品，按农产品收购发票或销售发票上注明的农产品买价和扣除率（9%或10%）计算的进项税额 （4）从境外单位或个人购进服务、无形资产或不动产，自税务机关或扣缴义务人取得的解缴税款的完税凭证上注明的增值税税额

续表

销项税额（销售环节收取）	进项税额（购进环节支付）
纳税人未能取得合法有效的抵扣凭证，其支付的进项税额不得进行抵扣，应计入购进货物、服务等的成本	
当期进项税额大于当期销项税额的，其差额部分可以结转下期继续抵扣或予以退还，具体办法由国务院财政、税务主管部门制定	

(2) 会计科目设置。

一般计税方法下，增值税的计征比较复杂，不但要确定销项税额和进项税额，还涉及其后的调整，如进项税额转出、出口退税、减免税款等，此外，对一些特定交易或事项也有特别的规定。因此，为了分清企业增值税纳税义务的增减变动情况，在会计科目设置上看起来就比较复杂。表9-2列出的是在"应交税费"科目下设置的与增值税相关的二级明细科目。

表 9-2 　与增值税相关的二级明细科目表

一级科目	二级科目
应交税费	应交增值税
	未交增值税
	预交增值税
	待认证进项税额
	待转销项税额
	增值税留抵税额
	简易计税
	转让金融商品应交增值税
	代扣代交增值税

这些增值税的二级明细科目期末余额在资产负债表上列示时，应区别不同情况处理：①"应交增值税""未交增值税""待认证进项税额""增值税留抵税额"等科目期末借方余额应根据情况，在资产负债表中的"其他流动资产"或"其他非流动资产"项目列示；②"待转销项税额"等科目期末贷方余额应根据情况，在资产负债表中的"其他流动负债"或"其他非流动负债"项目列示；③"未交增值税""简易计税""转让金融商品应交增值税""代扣代交增值税"等科目期末贷方余额应在资产负债表中的"应交税费"项目列示。

表9-3反映的是"应交增值税"科目下设置的三级明细科目，并按照相应的借贷方向列出。

表 9-3 　"应交税费——应交增值税"账户

借方	贷方
进项税额	销项税额
销项税额抵减	出口退税
已交税金	进项税额转出
减免税款	转出多交增值税
出口抵减内销产品应纳税额	
转出未交增值税	

表 9-4 反映的是"未交增值税"明细账的内容,核算的是企业各月有关增值税的缴纳情况,即尚未缴纳的或多缴纳的增值税税额。

表 9-4 "应交税费——未交增值税" T 形账户

借方	贷方
(1) 月末转入当月多交或预交的增值税	月末转入当月未交的增值税
(2) 当月缴纳以前期间应交未交的增值税	
期末余额:累计多交的增值税	期末余额:累计未交的增值税

(3) 会计处理。(表 9-5)

表 9-5 一般计税方法下增值税的会计处理

业务	会计分录
购进货物、服务、无形资产、不动产和金融商品等时	借:原材料/无形资产/管理费用等科目 　　应交税费——应交增值税(进项税额) 贷:应付账款/应付票据/银行存款等科目
销售货物或视同发生应税交易时	借:应收账款/应收票据/银行存款/应付职工薪酬等科目 贷:主营业务收入/其他业务收入等科目 　　应交税费——应交增值税(销项税额) (成本结转略) 借:营业外支出 贷:库存商品 　　应交税费——应交增值税(销项税额)
发生进项税额转出时	借:待处理财产损溢/应付职工薪酬等科目 贷:原材料等科目 　　应交税费——应交增值税(进项税额转出)
当月缴纳本月应交增值税时	借:应交税费——应交增值税(已交税金) 贷:银行存款
当月缴纳以前期间未交增值税时	借:应交税费——未交增值税 贷:银行存款
月末转出当月多交增值税时	借:应交税费——未交增值税 贷:应交税费——应交增值税(转出多交增值税)
月末转出当月未交增值税时	借:应交税费——应交增值税(转出未交增值税) 贷:应交税费——未交增值税

3. 简易计税方法

(1) 购进环节支付的进项税额不得抵扣,计入购货成本。

(2) 当期增值税应纳税额=当期不含税销售额×征收率。

如果存在合并定价,应将含税销售额还原为不含税销售额,不含税销售额=含税销售额/(1+征收率)。

(3) 现行增值税征收率为 3%或 5%。

(4) 会计处理。(表9-6)

简易计税方法下,增值税纳税义务的形成与履行,只需要在"应交税费"科目下设置一个明细科目"应交增值税"即可。

表 9-6 简易计税方法下增值税的会计处理

业务	会计分录
购入时	借:原材料 　　贷:银行存款
销售时	借:银行存款 　　贷:主营业务收入 　　　　应交税费——应交增值税
缴纳增值税时	借:应交税费——应交增值税 　　贷:银行存款

(二) 企业当期应交增值税与当期损益的关系

与消费税、资源税这些税费不同,无论是采用一般计税方法还是简易计税方法,企业当期应交增值税对当期损益是没有影响的。下面在一般计税方法下展开讨论。

增值税是对商品和劳务、应税行为在流转过程中形成的增值额征税,属于价外税,其计算公式为

当期应交增值税 = (当期不含税销售额 – 当期不含税购进额) × 税率
　　　　　　　= 当期不含税销售额 × 税率 – 当期不含税购进额 × 税率
　　　　　　　= 当期销项税额 – 当期进项税额

该数据关系经调整后实际就是,企业应向客户收取的增值税税额 = 企业应支付给供应商的增值税税额 + 企业应支付给税务机关的增值税税额。

其中,企业在销售货物时应向客户收取的增值税税额为销项税额,只是企业暂时收取的资金,以后在扣除了进项税额后,需要将差额部分交给税务机关,所以不是企业的收入,与损益无关。

企业在购进货物时应向供应商支付的增值税税额为进项税额,只是企业暂时支付的资金,以后可以从销项税额中收回该部分资金,所以不是企业的成本费用,也与损益无关。

另外,对于企业来讲,如果这个流转环节的增值税是一环扣一环的,也就是销项税额能够有对应口径的进项税额抵扣,那么理论上企业缴纳的增值税是由流转环节的最后一环承担的;但如果销项税额没有足够的对应口径的进项税额抵扣,那么企业就会因此额外承担这部分增值税税额。反之,企业则有可能存在对应口径不一致的进项税额。在现实情况下,企业也的确会存在这种销项税额和进项税额不对应的问题,所以也就有关于进项税额转出、出口退税、差额征税等的处理规定。

(三) 应付职工薪酬

职工薪酬是企业为获得职工提供的服务或解除劳动关系而给予职工的各种形式的报酬或补偿,通常分为短期薪酬、离职后福利、辞退福利及其他长期职工福利。

（1）短期薪酬构成企业人工成本的主要内容，其构成及计量如表 9-7 所示。

表 9-7　短期薪酬的构成及计量

短期薪酬		计量	承担对象
职工工资、奖金、津贴和补贴		根据职工提供服务情况和工资标准等计算	按照受益对象计入当期损益或相关资产成本
医疗保险、生育保险、工伤保险等		根据规定的计提基础和计提比例计算	
住房公积金			
工会经费			
职工教育经费			
职工福利费		根据福利费实际发生额计算	
短期带薪缺勤	累积带薪缺勤	以累积未行使权利而增加的预期支付金额计量	
	非累积带薪缺勤	不必额外做会计处理，视同职工出勤	
短期利润分享计划		按利润分享计划的约定确定义务金额	
非货币性福利		应当按照公允价值计量；公允价值不能可靠取得的，可以采用成本计量	

常见的企业非货币性福利有将自产产品或外购商品发放给职工作为福利，或者将拥有的房屋等资产无偿提供给职工使用，或者租赁住房等资产供职工无偿使用等。企业非货币性福利的会计处理如表 9-8 所示。

表 9-8　企业非货币性福利的会计处理

业务	会计分录
将自产产品发放给职工确认福利义务时（以自产产品的价税合计额计量）	借：生产成本/制造费用/管理费用等科目 　　贷：应付职工薪酬
实际向职工发放自产产品时	借：应付职工薪酬 　　贷：主营业务收入 　　　　应交税费——应交增值税（销项税额） 借：主营业务成本 　　贷：库存商品
外购商品时	借：某存货科目 　　　应交税费——应交增值税（进项税额） 　　贷：银行存款
将外购商品发放给职工确认福利义务时（以外购商品的价税合计额计量）	借：生产成本/制造费用/管理费用等科目 　　贷：应付职工薪酬
实际向职工发放外购商品时	借：应付职工薪酬 　　贷：某存货科目 　　　　应交税费——应交增值税（进项税额转出）
为职工提供宿舍或租赁房屋确认福利义务时	借：生产成本/制造费用/管理费用等科目 　　贷：应付职工薪酬
实际为职工提供宿舍或租赁房屋时（如为企业自有房产，则以折旧费用计量；如为企业租入房产，则以租金计量）	借：应付职工薪酬 　　贷：累计折旧 　　　　银行存款/其他应付款

（2）离职后福利通常包括基本养老保险、失业保险，它们根据国家规定的计提基础和计提比例计算。

此外，有些企业还为职工提供企业年金之类的补充养老保险，或者有按设定受益计划实行的养老保险等。

（3）辞退福利往往需要实施一段时间才能结束，企业因此承担的义务，基于谨慎性要求，通常选择以下两者中的较早者确认负债，并计入当期损益：① 企业不能单方面撤回因解除劳动关系计划或裁减建议所提供的辞退福利时；② 企业确认与涉及支付辞退福利的重组相关的成本或费用时。对于辞退福利产生的职工薪酬负债金额，企业应当按照辞退计划条款的规定合理预计。

三、本章涉及的主要会计科目（表9-9）

表9-9 本章涉及的主要会计科目

科目性质	总分类科目	明细分类科目	备注
负债类	应付账款		
	应付票据		
	应交税费	应交增值税	此处仅列举部分二级明细科目，企业应按相应税费内容设置明细账 在一般计税方法下，"应交增值税"二级明细科目，还应设置相应的三级明细科目，如销项税额、进项税额、已交税金、进项税额转出等
		未交增值税	
		待转销项税额	
		转让金融商品应交增值税	
		应交消费税	
		应交环境保护税	
		应交城市维护建设税	
		应交教育费附加	
	应付职工薪酬	工资	此处仅列举短期薪酬、离职后福利和辞退福利等部分二级明细科目，企业应按相应职工薪酬的构成内容设置明细账
		社会保险费	
		设定提存计划	
		辞退福利	
	短期借款		
	预收账款		
	其他应付款		
	应付股利		
	应付利息		
	交易性金融负债		
损益类	税金及附加		消费税、资源税、房产税、印花税等

第二节　练习题

一、单项选择题

1. 2023年2月1日，某企业购入一批原材料，开出一张面值为113 000元、期限为3个月的不带息商业承兑汇票。若2023年5月1日该企业无力支付票款，下列会计处理，正确的是（　　）。

 A. 借：应付票据　　　　　　　　　　　　　　113 000
  　贷：短期借款　　　　　　　　　　　　　　　　113 000
 B. 借：应付票据　　　　　　　　　　　　　　113 000
  　贷：其他应付款　　　　　　　　　　　　　　　113 000
 C. 借：应付票据　　　　　　　　　　　　　　113 000
  　贷：应付账款　　　　　　　　　　　　　　　　113 000
 D. 借：应付票据　　　　　　　　　　　　　　113 000
  　贷：预付账款　　　　　　　　　　　　　　　　113 000

2. 将无力支付的商业承兑汇票转为企业应付账款，对会计等式的影响是（　　）。

 A. 一项资产减少，一项负债减少　　B. 一项负债减少，一项所有者权益减少
 C. 一项资产增加，一项负债增加　　D. 一项负债增加，一项负债减少

3. 2023年6月，甲公司发生销项税额合计240 000元，发生进项税额合计80 000元，因管理不善导致原材料毁损，从而转出进项税额合计4 000元，当月甲公司用银行存款缴纳增值税160 000元。下列关于甲公司月末增值税的会计处理，正确的是（　　）。

 A. 借：应交税费——应交增值税（转出未交增值税）　　4 000
  　贷：应交税费——未交增值税　　　　　　　　　　　　4 000
 B. 借：应交税费——未交增值税　　　　　　　　　　　　4 000
  　贷：应交税费——应交增值税（转出未交增值税）　　4 000
 C. "应交税费——应交增值税"科目余额为4 000元
 D. 不需要进行会计处理

4. 下列关于"应交税费——应交消费税"的表述，不正确的是（　　）。

 A. 企业销售应税消费品，因为消费税属于价内税，所以应通过"税金及附加"科目核算
 B. 企业在建工程领用应税消费品时，应将消费税的金额计入在建工程成本
 C. 进口环节缴纳的消费税需要计入进口货物的成本
 D. 委托加工物资收回后直接出售，受托方代收代缴的消费税应记入"应交税费——应交消费税"科目

5. 某企业适用的城市维护建设税税率为7%，2023年8月该企业应缴纳增值税200 000元、土地增值税30 000元、消费税50 000元、资源税20 000元。该企业当月应记入"应交税费——应交城市维护建设税"科目的金额为（　　）元。

 A. 16 100　　　　B. 17 500　　　　C. 26 600　　　　D. 28 000

6. 甲公司为增值税一般纳税人，2023年应交各种税金如下：增值税700万元，消费税300万元，城市维护建设税70万元，车辆购置税20万元，耕地占用税10万元，所得税300万元。甲公司当期"应交税费"科目的余额为（　　）万元。

　　A. 1 070　　　　　　B. 1 090　　　　　　C. 1 100　　　　　　D. 1 370

7. 某企业为增值税一般纳税人，2023年应交各种税金如下：增值税700万元，消费税300万元，城市维护建设税70万元，房产税20万元，车船税10万元，所得税500万元。上述各项税金应计入税金及附加的金额为（　　）万元。

　　A. 380　　　　　　　B. 400　　　　　　　C. 900　　　　　　　D. 1 600

8. 下列各项，不属于职工薪酬的是（　　）。

　　A. 为职工缴纳的医疗保险　　　　　B. 为职工缴存的住房公积金

　　C. 为职工报销因公出差的差旅费　　D. 为职工支付的技能培训费

9. 下列各项，属于其他长期职工福利的是（　　）。

　　A. 住房公积金　　　　　　　　　　B. 工伤保险费

　　C. 长期利润分享计划　　　　　　　D. 离职后福利

10. 下列关于短期带薪缺勤的说法，正确的是（　　）。

　　A. 累积带薪缺勤均应计入管理费用

　　B. 产假期间的工资属于累积带薪缺勤

　　C. 短期带薪缺勤包括累积带薪缺勤和非累积带薪缺勤

　　D. 企业对累积带薪缺勤和非累积带薪缺勤的会计处理是一样的

11. 某企业以银行存款支付行政管理人员生活困难补助20 000元，下列会计处理，正确的是（　　）。

　　A. 借：其他业务成本　　　　　　　　　　　　　　　20 000
　　　　　贷：银行存款　　　　　　　　　　　　　　　　　　　20 000

　　B. 借：营业外支出　　　　　　　　　　　　　　　　20 000
　　　　　贷：银行存款　　　　　　　　　　　　　　　　　　　20 000

　　C. 借：管理费用　　　　　　　　　　　　　　　　　20 000
　　　　　贷：银行存款　　　　　　　　　　　　　　　　　　　20 000

　　D. 借：应付职工薪酬——职工福利费　　　　　　　　20 000
　　　　　贷：银行存款　　　　　　　　　　　　　　　　　　　20 000

12. 下列关于企业将自产产品作为福利发放给专设销售机构人员的会计处理的表述，正确的是（　　）。

　　A. 按产品的生产成本确定主营业务收入

　　B. 按产品的公允价值加上增值税销项税额确认应付职工薪酬

　　C. 按产品的账面价值加上增值税销项税额确认销售费用

　　D. 按产品的公允价值结转主营业务成本

13. 企业按规定代扣代缴职工个人所得税时，应借记的会计科目是（　　）。

　　A. 管理费用　　　　　　　　　　　　B. 税金及附加

　　C. 营业外支出　　　　　　　　　　　D. 应付职工薪酬

14. 2023年9月1日，某企业向银行借入期限为2个月、到期一次还本付息的生产经营周转借款200 000元，年利率为6%。借款利息不采用预提方式，于实际支付时确认。2023年11月1日，该企业以银行存款偿还借款本息的会计处理，正确的是（　　）。

  A. 借：短期借款　　　　　　　　　　　　　　200 000
    应付利息　　　　　　　　　　　　　　　2 000
    贷：银行存款　　　　　　　　　　　　　　　　202 000
  B. 借：短期借款　　　　　　　　　　　　　　200 000
    应付利息　　　　　　　　　　　　　　　1 000
    财务费用　　　　　　　　　　　　　　　1 000
    贷：银行存款　　　　　　　　　　　　　　　　202 000
  C. 借：短期借款　　　　　　　　　　　　　　200 000
    财务费用　　　　　　　　　　　　　　　2 000
    贷：银行存款　　　　　　　　　　　　　　　　202 000
  D. 借：短期借款　　　　　　　　　　　　　　202 000
    贷：银行存款　　　　　　　　　　　　　　　　202 000

15. 下列各项，应列入资产负债表中"其他应付款"项目的是（　　）。
  A. 应付租入包装物租金　　　　　　B. 应付租入固定资产租金
  C. 结转到期无力支付的应付票据款　　D. 应付由企业负担的职工社会保险费

16. 下列各项，应通过"应付票据"科目核算的是（　　）。
  A. 用银行本票购买办公用品　　　　B. 用商业汇票购买原材料
  C. 用转账支票购买固定资产　　　　D. 用银行汇票购买周转材料

17. 下列关于企业应付票据的会计处理的表述，正确的是（　　）。
  A. 应将到期无力支付的商业承兑汇票的账面余额转为短期借款
  B. 申请银行承兑汇票支付的手续费应计入当期管理费用
  C. 应将到期无力支付的银行承兑汇票的账面余额转为应付账款
  D. 应以商业汇票的票面金额为应付票据的入账金额

18. 不符合收入确认条件，但已开具增值税专用发票，应贷记的科目是（　　）。
  A. 应交税费——应交增值税（销项税额）
  B. 应交税费——待抵扣进项税额
  C. 应交税费——应交增值税（进项税额转出）
  D. 应交税费——待转销项税额

19. 下列关于增值税一般纳税人企业缴纳上月应交未交增值税的会计处理，正确的是（　　）。
  A. 借：应交税费——应交增值税（转出未交增值税）
    贷：应交税费——未交增值税
  B. 借：应交税费——未交增值税
    贷：银行存款

C. 借：应交税费——未交增值税

　　贷：应交税费——应交增值税（转出多交增值税）

D. 借：应交税费——应交增值税（已交税金）

　　贷：银行存款

20. 甲公司为增值税小规模纳税人，2023年第三季度销售货物取得含增值税销售额80.8万元，购进货物取得的增值税普通发票注明税额0.65万元。甲公司按现行政策减按1%征收率缴纳增值税。下列计算甲公司2023年第三季度应交增值税的算式，正确的是（　　）。

A. 80.8÷(1+1%)×1%－0.65＝0.15（万元）

B. 80.8×1%－0.65＝0.158（万元）

C. 80.8÷(1+1%)×1%＝0.8（万元）

D. 80.8×1%＝0.808（万元）

21. 某家电生产企业2023年1月将其生产的每台成本为800元的微波炉作为非货币性福利发放给职工，发放数量为100台，该型号的微波炉不含增值税的市场售价为1 000元，适用的增值税税率为13%。假定不考虑其他因素，该家电生产企业应确认职工薪酬的金额为（　　）元。

A. 90 400　　　　B. 80 000　　　　C. 100 000　　　　D. 113 000

二、多项选择题

1. 下列表述，正确的有（　　）。

A. 未单独设置"预付账款"科目的企业，其所发生的预付货款可通过"应付账款"科目核算

B. 银行承兑汇票到期，如果企业无力支付票款，企业应将应付票据转为短期借款

C. 收取的存入保证金应通过"应付账款"科目核算

D. 无法支付的应付账款按其账面余额记入"营业外收入"科目

2. 下列各项，属于增值税一般纳税人需要转出进项税额的有（　　）。

A. 自产产品用于集体福利

B. 自然灾害造成外购的生产用原材料毁损

C. 外购的生产用原材料因管理不善发生霉烂变质

D. 外购的生产用原材料改用于集体福利

3. 下列各项，应计入相关资产成本的有（　　）。

A. 企业进口原材料缴纳的进口关税

B. 企业商务用车缴纳的车船税

C. 增值税小规模纳税人购买商品支付的增值税

D. 企业书立加工承揽合同缴纳的印花税

4. 下列各项，企业应通过"应付职工薪酬"科目核算的有（　　）。

A. 支付给职工的生活困难补助　　　　B. 为职工缴存的养老保险费

C. 为职工支付的业务培训费用　　　　D. 为企业高管提供免费住房支付的房租

5. 下列各项，不应确认为其他应付款的有（　　）。
   A. 租入包装物支付的押金　　　　　B. 应缴纳的教育费附加
   C. 为职工垫付的水电费　　　　　　D. 外单位存入的保证金
   E. 应付股东的股利

6. 某企业购入一批原材料，开出面值为 22 6000 元、期限为 3 个月的不带息商业汇票。若到期该企业无力支付票款，下列会计处理，正确的有（　　）。
   A. 如果是银行承兑汇票：
      借：应付票据　　　　　　　　　　　　　226 000
        贷：短期借款　　　　　　　　　　　　　　226 000
   B. 如果是银行承兑汇票：
      借：应付票据　　　　　　　　　　　　　226 000
        贷：应付账款　　　　　　　　　　　　　　226 000
   C. 如果是商业承兑汇票：
      借：应付票据　　　　　　　　　　　　　226 000
        贷：应付账款　　　　　　　　　　　　　　226 000
   D. 如果是商业承兑汇票：
      借：应付票据　　　　　　　　　　　　　226 000
        贷：短期借款　　　　　　　　　　　　　　226 000

7. 下列各项，会引起"应付票据"科目金额发生增减变动的有（　　）。
   A. 开出商业承兑汇票购买原材料
   B. 转销已到期无力支付票款的商业承兑汇票
   C. 转销已到期无力支付票款的银行承兑汇票
   D. 支付银行承兑汇票手续费

8. 企业缴纳的下列税金，不通过"应交税费"科目核算的有（　　）。
   A. 印花税　　　B. 耕地占用税　　　C. 资源税　　　D. 土地增值税

9. 下列关于增值税一般纳税人月末转出多交增值税的会计处理，正确的有（　　）。
   A. 借记"应交税费——未交增值税"科目
   B. 贷记"应交税费——应交增值税（转出多交增值税）"科目
   C. 借记"应交税费——应交增值税（转出多交增值税）"科目
   D. 贷记"应交税费——未交增值税"科目

10. 下列各项，不属于"应付职工薪酬"科目核算内容的有（　　）。
    A. 业务招待费　　　　　　　　　　B. 短期利润分享计划
    C. 离职后福利　　　　　　　　　　D. 差旅费

11. 根据受益对象进行分配，计提应付职工薪酬时，可以记入的会计科目有（　　）。
    A. 制造费用　　　B. 研发支出　　　C. 在建工程　　　D. 财务费用

12. 下列各项，属于短期薪酬的有（　　）。
    A. 提前解除劳动合同给予职工的补偿　　B. 按规定计提的基本养老保险费
    C. 按规定计提的住房公积金　　　　　　D. 向职工发放的高温补贴

三、判断题

1. 商业承兑汇票到期，企业无力支付票款的，应将应付票据按账面余额转为应付账款。（   ）

2. "应付票据"科目用于核算企业购买材料、商品和接受劳务供应等而开出的银行汇票、银行本票和商业汇票。（   ）

3. 以公允价值计量且其变动计入当期损益的金融负债，包括交易性金融负债和直接指定为以公允价值计量且其变动计入当期损益的金融负债。（   ）

4. 无论是增值税一般纳税人企业还是增值税小规模纳税人企业，在核算增值税时，所设置的有关增值税的科目是相同的。（   ）

5. 对于增值税一般纳税人企业，如果销售时开具增值税普通发票，也仍然需要确认增值税销项税额。（   ）

6. 增值税小规模纳税人企业购进货物支付的增值税直接计入有关货物的成本。（   ）

7. 企业将自产的产品用于职工食堂补助，根据税法相关规定，应视同销售计算确认增值税销项税额，同时要确认收入和结转成本。（   ）

8. 企业将其拥有的房屋无偿提供给职工使用的，应当根据受益对象，将该住房每期应计提的折旧计入相关资产成本或当期损益，借记"管理费用""生产成本""制造费用"等科目，贷记"累计折旧"科目。（   ）

9. 辞退福利是指企业在职工劳动合同到期之前解除与职工的劳动关系，或者为鼓励职工自愿接受裁减而给予职工的补偿。（   ）

10. 预收账款不多的企业，可以不设置"预收账款"科目，在预收客户货款时，直接将其记入"其他应收款"科目的贷方。（   ）

四、计算分录题

1. 【应付账款】甲企业为增值税一般纳税人，2023年6月1日从A公司购入一批材料，货款100 000元，增值税税额13 000元，对方代垫运费1 000元、增值税税额90元，已收到对方转来的增值税专用发票。材料已验收入库（实际成本法），款项尚未支付。7月10日，甲企业以银行存款支付购入材料相关款项114 090元。

要求：

(1) 计算原材料的入账价值。

(2) 编制下列业务的会计分录：

① 6月1日，甲企业确认应付账款。

② 7月10日，甲企业支付货款。

2. 【应付账款】乙企业为增值税一般纳税人，2023年发生业务如下：

(1) 6月12日，从甲公司购入一批商品并已验收入库，取得的增值税专用发票上注明价款为3 000万元、增值税税额为390万元。合同中规定的现金折扣条件为2/10, 1/20, n/30，假定计算现金折扣时不考虑增值税。

(2) 6月21日，付清以上产品款项。

(3) 6月30日，确定一笔应付账款40 000元为无法支付的款项，应予以转销。

要求：编制乙企业以上相关业务的会计分录。

3. 【应付票据】甲企业为增值税一般纳税人，原材料按实际成本核算。2022年5月6日，甲企业购入一批原材料，增值税专用发票上注明的价款为60 000元、增值税税额为7 800元，原材料已验收入库。甲企业开出经开户银行承兑的商业汇票一张，面值67 800元，期限5个月，支付银行承兑手续费34.8元，其中增值税税额1.97元。10月6日，商业汇票到期，甲企业通知其开户银行以银行存款支付票款。

要求：编制以下业务的会计分录。

(1) 开出经开户银行承兑的商业汇票购入材料。

(2) 支付商业汇票承兑手续费。

(3) 到期支付商业汇票款。

(4) 假设上述银行承兑汇票到期时甲企业无力支付票款。

(5) 假设甲企业开出的商业汇票为商业承兑汇票，该汇票到期时甲企业无力支付票款。

4. 【进项税额】甲企业为增值税一般纳税人，适用的增值税税率为13%，原材料按实际成本核算，销售商品价格为不含增值税的公允价格。2023年6月，甲企业发生的经济交易或事项如下：

(1) 5日，购入一批原材料，增值税专用发票上注明的价款为120 000元、增值税税额为15 600元，原材料尚未到达，全部款项已用银行存款支付。

(2) 10 日，收到 5 日购入的原材料并验收入库，实际成本为 120 000 元。同日，与运输公司结清运输费用，增值税专用发票上注明的运输费用为 5 000 元、增值税税额为 450 元，运输费用和增值税税额已用转账支票付讫。

(3) 15 日，购入一台不需要安装的生产设备，增值税专用发票上注明的价款为 30 000 元、增值税税额为 3 900 元，款项尚未支付。

(4) 20 日，购入一批免税农产品，农产品收购发票上注明的买价为 200 000 元，适用的增值税进项税额扣除率为 9%，农产品尚未到达，价款已用银行存款支付。

(5) 25 日，企业管理部门委托外单位修理机器设备，取得的对方开具的增值税专用发票上注明的修理费用为 20 000 元、增值税税额为 2 600 元，款项已用银行存款支付。

(6) 25 日，购进一幢办公楼作为固定资产核算并投入使用，取得的增值税专用发票上注明的价款为 1 500 000 元、增值税税额为 135 000 元，全部款项以银行存款支付。

要求：假定不考虑其他相关因素，编制甲企业以上相关业务的会计分录。

5.【进项税额转出】甲公司为增值税一般纳税人，适用的增值税税率为 13%。2023 年 8 月，甲公司发生有关事项如下：

(1) 库存材料因管理不善发生火灾毁损，该批材料的实际成本为 60 000 元，相关增值税专用发票注明的增值税税额为 7 800 元。

(2) 领用一批外购的原材料用于集体福利，该批原材料的成本为 100 000 元，相关增值税专用发票注明的增值税税额为 13 000 元。

(3) 因水灾毁损一批库存材料，相关增值税专用发票确认的购入成本为 34 000 元、增值税税额为 4 420 元。

要求：编制甲公司以上相关业务的会计分录。

6.【销项税额】甲公司为增值税一般纳税人，适用的增值税税率为13%。2023年8月，甲公司发生与销售相关的交易或事项如下：

（1）销售一批产品，开具的增值税专用发票上注明的价款为5 000 000元、增值税税额为650 000元，提货单和增值税专用发票已交给买方，款项尚未收到。

（2）为外单位代加工金属架600个，每个收取加工费100元，已加工完成。开具的增值税专用发票上注明的价款为60 000元、增值税税额为7 800元，款项已收到并存入银行。

要求：编制甲公司以上相关业务的会计分录。

7.【视同销售】甲公司为增值税一般纳税人，适用的增值税税率为13%。2023年8月，甲公司发生视同销售的交易或事项如下：

（1）以公司生产的产品对外捐赠（非公益事业），该批产品的实际成本为500 000元，市场售价为600 000元。

（2）将20台公司生产的产品作为福利发放给本公司职工，该产品的生产成本为每台1 000元，市场售价为每台2 000元（不含增值税）。

要求：编制甲公司以上相关业务的会计分录。

8.【增值税综合题】乙企业为增值税一般纳税人，原材料按实际成本核算，存货适用的增值税税率为13%。2023年6月，乙企业发生的经济业务如下：

（1）1日，建造仓库领用自产产品8万元，该批产品的计税价格为10万元。

（2）5日，购入一批原材料，增值税专用发票上注明的材料价款为100万元（不含增值税）、增值税税额为13万元。货款已付，原材料已验收入库。

（3）10日，出售一项无形资产，价税合计53万元，款项已存入银行。该项无形资产的账面余额为60万元，已摊销40万元。适用的增值税税率为6%。

（4）15日，购入一栋办公楼，价款为3 000万元，增值税税额为270万元，款项已通过银行支付。

(5) 16日，出售一台设备，该设备的原价为120万元，已计提折旧50万元，出售价款为100万元（不含增值税），增值税销项税额为13万元，收到款项113万元已存入银行。

(6) 20日，销售一批产品，销售收入为300万元（不含增值税），货款尚未收到，该批产品的成本为200万元。

(7) 22日，销售一批应交增值税的产品给增值税小规模纳税人企业，销售价款（价税合计）为56.5万元，款项已存入银行，该批产品的成本为30万元。

(8) 25日，购入一批免税农产品作为原材料，价款为100万元，适用的增值税进项税额扣除率为10%，农产品尚未到达，货款已用银行存款支付。

要求：编制乙企业以上相关业务的会计分录。

9.【增值税月末结转】甲公司为增值税一般纳税人，适用的增值税税率为13%。2023年6月，甲公司发生销项税额合计525 200元，进项税额转出合计29 900元，进项税额合计195 050元。

要求：

(1) 假定不考虑其他因素，计算甲公司当月应交增值税的金额。

(2) 甲公司当月实际缴纳增值税税款310 050元，编制甲公司当月实际缴纳增值税税款的会计分录。

(3) 6月30日，编制甲公司将尚未缴纳的其余增值税税款结转的会计分录。

(4) 7月，编制甲公司缴纳6月未交增值税的会计分录。

10.【增值税综合题】甲公司适用的增值税税率为13%，原材料按实际成本核算。甲公司某年8月31日"应交税费——应交增值税"科目借方余额为50 000元，该借方余额可从下月的销项税额中抵扣。9月，甲公司发生的经济业务如下：

(1) 购买一批原材料，增值税专用发票上注明的价款为800 000元、增值税税额为104 000元，已开出本公司承兑的商业汇票。该批原材料已验收入库。

（2）用原材料对外投资，双方协议按公允价值作价。该批原材料的成本为 500 000 元，公允价值（同计税价格）为 700 000 元，应缴纳的增值税税额为 91 000 元。

（3）销售一批产品，销售价格（含增值税）为 452 000 元，实际成本为 360 000 元，提货单和发票已交购货方，货款尚未收到。该销售符合收入确认要求。

（4）在建厂房工程领用一批原材料，该批原材料的实际成本为 500 000 元。

（5）月末，因管理不善导致一批原材料盘亏，该批原材料的实际成本为 100 000 元，相应的增值税进项税额为 13 000 元。

（6）用银行存款缴纳本月增值税 80 000 元。

（7）月末，将本月应交未交增值税转入未交增值税明细科目。

要求：编制甲公司以上相关业务的会计分录。

11.【增值税简易征收】某企业为增值税小规模纳税人，适用的增值税征收率为 3%，原材料按实际成本核算。该企业某年 3 月发生的交易如下：

（1）购入一批原材料，取得的增值税专用发票上注明的价款为 30 000 元、增值税税额为 3 900 元，款项以银行存款支付，原材料已验收入库。

（2）销售一批产品，开具的普通发票上注明的货款（含增值税）为 51 500 元，款项已存入银行。

（3）缴纳增值税 1 500 元。

要求：编制该企业以上相关业务的会计分录。

12.【增值税差额征税】某旅行社为增值税一般纳税人，应交增值税采用差额征税方式核算。2023 年 7 月，该旅行社为乙公司提供职工境内旅游服务，向乙公司收取含税价款 318 000 元，其中增值税税额 18 000 元，全部款项已收妥入账。该旅行社以银行存款支付其他接团旅游企业的旅游费用和其他单位相关费用共计 254 400 元，其中因允许扣减销售额而减少的销项税额为 14 400 元。

要求：编制该旅行社以下业务的会计分录。

（1）确认旅游服务收入。

（2）支付住宿费等旅游费用。

（3）根据增值税扣税凭证抵减销项税额，调整成本。

13.【转让金融商品的应交增值税】2024 年，甲公司发生以下转让金融商品的交易，增值税税率为 6%。

（1）1 月，有两笔金融资产交易：① 卖出价 110 万元，买入价 100 万元；② 卖出价 80 万元，买入价 105 万元。

（2）2 月，有一笔金融资产交易：卖出价 140 万元，买入价 130 万元。

要求：

（1）计算 1 月的销售额及转让金融资产应交增值税的金额。

（2）计算 2 月的销售额及转让金融资产应交增值税的金额。

14.【消费税】甲企业为增值税一般纳税人，销售所生产的高档化妆品，价款（不含增值税）为 100 万元，开具的增值税专用发票上注明的增值税税额为 13 万元，适用的消费税税率为 30%，款项已存入银行。假设成本为 40 万元。

要求：编制甲企业确认收入、结转成本、确认消费税的会计分录。

15. 【消费税】甲企业从国外进口一批需要缴纳消费税的商品，已知该批商品关税完税价格为 540 000 元，按规定应缴纳关税 108 000 元，假定进口应税消费品的消费税税率为 10%、增值税税率为 13%。商品报关后，自海关取得的海关进口消费税专用缴款书上注明的消费税税额为 72 000 元、海关进口增值税专用缴款书上注明的增值税税额为 93 600 元。进口商品已验收入库，全部货款和税款已用银行存款支付。

要求：
(1) 计算进口商品的入账成本。
(2) 编制甲企业以上相关业务的会计分录。

16. 【资源税】甲企业本期对外销售资源税应税矿产品 3 000 吨，将自产资源税应税矿产品 500 吨用于其产品生产（非连续生产应税产品），税法规定每吨矿产品应交资源税 5 元。

要求：编制甲企业确认资源税纳税义务及缴纳资源税的会计分录。

17. 【其他税费综合题】某公司 2023 年 9 月发生的业务如下：
(1) 取得应交消费税的销售商品收入 300 万元，该商品适用的消费税税率为 20%。
(2) 当月实际缴纳增值税 45 万元、消费税 15 万元，城市维护建设税税率为 7%，教育费附加征收比率为 3%。
(3) 该公司一幢房产的原值为 200 万元，已知房产税税率为 1.2%，当地规定的房产税扣除比例为 30%。
(4) 当月实际发生应交车船税 2.4 万元、应交城镇土地使用税 5 万元。
(5) 当月实际发生应交环境保护税 5 万元。
(6) 当月购置车辆一台，应交车辆购置税 4 万元。

(7) 当月缴纳印花税 2 万元。

要求：编制该公司以上各税费确认和缴纳的会计分录。

18. 【应交个人所得税】某企业结算本月应付职工工资总额 500 000 元，按税法规定应代扣代缴的职工个人所得税共计 5 000 元。该企业用银行存款实际发放工资 495 000 元，并缴纳职工个人所得税。

要求：编制该企业以上相关业务的会计分录。

19. 【货币性短期薪酬】(1) 甲企业 2023 年 7 月末确认应付职工工资总额为 76 万元，"工资费用分配汇总表"中列示的产品生产人员工资为 50 万元、车间管理人员工资为 5 万元、研发部门人员工资为 10 万元、企业行政管理人员工资为 9 万元、专设销售机构人员工资为 2 万元。

(2) 2023 年 7 月，甲企业根据相关规定，分别按照职工工资总额的 2% 和 8% 的计提标准，确认应付工会经费和职工教育经费。

(3) 2023 年 7 月，甲企业按照职工工资总额及规定的计提标准，计算并分配企业应承担的社会保险费和住房公积金。假定基本医疗保险的计提比例为 8%、生育保险的计提比例为 1%、工伤保险的计提比例为 1%、住房公积金的计提比例为 5%。

要求：编制甲企业以上相关业务的会计分录。

20.【实际发放工资及缴纳各种代扣代缴款项】2023年7月,甲企业根据"工资费用结算汇总表"结算职工工资,当月应付职工工资总额为76万元,扣除企业以前代垫的职工家属医药费1万元、应由企业代扣代缴的职工个人所得税3万元、由企业代扣代缴的应由职工个人负担的各种社会保险费4万元及住房公积金3万元后,实发工资应为65万元。

2023年8月6日,甲企业如期按以上工资结算情况以银行存款向职工支付实发工资65万元,并用银行存款实际缴纳企业负担的各类社会保险费7.6万元、住房公积金3.8万元、职工个人所得税及职工个人负担的社会保险费和住房公积金。

要求:编制甲企业以下相关业务的会计分录。
(1) 扣除代垫职工家属医药费、代扣代缴各种款项。
(2) 支付实发工资。
(3) 缴纳各类社会保险费、住房公积金及职工个人所得税。

21.【职工福利费】乙企业开设一所职工食堂,每月根据在岗职工数量及岗位分布情况、相关历史经验数据等计算需要补贴食堂的金额,从而确定企业每期因补贴职工食堂需要承担的职工福利费。2023年9月,企业在岗职工共计200人,其中管理部门20人、生产车间180人,企业的历史经验数据表明,应按每个职工每月200元补贴食堂。2023年10月,乙企业向食堂支付9月份的补贴。

要求:计算2023年9月乙企业应确认的职工福利费,并编制有关确认和支付职工福利费的会计分录。

22.【短期累积带薪缺勤】甲公司有500名职工,从2022年起实行累积带薪缺勤制度。该制度规定,每名职工每年可享受6个工作日的带薪年休假,未使用的带薪年休假只能向后结转一个公历年度,超过1年未使用的权利作废,职工在离职时不能获得现金支付;职工休年休假时,首先使用当年可享受的权利,不足部分再从上年结转的带薪年休假中扣除。

2023年12月31日，每名职工当年平均未使用年休假为2天半，甲公司预计2024年有400名职工将享受不超过6天的带薪年休假，剩余100名职工将平均享受7天半的带薪年休假，假定这100名职工全部为销售部门销售人员，甲公司平均每名职工每个工作日工资为200元。

2024年，假定这100名销售人员中有40%实际使用了7天半的带薪年休假，其余60%实际使用了6天的带薪年休假。

要求：

（1）计算甲公司在2023年12月31日预计的因累积带薪缺勤而应确认的职工薪酬，并编制相应的会计分录。

（2）根据2024年职工累积带薪年休假的实际使用情况编制相应的会计分录。

23.【短期利润分享计划】2022年1月1日，甲公司制订并开始实施利润分享计划。该计划规定，如果2022年度公司净利润能超过2 500万元，对于超出部分，管理层可以获得8%的额外回报。假定截至2022年年末，甲公司全年实现净利润2 800万元。

要求：假定不考虑其他因素，计算甲公司管理层可以分享的利润，并编制相应的会计分录。

24.【非货币性福利】某公司共有职工500名，其中生产工人400名、管理人员100名。2023年12月，该公司向职工发放自产产品作为福利，每人发放一台。该产品的成本为每台150元，计税价格为每台200元，增值税税率为13%。

要求：假定不考虑其他因素，编制该公司确认该职工福利费的会计分录。

25. 【非货币性福利】甲公司为总部部门经理级别以上职工每人提供一辆汽车供其免费使用，同时为副总裁以上高级管理人员每人租赁一套住房供其免费居住。甲公司总部共有部门经理级别以上职工20名，公司为其每人提供一辆桑塔纳汽车，假定每辆桑塔纳汽车每月计提折旧1 000元；甲公司共有副总裁以上高级管理人员5名，公司为其每人租赁一套面积为200平方米的公寓，假定月租金（含增值税）为每套8 000元。

要求：

(1) 计算甲公司每月提供汽车供职工免费使用的非货币性福利的金额，并编制确认提供汽车的非货币性福利的会计分录。

(2) 计算甲公司每月租赁住房供职工免费居住的非货币性福利的金额，并编制确认提供租赁住房的非货币性福利的会计分录。

(3) 编制甲公司每月支付副总裁以上高级管理人员住房租金的会计分录。

26. 【短期薪酬综合题】甲企业为增值税一般纳税人，适用的增值税税率为13%。2023年8月，甲企业发生的有关职工薪酬的资料如下：

(1) 当月应付职工工资总额为500万元，"工资费用分配汇总表"中列示的产品生产人员工资为350万元、车间管理人员工资为70万元、企业行政管理人员工资为50万元、专设销售机构人员工资为30万元。

(2) 根据"工资费用结算汇总表"，当月应付职工工资总额为500万元，扣回代垫的职工家属医疗费6万元，按税法规定代扣代缴职工个人所得税15万元后，以银行存款支付职工工资479万元。

(3) 根据国家规定的计提基础和计提标准，当月应计提的基本养老保险费为60万元、基本医疗保险费为50万元、其他保险费为40万元及住房公积金为50万元。

(4) 当月将自产的电风扇作为福利发放给500名直接参加产品生产的职工，该型号电风扇的市场销售价为每台600元，成本为每台400元。

要求：假定不考虑其他因素，根据上述资料，编制(1)(2)(4)相关职工薪酬事项的会计分录，并说明甲企业计提的基本养老保险费与基本医疗保险费的性质是否相同。

27. 【离职后福利】甲企业 2023 年 7 月末确认应付职工工资总额为 76 万元，"工资费用分配汇总表"中列示的产品生产人员工资为 50 万元、车间管理人员工资为 5 万元、研发部门人员工资为 10 万元、企业行政管理人员工资为 9 万元、专设销售机构人员工资为 2 万元。

甲企业根据所在地政府规定，按照职工工资总额的 10% 计提企业应负担的基本养老保险费。（忽略工伤保险费）

2023 年 8 月，甲企业用银行存款实际缴纳企业负担的 7 月份的基本养老保险费。

要求：编制甲企业确认 2023 年 7 月应负担的基本养老保险费及实际缴纳基本养老保险费的会计分录。

28. 【辞退福利】2022 年 6 月 20 日，甲公司与部分职工签订了正式的解除劳动关系的协议。该协议签订后，甲公司不能单方面解除。协议规定的员工包括：生产工人 100 人、车间管理人员 10 人。该协议于 2022 年 12 月 31 日执行。甲公司已经通知员工本人，辞退计划已经董事会批准，辞退补偿为生产工人每人 2 万元、管理人员每人 5 万元。

要求：假定不考虑其他因素，计算甲公司实施上述辞退计划应确认的辞退福利，并编制相应的会计分录。

29. 【职工薪酬综合题】某企业为增值税一般纳税人，主要业务是生产并销售家电。2022 年 12 月，该企业专设销售机构发生的与职工薪酬有关的业务如下：

（1）3 日，以银行存款支付当月职工宿舍房租 16 500 元，该宿舍专供销售人员免费居住。

（2）10 日，以银行存款发放上月销售机构人员工资 465 000 元。应付上月销售机构人员工资总额为 480 000 元，按税法规定应代扣代缴的职工个人所得税共计 12 000 元，发放时收回代职工家属缴纳的医药费 3 000 元。

（3）17 日至 21 日，销售机构职工张某休探亲假 5 天，按照规定，确认为非累积带薪缺勤。

(4) 31 日，确认 12 月销售机构人员工资总额为 560 000 元。按国家规定的计提标准应缴纳基本养老保险费 112 000 元、基本医疗保险费 50 000、工伤保险费 3 200 元，计提工会经费 6 000 元和职工教育经费 50 000 元。

要求：假定不考虑其他因素，根据上述资料，编制该企业以上有关职工薪酬业务的会计分录，并计算该企业 12 月发生的销售费用。

30.【短期借款】2022 年 1 月 1 日，甲公司向银行借入一笔生产经营用短期借款共计 120 万元，期限为 9 个月，年利率为 4%。根据与银行签署的借款协议，该项借款的本金到期后一次归还，利息按季支付。

要求：编制甲公司以下业务的会计分录。

(1) 1 月 1 日，借入短期借款。
(2) 1 月末，计提 1 月利息费用。
(3) 2 月末，计提 2 月利息费用。
(4) 3 月末，支付第一季度银行借款利息。
(5) 10 月 1 日，偿还银行借款本金。

31.【预收账款】甲公司为增值税一般纳税人，适用的增值税税率为 13%。2023 年 7 月 1 日，甲公司与乙公司签订经营租赁（非主营业务）吊车合同，向乙公司出租吊车三台，期限为 6 个月，三台吊车租金（含增值税）共计 67 800 元。合同约定，合同签订日预付租金（含增值税）22 600 元，合同到期结清全部租金余款。

合同签订日，甲公司收到租金并存入银行，开具的增值税专用发票上注明的租金为 20 000 元、增值税税额为 2 600 元。租赁期满日，甲公司收到租金余款及相应的增值税税款。

要求：编制甲公司以下业务的会计分录。

(1) 收到乙公司预付租金。

(2) 每月月末确认租金收入。

(3) 租赁期满收到租金余款及相应的增值税税款。

32. 【应付股利】某有限责任公司有甲、乙两个投资者，分别占注册资本的30%和70%。2023年度，该有限责任公司实现净利润600万元。2024年3月13日，经过公司审议批准，确定2023年分配的利润为400万元。2024年4月12日，该有限责任公司用银行存款支付该分配的利润。

要求：编制该有限责任公司确定向投资者分配利润及向投资者支付的会计分录。

33. 【应付利息】甲公司借入5年期到期还本、每年年末付息的长期借款300万元，合同约定年利率为6%。假定该借款利息不存在资本化的情况。

要求：计算甲公司每年的利息费用，并编制甲公司每年年末确定利息费用和支付利息的会计分录。

34. 【其他应付款】甲公司为增值税一般纳税人，2023年发生业务如下：

(1) 因违反上市公司信息披露的相关规定，5月27日被监管部门警告并处以30万元的罚款。当日，甲公司决定接受该处罚，不再申请复议或诉讼。

(2) 6月20日，通过银行转账支付以上罚款。

(3) 因业务暂时性需要，从9月1日起租入一批管理用办公设备，租期为3个月，每月末支付租金（不含增值税）10万元，并在9月1日转账支付押金10万元。甲公司将该租赁作为短期租赁，采用简化处理方法，不确认使用权资产。

(4) 9月30日，未能如期支付第一个月的租金。

要求：编制甲公司以上相关业务的会计分录。

35.【交易性金融资产与交易性金融负债】甲公司和乙公司有关发行债券和投资债券的业务如下：

(1) 2022年7月1日，甲公司经批准在全国银行间债券市场公开发行100万张人民币短期融资券，期限为1年，票面年利率为6%，每张面值为100元，到期一次还本付息。所募集资金10 000万元主要用于公司购买生产经营所需的原材料及配套件等。甲公司将该短期融资券指定为以公允价值计量且其变动计入当期损益的金融负债。假定不考虑发行短期融资券相关的交易费用及企业自身信用风险变动。

(2) 2022年7月1日，乙公司购买甲公司发行的10 000万元人民币短期融资券，并将该短期融资券指定为以公允价值计量且其变动计入当期损益的金融资产。假定不考虑相关交易费用。

(3) 2022年12月31日，该短期融资券市场价格（不含利息）为每张110元。2023年6月30日，该短期融资券到期兑付完成。

要求：分别编制甲公司和乙公司有关发行债券和投资债券业务的会计分录。

(1) 2022年7月1日，发行短期融资券。

(2) 2022年12月31日，确认公允价值变动和利息费用。

(3) 2023年6月30日，短期融资券到期。

本章练习题参考答案

第十章 非流动负债

第一节 知识概要

一、本章知识思维导图（图10-1）

企业为了生产建造或研究开发相关资产或对外投资等，往往需要大量可供长期使用的资金，并因此举借长期债务。此外，企业在生产经营活动中会面临诉讼、债务担保、产品质量保证等具有较大不确定性的经济事项，这些或有事项可能会对企业的财务状况和经营成果产生较大影响。对于这些负债，一般采用摊余成本计量，本章讲解了这些负债的会计核算，同时也阐述了借款费用的处理。

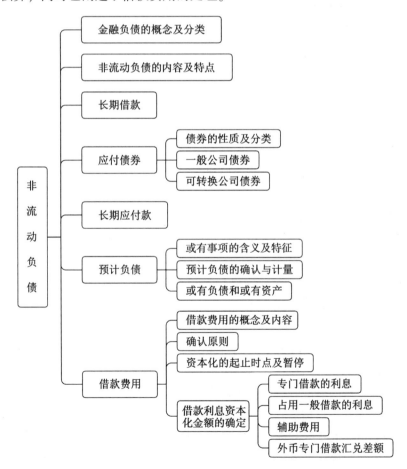

图10-1 "非流动负债"知识思维导图

二、本章重难点分析

本章重难点包括长期借款、应付债券、或有事项和预计负债及借款费用。需要注意本章涉及的负债,除了预收账款和交易性金融负债外,都是采用摊余成本计量的金融负债,这里的摊余成本和实际利率法与第四章的含义是一样的。此外,借款利息资本化金额的确定是本章难点之一,特别是占用一般借款的利息资本化金额的计算。

(一) 长期借款 (表10-1)

表 10-1 长期借款的会计处理

业务	会计分录
取得长期借款时	借:银行存款 　　长期借款——利息调整 　贷:长期借款——本金
资产负债表日,按实际利率法计算利息费用时	借:在建工程/制造费用/财务费用/研发支出等科目 　贷:应付利息(按借款本金和合同利率计算) 　　长期借款——利息调整
	实际利率与合同利率差异较小的,也可以采用合同利率计算确定利息费用
支付利息和归还长期借款时	(1) 借:应付利息 　　　贷:银行存款
	(2) 借:长期借款——本金 　　　贷:银行存款
	(3) 存在利息调整余额的: 　　借:在建工程/制造费用/财务费用/研发支出等科目 　　　贷:长期借款——利息调整

(二) 应付债券

这里重点说明一般公司债券的会计处理。

1. 发行时

(1) 债券发行价格的确定。

按发行时的市场利率计算,债券发行价格=债券面值的现值+债券利息的现值。

(2) 应付债券的初始确认金额。

根据准则,应付债券应按发行价格扣除相关手续费、佣金等交易费用后的金额入账,即应付债券的初始确认金额=债券发行价格−交易费用。

(3) 实际利率的确定。

交易费用会导致企业实际筹集到的资金减少,这会引起企业负债实际利率的上升,从而影响企业以后各期实际利息费用的确定。

无论是债券发行的溢价或折价,还是为发行债券而发生的交易费用,都应记入"利息调整"科目,并在以后债券存续期内分期摊销,它们实质都是对利息费用的调整,以便可以反映企业负债的实际利率。该实际利率是使下列等式成立的折现利率。

应付债券的初始确认金额=债券发行价格−交易费用=债券面值的现值+债券利息的现值

利息调整额=应付债券的初始确认金额-债券面值

相关会计分录如下：

借：银行存款
　　贷：应付债券——面值
　　　　　　　　——利息调整（或在借方）

2. 资产负债表日计提利息费用和摊销利息调整

按实际利率法计算当期利息费用、利息调整摊销额及摊余成本，数据处理关系如表 10-2 所示。

表 10-2　摊销表

年份	期初摊余成本 A	实际利息 B=A×实际利率	票面利息 C=面值×票面利率	利息调整摊销额 D=B-C	期末摊余成本 E=A+D 或 A-D
第 1 年					
第 2 年					
……					
第 n 年					
合计					

（1）分期付息，到期一次还本债券。

借：在建工程/制造费用/财务费用等科目
　　贷：应付利息
按差额借记或贷记：应付债券——利息调整

（2）到期一次还本付息债券。

借：在建工程/制造费用/财务费用等科目
　　贷：应付债券——应计利息
按差额借记或贷记：应付债券——利息调整

3. 债券利息的支付和本金的偿还

（1）采用到期一次还本、分期付息方式的。

支付利息时：

借：应付利息
　　贷：银行存款

到期偿还本金并支付最后一期利息时：

借：应付债券——面值
　　　在建工程/制造费用/财务费用等科目
　　贷：银行存款
按差额借记或贷记：应付债券——利息调整

（2）采用到期一次还本付息方式的。

借：应付债券——面值
　　　　　　——应计利息
　　贷：银行存款

（三）或有事项和预计负债

或有事项是指过去的交易或事项形成的，其结果须由某些未来事项的发生或不发生才能决定的不确定事项。或有事项具有以下三个特征：

(1) 或有事项由过去的交易或事项形成。

(2) 或有事项的结果具有不确定性。

(3) 或有事项的结果须由某些未来事项的发生或不发生来决定。

常见的或有事项包括未决诉讼或未决仲裁、债务担保、产品质量保证、承诺、亏损合同、重组义务、环境污染整治等。这些不确定事项对企业可能的影响有好有坏，通常基于谨慎性要求和资产负债的确认条件，企业应该分不同情形进行会计处理，如图 10-2 所示。

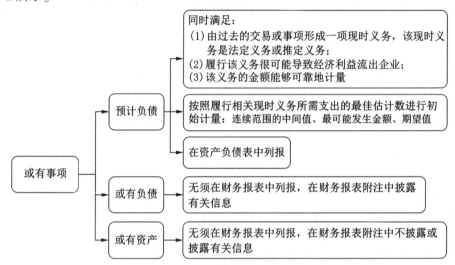

图 10-2　或有事项的会计处理

由或有事项引起的现时义务，满足预计负债确认的三个条件，并可以可靠估计其金额时，应编制相应会计分录进行确认和计量。

借：销售费用/营业外支出等科目
　　贷：预计负债

后续该义务履行或核销时：

借：预计负债
　　贷：银行存款/销售费用等科目

（四）借款费用

1. 借款费用资本化或费用化（表 10-3）

表 10-3　借款费用资本化与费用化的确认

涉及借款种类	一般借款、专门借款
包括内容	借款利息、折价或溢价的摊销、辅助费用、因外币借款而发生的汇兑差额等
确认基本原则	可直接归属于符合资本化条件的资产的购建或生产的借款费用，应当予以资本化，计入相关资产成本
	其他借款费用，应当在发生时根据其发生额予以费用化，计入当期损益

续表

符合资本化 条件的资产	需要经过相当长时间的购建或生产活动才能达到预定可使用或可销售状态的固定资产、投资性房地产和存货等资产	
资本化期间	开始资本化时点 （同时满足）	（1）资产支出已经发生
		（2）借款费用已经发生
		（3）为使资产达到预定可使用或可销售状态所必要的购建或生产活动已经开始
	暂停资本化期间	符合资本化条件的资产在购建或生产过程中发生非正常中断且中断时间连续超过3个月的
	停止资本化时点	购建或生产符合资本化条件的资产达到预定可使用或可销售状态时
注意：每一会计期间的利息资本化金额，不应当超过当期相关借款实际发生的利息金额		

2. 借款利息资本化金额的确定

（1）为购建或生产符合资本化条件的资产而借入专门借款的：

专门借款利息资本化金额=专门借款当期实际发生的利息费用−将尚未动用的借款资金存入银行取得的利息收入或进行暂时性投资取得的投资收益

（2）为购建或生产符合资本化条件的资产而占用一般借款的：

一般借款利息资本化金额=累计资产支出超过专门借款部分的资产支出加权平均数×所占用一般借款的资本化率

计算一般借款利息的资本化金额，看起来有点复杂，但其基本思想就是计算出占用了一般借款多少金额，然后计算这部分被占用的一般借款的利息金额，从而进行资本化处理。

由于在资本化期间内，如一年内，资产购建或生产所占用的一般借款金额会发生增减变动，它不是一个一直不变的金额，同时也会涉及占用不同利率的一般借款，所以这时候就需要借助数学来处理数据，采用加权平均的方法，计算所占用的一般借款的加权平均数和一般借款加权平均利率。

根据教材例10-10的资料，可编制表10-4来计算分析一般借款利息资本化金额。

表10-4 一般借款利息资本化金额计算分析

计算项目	2×21年1月1日	2×21年7月1日	2×21年10月1日
资产支出	3 000万元	6 000万元	2 000万元
累计资产支出	3 000万元	9 000万元	11 000万元
专门借款	4 000万元（8%）	4 000万元（8%） 4 000万元（10%）	4 000万元（8%） 4 000万元（10%）
超过专门借款的累计资产支出	0	1 000万元	3 000（1 000+2 000）万元
权数（持续时间）	6/12	3/12	3/12
超出的累计资产支出的加权平均数	1 000×3/12+3 000×3/12=1 000（万元） 或者：1 000×6/12+2 000×3/12=1 000（万元）		
一般借款加权平均利率	[（4 000×6%+20 000×8%）/（4 000+20 000）]×100%≈7.67%		
一般借款利息资本化金额	1 000×7.67%=76.7（万元）		

3. 借款折溢价摊销额或辅助费用资本化金额的确定

在资本化期间内，其资本化金额是根据实际利率法所计算的金融负债折溢价和交易费用对每期利息费用的调整额，因此这部分资本化金额实际上在计算借款利息资本化金额时就一并确定了，其实已经包含在每期可以资本化的借款利息费用中了。

基于重要性的判断，借款实际利率与合同利率差异较小的，也可以采用合同利率计算确定每期利息费用，这样辅助费用可以简化进行费用化处理。

4. 外币专门借款汇兑差额资本化金额的确定

在资本化期间内，外币专门借款本金及利息的汇兑差额，应当予以资本化，计入符合资本化条件的资产的成本；除外币专门借款之外的其他外币借款本金及利息所产生的汇兑差额应当作为财务费用，计入当期损益。

三、本章涉及的主要会计科目（表10-5）

表10-5 本章涉及的主要会计科目

科目性质	总分类科目	明细分类科目	备注
负债类	长期借款	本金	
		利息调整	
	应付债券	面值	
		利息调整	
		应计利息	
	应付利息		
	长期应付款		
	未确认融资费用		备抵账户
	预计负债		
所有者权益类	其他权益工具	可转换公司债券	
	资本公积	股本溢价	

第二节 练习题

一、单项选择题

1. 以摊余成本计量的金融负债不包括（　　）。
   A. 长期借款 B. 应付债券
   C. 交易性金融负债 D. 长期应付款

2. 就发行债券的企业而言，所获债券溢价收入实质是（　　）。
   A. 为以后少付利息而付出的代价 B. 为以后多付利息而得到的补偿
   C. 本期利息收入 D. 以后期间的利息收入

3. 某公司于2022年1月1日发行3年期、面值为7 500万元的债券，票面年利率为6%。该公司按7 916万元的价格溢价出售此项债券，实际利率为4%，每年计息一次并按实际利率法进行摊销。该公司在 2023 年 12 月 31 日应确认的利息费用为（　　）万元。

 A. 321.97   B. 311.31   C. 133.36   D. 234

4. 甲公司 2023 年 1 月 1 日按面值发行 3 年期可转换公司债券，每年 1 月 1 日付息、到期一次还本，面值总额为 10 000 万元，票面年利率为 4%，实际利率为 6%。债券包含的负债成分的公允价值为 9 465.4 万元。甲公司按实际利率法确认利息费用。甲公司发行此项债券时应确认的"其他权益工具"的金额为（　　）万元。

 A. 0   B. 534.6   C. 267.3   D. 9 800

5. 根据企业会计准则的规定，下列关于或有事项的表述，正确的是（　　）。

 A. 或有负债与或有事项相联系，有或有事项就有或有负债

 B. 对于或有事项，既要确认或有负债，也要确认或有资产

 C. 由担保引起的或有事项随着被担保人债务的全部清偿而消失

 D. 只有对本单位产生不利影响的事项，才能作为或有事项

6. 企业因对外担保事项可能产生的负债，在担保涉及诉讼的情况下，下列说法正确的是（　　）。

 A. 因为法院尚未判决，企业没有必要确认为预计负债

 B. 虽然法院尚未判决，但企业估计败诉的可能性为 50%，则应确认相应的预计负债

 C. 虽然法院尚未判决，但企业估计败诉的可能性大于胜诉的可能性，且损失金额能够合理估计，则应确认相应的预计负债

 D. 虽然企业一审已被判决败诉，但正在上诉，不应确认为预计负债

7. 下列各项，不属于借款费用的是（　　）。

 A. 外币借款发生的汇兑损失   B. 借款过程中发生的佣金

 C. 发行公司债券发生的折价   D. 发行公司债券溢价的摊销

8. 借款费用准则中的专门借款是指（　　）。

 A. 为购建或生产符合资本化条件的资产而专门借入的款项

 B. 发行债券收款

 C. 长期借款

 D. 技术改造借款

9. 下列关于停止资本化时点的表述，错误的是（　　）。

 A. 如果所购建资产需要试运行，则在试运行结果表明资产能够正常运转时，认为资产已经达到预定可使用状态，借款费用应当停止资本化

 B. 所购建资产各部分分别完工，但每一部分都必须等到整体完工后才可使用，只要该部分完工，借款费用就应当停止资本化

 C. 继续发生在所购建资产上的支出金额很少或几乎不再发生

 D. 所购建资产与设计要求基本相符，即使有个别与设计要求不相符，也不会影响其正常使用

10. 下列借款费用，在符合资本化条件确定资本化金额时，应当考虑资产支出的是（　　）。

　　A. 专门借款的借款利息　　　　　　　　B. 专门借款的辅助费用

　　C. 外币专门借款的汇兑差额　　　　　　D. 一般借款的借款利息

11. 2023年7月1日，甲公司为了扩大生产从银行取得3年期、到期一次还本付息、合同利率为5%（不计复利）的长期借款，本金为1 000万元，合同利率等于实际利率。2023年12月31日，该长期借款的账面余额为（　　）万元。

　　A. 1 025　　　　B. 1 050　　　　C. 1 000　　　　D. 975

12. 2023年1月1日，甲公司以2 100万元的价格发行期限为5年、分期付息、到期还本、不可提前赎回的债券，发行费用为13.46万元，实际收到发行所得2 086.54万元。该债券的面值为2 000万元，票面年利率为6%，实际年利率为5%，每年利息在次年1月1日支付。假定不考虑其他因素，2023年1月1日，该应付债券的初始入账金额为（　　）万元。

　　A. 2 000　　　　B. 2 100　　　　C. 2 113.46　　　　D. 2 086.54

13. 甲公司于2022年1月1日发行5年期、一次还本、分期付息的债券，每年12月31日支付利息。该债券的票面年利率为5%，面值总额为300 000万元，发行价格总额为313 497万元。扣除发行费用150万元后，甲公司实际收到款项313 347万元，该债券的实际年利率为4%。2023年12月31日，该应付债券的摊余成本为（　　）万元。

　　A. 308 008.2　　　　B. 308 026.2　　　　C. 308 316.12　　　　D. 310 880.88

14. 甲公司于2023年1月1日按面值发行分期付息、到期还本的公司债券500万张，另支付发行手续费40万元。该债券每张面值为100元，期限为5年，票面年利率为5%。甲公司将该债券作为以摊余成本计量的金融负债。下列会计处理，正确的是（　　）。

　　A. 应付债券的初始确认金额为49 960万元

　　B. 发行公司债券时支付的手续费直接计入财务费用

　　C. 2023年应确认的利息费用为2 500万元

　　D. 发行时该应付债券按面值总额计量

15. 2023年8月1日，甲公司因产品质量不合格被乙公司起诉。至2023年12月31日，该起诉讼尚未判决，甲公司估计很可能承担违约赔偿责任，需要赔偿200万元的可能性为70%，需要赔偿100万元的可能性为30%。甲公司基本确定能够从直接责任人处追回50万元。2023年12月31日，甲公司对该起诉讼应确认的预计负债为（　　）万元。

　　A. 120　　　　B. 150　　　　C. 170　　　　D. 200

16. 2022年3月1日，甲公司从银行取得3年期专门借款用于厂房建造，3月10日支付第一笔工程款，并开始动工兴建厂房。2023年6月30日，厂房达到预定可使用状态并投入使用，7月31日验收合格，8月5日办理竣工决算，8月31日完成资产移交手续。甲公司该项专门借款利息费用的资本化期间为（　　）。

　　A. 2022年3月1日至2023年6月30日

B. 2022年3月10日至2023年6月30日

C. 2022年3月1日至2023年8月31日

D. 2022年3月10日至2023年8月5日

17. 下列关于长期借款利息的说法，正确的是（　　）。

A. 资产达到预定可使用状态后发生的长期借款利息支出，计入长期借款

B. 如果长期借款用于购建固定资产等符合资本化条件的资产，在资产达到预定可使用状态前所发生的利息支出应当资本化

C. 属于生产经营期间不符合资本化条件的长期借款利息，计入管理费用

D. 属于筹建期间不符合资本化条件的长期借款利息，计入财务费用

二、多项选择题

1. 下列关于企业发行一般公司债券的会计处理，正确的有（　　）。

A. 无论是按面值发行，还是溢价发行或折价发行，均应按债券面值记入"应付债券——面值"明细科目

B. 实际收到的款项与面值的差额，应记入"应付债券——利息调整"明细科目

C. 对于利息调整，企业应在债券存续期间内选用实际利率法或直线法进行摊销

D. 资产负债表日，企业应按应付债券的面值和实际利率计算确定当期的债券利息费用

2. 下列事项，属于或有事项的有（　　）。

A. 售后商品担保　　　　　　　　B. 对其他单位的债务担保

C. 未决仲裁　　　　　　　　　　D. 可能发生的汇率变动

3. 对于与或有事项相关的义务要确认为一项负债，应同时满足的条件有（　　）。

A. 该项义务为企业承担的现时义务

B. 该项义务为企业承担的潜在义务

C. 该项义务的履行很可能导致经济利益流出企业

D. 该项义务的金额能够可靠地计量

4. 下列情况，不能表明"为使资产达到预定可使用或可销售状态所必要的购建或生产活动已经开始"的有（　　）。

A. 厂房的实体建造活动已经开始

B. 购入工程物资

C. 为建造写字楼购入建筑用地，但尚未开工

D. 建造生产线的主体设备安装完毕

5. 下列资产，符合资本化条件的有（　　）。

A. 需要经过相当长时间的购建才能达到预定可使用状态的固定资产

B. 需要经过相当长时间的购建才能达到预定可使用状态的投资性房地产

C. 需要经过相当长时间的生产活动才能达到预定可销售状态的存货

D. 需要经过半年的购建才能达到预定可销售状态的投资性房地产

6. 下列关于或有事项的会计处理的表述，不正确的有（　　）。

A. 现时义务导致的预计负债，在资产负债表中无须复核

B. 潜在义务导致的或有负债，不能在资产负债表中列为负债
C. 现时义务导致的预计负债，不能在资产负债表中列为负债
D. 或有事项形成的或有资产，应在资产负债表中列为资产

7. 光明公司分别为甲公司、乙公司、丙公司和丁公司提供银行借款担保。下列情况，光明公司不应确认预计负债的有（　　）。
A. 甲公司运营良好，光明公司极小可能承担连带还款责任
B. 乙公司发生暂时性财务困难，光明公司可能承担连带还款责任
C. 丙公司发生财务困难，光明公司很可能承担连带还款责任
D. 丁公司发生严重财务困难，光明公司基本确定承担还款责任

8. 预计负债应当按照履行相关现时义务所需支出的最佳估计数进行初始计量，其正确的处理方法有（　　）。
A. 或有事项涉及单个项目的，按照最可能发生金额确定
B. 如果存在一个金额范围，最佳估计数是该范围的上限
C. 所需支出存在一个连续范围，且该范围内各种结果发生的可能性相同的，最佳估计数应当按照该范围内的中间值确定
D. 或有事项涉及多个项目的，按照各种可能结果及相关概率加权计算确定

9. 下列关于预计负债确认和计量的表述，正确的有（　　）。
A. 预计负债应当按照履行相关现时义务所需支出的最佳估计数进行初始计量
B. 企业应当在资产负债表日对预计负债的账面价值进行复核
C. 企业清偿预计负债所需支出全部或部分预期由第三方补偿的，补偿金额只有在基本确定能够收到时才能作为资产单独确认，确认的补偿金额不应当超过预计负债的账面价值
D. 待执行合同变成亏损合同的，该亏损合同产生的义务不应确认为预计负债

10. 在确定借款费用暂停资本化的期间时，应当区别正常中断和非正常中断，下列各项，属于非正常中断的有（　　）。
A. 质量纠纷导致的中断　　　　　B. 安全事故导致的中断
C. 劳动纠纷导致的中断　　　　　D. 雨季天气导致的中断

三、判断题

1. 企业发行可转换公司债券时发生的交易费用应当全部计入所有者权益。（　　）
2. 资产负债表日，企业应按长期借款的摊余成本和实际利率计算确定利息费用。
（　　）
3. 对于溢价发行的分期付息债券，在采用实际利率法进行摊销时，各期确认的实际利息费用会逐期减少。（　　）
4. 对于企业借入的分期付息、到期还本的长期借款，在核算应付利息时，应增加长期借款的账面价值。（　　）
5. 企业的或有负债和或有资产在满足一定条件时可以转化为负债或资产。（　　）
6. 企业在一定条件下是可以确认或有资产的。（　　）
7. 企业在确认预计负债时，不应考虑货币时间价值的影响。（　　）

8. 符合资本化条件的资产在购建或生产过程中发生非正常中断，且中断时间非连续超过 3 个月的，应当暂停借款费用的资本化。（   ）

9. 企业为生产产品而借入的银行借款所产生的利息，不能够进行资本化。（   ）

四、计算分录题

1.【长期借款】甲公司为建造一幢仓库于 2022 年 1 月 1 日借入期限为 2 年的长期借款 500 万元，款项已存入银行。借款利率为 10%，每年年末付息一次，期满后一次还清本金。

2022 年年初，承包商开始动工进行工程建设，甲公司以银行存款支付工程款共计 300 万元。2023 年年初，甲公司又以银行存款支付工程款 200 万元。

该仓库于 2023 年 7 月底完工，达到预定可使用状态。假定不考虑闲置专门借款资金存款的利息收入或投资收益。2023 年 12 月 31 日，该长期借款到期，甲公司按时偿还本金。

要求：编制甲公司该长期借款借入、计息及付息、到期偿还本金的会计分录。（不考虑在建工程的处理）

2.【应付债券】甲公司于 2022 年 1 月 1 日发行 5 年期、一次还本、分期付息的债券，每年 12 月 31 日支付利息。该债券的票面年利率为 5%，面值总额为 300 000 万元，发行价格总额为 313 497 万元。扣除发行费用 150 万元后，甲公司实际收到款项 313 347 万元，该债券的实际年利率为 4%。假定与资本化无关。

要求：编制甲公司该债券发行、计息及付息、到期还本的会计分录。

3.【应付债券】甲上市公司发行债券为建造专用生产线筹集资金，有关资料如下：

（1）2019 年 12 月 31 日，委托证券公司以 7 755 万元的价格发行 3 年期、分期付息的债券，该债券的面值为 8 000 万元，票面年利率为 4.5%，实际年利率为 5.64%，每年付息一次,到期后按面值偿还,支付的发行费用与发行期间冻结资金产生的利息收入相等。

(2) 生产线建造工程采用出包方式,于2020年1月1日开始动工,发行债券所得款项当日全部支付给建造承包商。2021年12月31日,所建造生产线达到预定可使用状态。

(3) 假定各年度利息的实际支付日期均为下年度的1月1日。

要求:编制甲上市公司该债券发行、计息及付息、到期还本的会计分录。

4.【可转换公司债券】甲公司为上市公司,发生的相关交易或事项如下:

(1) 经相关部门批准,甲公司于2022年1月1日按面值发行分期付息、到期一次还本的可转换公司债券200 000万元,每份债券面值100元,实际募集资金已存入银行专户。根据可转换公司债券募集说明书的约定,可转换公司债券的期限为3年,票面年利率为2%。

可转换公司债券的利息自发行之日起每年支付一次,起息日为可转换公司债券发行之日,即2022年1月1日,付息日为可转换公司债券发行之日起每满1年的当日,即每年的1月1日;可转换公司债券在发行1年后可转换为甲公司普通股,初始转股价格为每股10元,每份债券可转换为10股普通股(每股面值1元);发行可转换公司债券募集的资金专门用于生产用厂房的建设。发行时,二级市场上与之类似的没有附带转换权的债券市场利率为6%。

(2) 甲公司将募集资金陆续投入生产用厂房的建设,截至2022年12月31日,全部募集资金已使用完毕。生产用厂房于2022年4月1日满足开始资本化的条件,闲置资金(不含权益成分对应的资金)存入银行的存款利息收入为1 600万元(其中2022年前3个月为1 500万元)。

(3) 2023年1月1日,甲公司支付2022年度可转换公司债券利息。

(4) 2023年7月1日,由于甲公司股票价格涨幅较大,全体债券持有人将其持有的可转换公司债券全部转换为甲公司普通股。

(5) 2023年7月1日,生产用厂房达到预定可使用状态。

(6) 其他资料如下:①甲公司将发行的可转换公司债券的负债成分划分为以摊余成本计量的金融负债;②甲公司发行可转换公司债券时无债券发行人赎回和债券持有人回售及变更初始转股价格的条款;③在当期付息前转股的,计算转股数时不考虑利息的影响,利息仍然可以支付,按债券面值及初始转股价格计算转股数量;④不考虑

所得税影响。[$(P/F, 6\%, 3) = 0.8396$；$(P/A, 6\%, 3) = 2.6730$]

要求：编制甲公司该可转换公司债券发行、计息及付息、转换为普通股的会计分录。

5. 【或有事项】甲公司某年发生相关事项如下：

(1) 甲公司将应收款项以不附追索权方式出售给银行。

(2) 甲公司与某企业发生经济纠纷，调解无效，该企业遂于当年10月18日向人民法院提起诉讼。至当年年末，人民法院尚未判决，但法庭调查表明，甲公司的行为违反了国家的有关经济法规。甲公司的律师认为败诉的可能性为60%，且可以合理估计如果败诉将发生10万元的赔偿金。

(3) 甲公司因与乙公司签订了互相担保协议而成为相关诉讼的第二被告，诉讼尚未判决。由于乙公司经营困难，甲公司很可能需要承担连带还款责任。根据公司法律顾问的职业判断，甲公司很可能需要承担100万元的连带还款责任。

(4) 甲公司在生产中由于没有注意污染整治，对周围村镇居民身体健康和生产生活造成严重损害，为此，周围村镇集体向人民法院提起诉讼，要求甲公司赔偿损失500万元，该诉讼案尚未判决。根据公司法律顾问的职业判断，由于此案涉及的情况比较复杂，还不能可靠地估计赔偿损失金额。

(5) 丁公司由于未履行经济合同，给甲公司造成损失，甲公司要求丁公司赔偿损失60万元，但丁公司未同意。甲公司遂于当年12月10日向人民法院提起诉讼，至12月31日，人民法院尚未做出判决。甲公司预计胜诉的可能性为95%，获得60万元赔偿金的可能性为60%，获得40万元赔偿金的可能性为40%。

要求：请分析以上或有事项，说明甲公司应该如何处理。

6.【或有事项】甲公司于2022年11月收到人民法院的通知,得知乙公司状告甲公司侵犯其专利权,要求甲公司赔偿100万元。甲公司经过反复测试认为,其核心技术是委托丙公司研究开发的,丙公司应承担连带责任,对甲公司进行赔偿。甲公司在年末编制会计报表时,根据法律诉讼的进展情况及专业人士的意见,认为对原告进行赔偿的可能性在80%以上,最有可能发生的赔偿金额为60万~80万元,且在此区间每个金额发生的可能性大致相同,并将承担诉讼费用2万元。假定甲公司基本确定能够从第三方丙公司得到补偿,最有可能获得的补偿金额为40万元。

要求:编制甲公司以上相关业务的会计分录,说明该或有事项对甲公司资产、负债等有哪些影响。

7.【预计负债】A公司系平板电视机生产和销售企业,2022年销售平板电视机5 000台,每台售价(不含增值税)为0.4万元。对于购买其产品的消费者,A公司做出以下承诺:平板电视机售出后3年内如出现非意外事件造成的故障和质量问题,A公司免费负责保修(含零部件更换)。根据以往经验,发生的保修费一般为销售额的2%~3%。假定A公司2022年实际发生的保修费为20万元,2022年年初"预计负债——产品质量保证"账户的余额为100万元。

要求:编制A公司2022年实际发生保修和计提保修费的会计分录,并计算A公司2022年年末"预计负债——产品质量保证"账户的余额。

8.【预计负债】A公司为B产品计提产品质量保证费用,确认的预计负债在2022年年初的账面余额为12万元,B产品已于2021年停产并已全部售出,其质量保证期截止日期为2022年12月31日。A公司2022年实际支出B产品质量保证费用7.5万元。

要求:说明A公司2022年年末该如何处理这笔预计负债。

9.【亏损合同】甲公司 2022 年有关待执行合同的资料如下：2022 年 12 月，甲公司与乙公司签订一份产品销售合同，约定在 2023 年 2 月底以每件 0.3 万元的价格向乙公司销售 1 000 件 Y 产品，违约金为合同总价款的 20%。2022 年 12 月 31 日，甲公司已生产 Y 产品 1 000 件并验收入库，每件成本为 0.4 万元。假定甲公司销售 Y 产品不发生销售费用，Y 产品 2022 年年末每件市场销售价格为 0.5 万元。

要求：说明甲公司对该合同如何进行会计处理。

10.【专门借款利息资本化金额】甲公司为建造办公楼于 2022 年 12 月 1 日从银行借入 2 000 万元专门借款，借款期限为 2 年，年利率为 6%，按年支付利息。

2022 年 12 月 1 日，甲公司采用出包方式委托 B 公司为其建造办公楼，并于当日预付 1 000 万元工程款，办公楼实体建造工作也于当日开始。至当年年末，该建造工程尚未完工，预计工期为 2 年。2022 年，将未动用借款资金进行暂时性投资，获得投资收益 8 万元。

要求：计算甲公司该建造工程 2022 年专门借款利息应予以资本化的金额，并编制相应的会计分录。

11.【专门借款利息资本化金额】甲公司为建造厂房于 2022 年 4 月 1 日从银行借入 2 000 万元专门借款，借款期限为 2 年，年利率为 6%。

2022 年 7 月 1 日，甲公司采用出包方式委托 B 公司为其建造厂房，并于当日预付 1 000 万元工程款，厂房实体建造工作也于当日开始。该建造工程因发生施工安全事故在 2022 年 8 月 1 日至 11 月 30 日中断施工，12 月 1 日恢复正常施工。至当年年末，该建造工程尚未完工，预计工期为 2 年。2022 年，将未动用借款资金进行暂时性投资，获得投资收益 9 万元（其中下半年获得收益 6 万元，假定每月实现的收益是均衡的）。

要求：计算甲公司该建造工程 2022 年专门借款利息应予以资本化的金额。

12. 【一般借款利息资本化金额】甲公司为建造固定资产于 2022 年 1 月 1 日借入 3 年期、年利率为 7% 的专门借款 5 400 万元。此外，甲公司在建造固定资产的过程中，于 2022 年 11 月 1 日借入一般借款 2 700 万元，期限为 2 年，年利率为 6%，年利息在隔年的 10 月 31 日支付。甲公司无其他借款。

该建造工程于 2022 年 1 月 1 日开始动工，当日发生工程支出 4 800 万元；11 月 1 日，发生工程支出 2 400 万元；12 月 1 日，发生工程支出 2 000 万元；年末工程尚未完工。假定工程支出超过专门借款时占用一般借款，仍不足的，占用自有资金。

要求：计算甲公司 2022 年占用一般借款的累计资产支出加权平均数和一般借款利息资本化金额，并编制相应的会计分录。

13. 【借款利息综合题】甲公司建造一条生产线，预计工期为 2 年，从 2022 年 7 月 1 日开始动工，当日预付承包商建设工程款 3 000 万元。11 月 30 日，追加支付工程进度款 2 000 万元。当年年末，工程未完工，结算本年度已完成工程款 3 800 万元。2023 年 7 月 1 日，工程完工达到预定可使用状态，结算剩余工程款 1 200 万元。

甲公司生产线建造工程占用借款包括：2022 年 7 月 1 日借入的 2 年期专门借款 4 000 万元，年利率为 6%；2022 年 1 月 1 日借入的 2 年期一般借款 3 000 万元，年利率为 7%。以上借款均按年计息，每年年末支付利息，到期偿还本金。

甲公司将部分闲置专门借款投资于货币市场的基金，月收益率为 0.6%。

要求：假定不考虑其他因素，编制甲公司借款取得、计息及付息、到期偿还的会计分录。

本章练习题参考答案

第十一章 所有者权益

第一节 知识概要

一、本章知识思维导图（图 11-1）

所有者权益反映的是企业资产扣除负债后由所有者享有的剩余权益，包括所有者投入的资本、直接计入所有者权益的利得和损失及留存收益等。企业涉及所有者权益的交易或事项发生的频率相对不高，其确认和计量也取决于资产和负债的确认和计量，在前

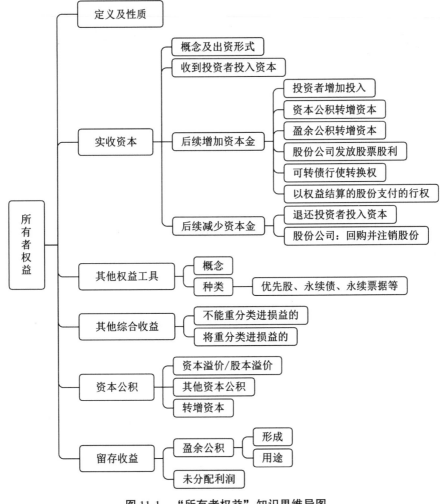

图 11-1 "所有者权益"知识思维导图

面资产和负债各章的讲解中都有涉及所有者权益的内容,如投资者投入的资产、其他债权投资、其他权益工具投资、采用权益法核算的长期股权投资、企业发行的可转换债券等。本章在此基础上,对公司制企业的所有者权益进行了系统的讲解。

二、本章重难点分析

本章重难点包括公司注册资本增减变动的会计处理、其他权益工具的会计处理、留存收益的性质与盈余公积的会计处理及未分配利润的会计处理。

(一) 公司注册资本增减变动的会计处理

1. 注册资本增加（表 11-1）

表 11-1　公司注册资本增加的会计处理

注册资本增加的业务	有限责任公司	股份有限公司
投资者投入资本	借:银行存款等科目 　贷:实收资本 　　资本公积——资本溢价	借:银行存款等科目 　贷:股本 　　资本公积——股本溢价
接受投资者增加投入资本	同上	同上
将资本公积转为注册资本	借:资本公积——资本溢价 　贷:实收资本	借:资本公积——股本溢价 　贷:股本
将盈余公积转为注册资本	借:盈余公积 　贷:实收资本	借:盈余公积 　贷:股本
股份有限公司发放股票股利 （在办理增资手续后）	—	借:利润分配——转作股本的股利 　贷:股本

需要注意的是,法定公积金转增注册资本的,留存的该项公积金不应少于转增前公司注册资本的25%。

此外,要注意以上使得注册资本增加的交易或事项,很明显,只有投资者实际投入资金到企业,才能既使企业注册资本增加,又使企业可以使用的资金增加,而其他的事项都只是所有者权益内部结构的改变,并不能增加企业可利用的资源。

2. 注册资本减少（表 11-2）

表 11-2　公司注册资本减少的会计处理

注册资本减少的业务	有限责任公司	股份有限公司
按法定程序报经批准减少注册资本 （股份有限公司应回购股份并注销）	借:实收资本 　贷:银行存款等科目	借:库存股 　贷:银行存款等科目 借:股本 　资本公积——股本溢价 　贷:库存股

这里需要特别注意的是,股份有限公司注销的库存股的账面余额与所冲减股本之间的差额不计入当期损益,这实际是所有者以其所有者身份与公司发生的交易,就如同所有者增加投入资本一样,虽然导致所有者权益发生增减变动,但不应确认为损益计入当

期利润,所以注销的库存股的账面余额与所冲减的股本之间的差额只能在资本公积、盈余公积和未分配利润中依次反映。

如果库存股没有注销,则库存股账户期末余额在借方,表示公司持有的尚未转让或注销的本公司股份金额,期末在资产负债表中列报时作为所有者权益的减项处理。

(二)其他权益工具的会计处理

企业发行的除普通股以外的归类为权益工具的各种金融工具,确认为其他权益工具:

(1)企业发行的该金融工具应当按照金融工具准则进行初始确认和计量。

(2)对于归类为权益工具的金融工具,无论其名称中是否包含"债",其利息支出或股利分配都作为发行企业的利润分配,其回购、注销等作为权益的变动处理。

因此,其他权益工具的会计处理与普通股类似。

(1)发行方发行的金融工具归类为权益工具的,应按实际收到的金额:

借:银行存款等科目
　　贷:其他权益工具——优先股
　　　　　　　　——永续债等

(2)分类为权益工具的金融工具,在存续期间分派股利的(含分类为权益工具的金融工具所产生的利息),作为利润分配处理。

借:利润分配——应付优先股股利/应付永续债利息等
　　贷:应付股利——优先股股利/永续债利息等

(三)留存收益的性质与盈余公积的会计处理

留存收益是企业从历年实现的利润中提取或形成的留存于企业的内部积累,来源于企业在生产经营活动中所实现的净利润,它与向投资者分配的利润形成了一个跷跷板,向投资者分配的利润多,则留存于企业的资金就少,反之亦然。

所以,当有利润可供分配时,企业就要权衡自身发展壮大对资金的需求与对股东的短期回报的需要,从而制订合理的利润分配方案。

公司制企业按照税后利润的 10% 提取法定公积金,计提法定盈余公积的基数不应包括企业年初未分配利润。公司的法定公积金不足以弥补以前年度亏损的,在提取法定公积金之前,应当先用当年利润弥补亏损。公司法定公积金累计额为公司注册资本的 50% 以上的,可以不再提取法定公积金。任意盈余公积的计提由企业根据自身情况确定。

(四)未分配利润的会计处理

企业实现的净利润经过弥补亏损、提取法定盈余公积、提取任意盈余公积和向投资者分配利润后剩余的利润,是企业留待以后年度进行分配的历年结存利润。相对于盈余公积而言,未分配利润属于未确定用途的留存收益,所以企业在使用未分配利润上有较大的自主权,受国家法律法规的限制比较少。

企业某年发生的亏损可以用以后年度实现的税前利润弥补,超过税法规定年限后则要用以后年度的税后利润弥补,由于结转的利润和亏损均在"利润分配——未分配利润"账户反映,只是借贷方向不同而已,因此通过该账户借贷方相抵的作用,就对亏损进行了弥补。所以说,用利润弥补亏损,不需要进行额外的会计处理。

此外,根据《中华人民共和国公司法》的规定,公积金弥补公司亏损,应当先使用任意公积金和法定公积金;仍不能弥补的,可以按照规定使用资本公积金。

留存收益的相关会计处理如表11-3所示。

表11-3 留存收益的相关会计处理

业务	会计分录
结转本年净利润时	借:本年利润 　　贷:利润分配——未分配利润
结转本年净亏损时	借:利润分配——未分配利润 　　贷:本年利润
计提盈余公积时	借:利润分配——提取法定盈余公积 　　　　　　　　——提取任意盈余公积 　　贷:盈余公积——法定盈余公积 　　　　　　　　——任意盈余公积
分配现金股利时	借:利润分配——应付现金股利 　　贷:应付股利
分配股票股利,在办理好程序时	借:利润分配——转作股本的股利 　　贷:股本
用盈余公积或资本公积补亏时	借:盈余公积 　　贷:利润分配——盈余公积补亏 或:借:资本公积 　　贷:利润分配——资本公积补亏
各利润分配明细账户结转时	借:利润分配——未分配利润 　　贷:利润分配——提取法定盈余公积 　　　　　　　　——提取任意盈余公积 　　　　　　　　——应付现金股利 　　　　　　　　——转作股本的股利 借:利润分配——盈余公积补亏 　　　　　　——资本公积补亏 　　贷:利润分配——未分配利润
将盈余公积转为资本时	借:盈余公积 　　贷:实收资本/股本

三、本章涉及的主要会计科目(表11-4)

表11-4 本章涉及的主要会计科目

科目性质	总分类科目	明细分类科目	备注
所有者权益类	实收资本/股本		
	其他权益工具		
	资本公积	资本溢价/股本溢价	
		其他资本公积	
	库存股		期末余额在借方
	其他综合收益	按种类设置明细科目	期末余额在借方或贷方

续表

科目性质	总分类科目	明细分类科目	备注
所有者权益类	盈余公积	法定盈余公积	
		任意盈余公积	
	利润分配	盈余公积补亏	结转后无余额
		提取法定盈余公积	结转后无余额
		提取任意盈余公积	结转后无余额
		应付现金股利或利润	结转后无余额
		转作股本的股利	结转后无余额
		未分配利润	期末余额在借方或贷方
	本年利润		当年净利润或净亏损，结转后无余额

第二节　练习题

一、单项选择题

1. 下列各项，不属于所有者权益的是（　　）。
   A. 资本溢价　　　　　　　　　　B. 计提的盈余公积
   C. 投资者投入的资本　　　　　　D. 其他权益工具投资

2. 甲公司委托乙证券公司代理发行普通股 2 000 万股，每股面值 1 元，每股发行价 4 元。按协议约定，乙证券公司从发行收入总额中提取 2% 的手续费。甲公司发行普通股应计入资本公积的金额为（　　）万元。
   A. 6 000　　　B. 5 840　　　C. 5 880　　　D. 6 160

3. 甲、乙公司均为增值税一般纳税人，适用的增值税税率为 13%。甲公司接受乙公司投资转入一批原材料，账面价值为 100 000 元，投资协议约定的价值为 120 000 元，假定投资协议约定的价值与公允价值相符，该项投资没有产生资本溢价。甲公司实收资本应增加（　　）元。
   A. 100 000　　　B. 116 000　　　C. 120 000　　　D. 135 600

4. 上市公司以回购本公司股票方式减资，其支付的价款低于股票面值总额的差额应计入（　　）。
   A. 利润分配——未分配利润　　　　B. 盈余公积
   C. 资本公积——股本溢价　　　　　D. 其他综合收益

5. 下列项目，不属于其他综合收益的是（　　）。
   A. 交易性金融资产公允价值变动　　B. 其他债权投资公允价值变动
   C. 其他权益工具投资公允价值变动　D. 外币财务报表折算差额

6. 某年年初，某公司"盈余公积"科目余额为 120 万元，当年实现利润总额 900 万元，所得税费用为 300 万元，按净利润的 10% 提取法定盈余公积，经股东大会批准，将盈余公积50万元转增资本。该年12月31日，该公司资产负债表中"盈余公积"项目的年末余额为（　　）万元。

　　A. 180　　　　　　B. 120　　　　　　C. 70　　　　　　D. 130

7. 下列各项，不属于留存收益的是（　　）。

　　A. 资本溢价　　　　　　　　　　B. 任意盈余公积
　　C. 未分配利润　　　　　　　　　D. 法定盈余公积

8. 某年年初，某企业"利润分配——未分配利润"科目借方余额为20万元，当年实现净利润160万元，按净利润的10%提取盈余公积。该企业该年年末可供分配利润的金额为（　　）万元。

　　A. 140　　　　　　B. 124　　　　　　C. 126　　　　　　D. 160

9. 某企业年初未分配利润为100万元，本年净利润为1 000万元，按净利润的10%计提法定盈余公积，按净利润的5%计提任意盈余公积，宣告发放现金股利80万元。该企业年末未分配利润为（　　）万元。

　　A. 855　　　　　　B. 867　　　　　　C. 870　　　　　　D. 874

10. 下列事项，会导致企业所有者权益总额增加的是（　　）。

　　A. 发放股票股利　　　　　　　　B. 以盈余公积弥补以前年度亏损
　　C. 资本公积转增资本　　　　　　D. 当年实现净利润

11. 股份有限公司采用溢价发行方式筹集资本，其"股本"账户所登记的金额是（　　）。

　　A. 实际收到的款项
　　B. 实际收到的款项减去应付证券商的费用
　　C. 实际收到的款项加上应付证券商的费用
　　D. 股票面值与股份总数的乘积

12. 下列关于计提法定盈余公积的说法，不正确的是（　　）。

　　A. 公司制企业应该按照净利润（减弥补以前年度亏损）的10%提取法定盈余公积
　　B. 非公司制企业法定盈余公积的提取比例可超过净利润的10%
　　C. 在计算本年提取法定盈余公积的基数时，应该包括企业年初未分配利润
　　D. 公司制企业法定盈余公积累计额达到注册资本的50%的，可以不再提取

13. 某公司年初未弥补亏损为200万元，当年实现净利润900万元，按净利润的10%提取法定盈余公积，按净利润的5%提取任意盈余公积，宣告发放现金股利100万元。假定不考虑其他因素，该公司年末未分配利润为（　　）万元。

　　A. 600　　　　　　B. 835　　　　　　C. 495　　　　　　D. 595

14. 企业用当年实现的利润弥补亏损时，应做的会计处理是（　　）。

　　A. 借记"本年利润"科目，贷记"利润分配——未分配利润"科目
　　B. 借记"利润分配——未分配利润"科目，贷记"本年利润"科目
　　C. 借记"利润分配——未分配利润"科目，贷记"利润分配——未分配利润"科目
　　D. 无须专门做会计处理

15. 回购本公司股票，借方应记入（　　）科目。
   A. 盈余公积　　　　B. 营业外收入　　　C. 资本公积　　　D. 库存股

16. 乙公司 2023 年年初所有者权益总额为 526 万元，当年实现净利润 2 100 万元，提取盈余公积 315 万元，以实现的净利润向投资者分配现金股利 300 万元。本年内以资本公积转增资本 150 万元，以盈余公积分配现金股利 50 万元，投资者追加现金投资 450 万元，回购本公司股票的成本为 200 万元（暂时不做注销及其他处理）。乙公司 2023 年年末所有者权益总额为（　　）万元。
   A. 2 626　　　　B. 2 526　　　　C. 2 276　　　　D. 3 076

17. 甲公司回购股票 100 万股，每股面值 1 元，共支付回购款 300 万元。回购前，甲公司的股本为 1 000 万元，资本公积（股本溢价）为 150 万元（均为该股票产生），盈余公积为 100 万元，未分配利润为 550 万元。回购并注销股票后，甲公司所有者权益总额为（　　）万元。
   A. 1 800　　　　B. 1 700　　　　C. 1 600　　　　D. 1 500

二、多项选择题

1. 下列各项，应计入资本公积的有（　　）。
   A. 投资者投入的资本
   B. 投资者超额投入的资本
   C. 股票发行的溢价
   D. 权益法下长期股权投资因被投资方除净损益、其他综合收益和利润分配以外的所有者权益的其他变动而应调整的金额

2. 下列关于有限责任公司将盈余公积转增资本的变动情况的表述，正确的有（　　）。
   A. 留存收益减少　　　　　　　　B. 实收资本增加
   C. 所有者权益总额不变　　　　　D. 资本公积增加

3. 下列各项，会导致企业实收资本增加的有（　　）。
   A. 盈余公积转增资本　　　　　　B. 接受投资者追加投资
   C. 资本公积转增资本　　　　　　D. 接受非流动资产捐赠

4. 下列各项，属于所有者权益的特征的有（　　）。
   A. 所有者凭借所有者权益能够参与企业的利润分配
   B. 企业清算时，只有在清偿所有负债之后，所有者权益才会返还给所有者
   C. 企业除非发生减资、进行清算或分配现金股利，否则不需要偿还所有者权益
   D. 企业清算时，只有在清偿所有者权益之后，才能偿还负债

5. 下列各项，不会引起留存收益总额发生增减变动的有（　　）。
   A. 资本公积转增资本　　　　　　B. 盈余公积转增资本
   C. 盈余公积弥补亏损　　　　　　D. 税后利润弥补亏损

三、判断题

1. 企业接受投资者以非现金资产投资时，应按投资合同或协议约定的价值确认资产的价值和在注册资本中应享有的份额，并将其差额确认为资本公积，但投资合同或协议约定的价值不公允的除外。（　　）

2. 企业收到投资者超出其在企业注册资本中所占份额的投资，应直接计入当期损益。（　　）

3. 公司按面值发行股票时，发生的相关交易费用冲减资本公积，记入"资本公积——其他资本公积"科目的借方。（　　）

4. 如果企业以前年度未分配利润有盈余，在计算本年度提取法定盈余公积的基数时，应包括企业年初未分配利润。（　　）

5. 投资者向企业投入的资本，在持续经营期间内，不得以任何形式抽回。（　　）

6. "利润分配——未分配利润"科目的年末贷方余额，反映企业累积未弥补亏损的数额。（　　）

7. 企业宣告发放现金股利和股票股利时，应作为负债和利润分配处理。（　　）

8. 所有者权益是指企业资产扣除负债后由所有者享有的剩余权益，包括所有者投入的资本、直接计入所有者权益的利得和损失、留存收益等。（　　）

9. 其他权益工具是指企业发行的除普通股以外的归类为权益工具的各种金融工具，如企业发行的分类为权益工具的优先股等。（　　）

10. 其他综合收益是企业根据其他会计准则的规定未在当期损益中确认的各项利得和损失，在以后会计期间可以全部重分类进损益。（　　）

四、计算分录题

1. 【实收资本】甲、乙、丙共同投资设立A有限责任公司，注册资本为1 000万元，甲、乙、丙持股比例分别为60%、25%和15%。按照公司章程规定，甲、乙、丙投入资本分别为600万元、250万元和150万元。A有限责任公司已如期收到各投资者一次缴足的注册资本金。

要求：编制A有限责任公司如期收到各投资者一次缴足注册资本金的会计分录。

2. 【实收资本】甲有限责任公司于设立时收到乙公司作为资本投入的需要安装的生产线，合同约定该生产线的价值为500万元，增值税进项税额为65万元（由投资方提供或开具增值税专用发票）。合同约定的固定资产价值与其公允价值相符，不考虑其他因素。

要求：编制甲有限责任公司接受乙公司投资的会计分录。

3. 【股本】乙股份有限公司首次公开发行了普通股 5 000 万股，每股面值 1 元，每股发行价格 8 元。证券承销机构按发行收入的 3% 收取佣金（从发行收入中扣除）。假定收到的股款已存入银行。

要求：编制乙股份有限公司发行普通股、支付发行费用的会计分录。

4. 【注册资本增加】甲、乙、丙三人共同投资设立了 A 有限责任公司，原注册资本为 1 000 万元。为了扩大经营规模，经批准，A 有限责任公司注册资本增加到 1 500 万元，甲、乙、丙按照原出资比例分别追加投资 300 万元、125 万元和 75 万元。

要求：编制 A 有限责任公司收到甲、乙、丙追加的现金投资的会计分录。

5. 【注册资本增加】丙有限责任公司由两位投资者投资 200 万元设立，每人各出资 100 万元。一年后，为了扩大经营规模，经批准，丙有限责任公司注册资本增加到 300 万元，并吸引第三位投资者加入。按照投资协议，新投资者需要缴入现金 120 万元，同时享有公司 33.33% 的股份。丙有限责任公司已收到该现金投资。假定不考虑其他因素。

要求：编制丙有限责任公司收到新投资者现金投资的会计分录。

6. 【注册资本增加】某有限责任公司由甲、乙投资者分别出资 100 万元设立，为了扩大经营规模，该有限责任公司的注册资本由 200 万元增加到 250 万元，按原出资比例将资本公积 50 万元转增资本。

要求：编制该有限责任公司按原出资比例将资本公积转增资本的会计分录。

7.【注册资本减少】某有限责任公司由甲、乙投资者分别出资50%设立,后因发展受限,决定减资100万元。在履行完毕相关减资程序后,该有限责任公司按原出资比例转账退还甲和乙的投入资金。

要求:编制该有限责任公司按原出资比例进行减资的会计分录。

8.【回购注销】甲股份有限公司回购股票1 000万股,每股面值1元,共支付回购款4 050万元。回购后注销900万股,注销前,甲股份有限公司的股本为11 000万元,资本公积(股本溢价)为3 000万元(均为该股票产生),盈余公积为450万元,未分配利润为550万元。假定不考虑其他因素。

要求:
(1) 编制甲股份有限公司回购并注销股票的会计分录。
(2) 计算回购并注销股票后甲股份有限公司的所有者权益总额。

9.【盈余公积】2023年年初,某公司"盈余公积"科目余额为120万元,当年实现利润总额900万元,所得税费用为300万元,按净利润的10%提取盈余公积,经股东大会批准,将盈余公积50万元转增资本。假定不考虑其他因素。

要求:编制该公司计提盈余公积、盈余公积转增资本的会计分录,并计算2023年12月31日该公司资产负债表中"盈余公积"项目的年末余额。

10.【亏损弥补】经股东大会批准，丙股份有限公司用以前年度提取的盈余公积弥补当年亏损，当年弥补亏损的数额为60万元。假定不考虑其他因素。

要求：编制丙股份有限公司用以前年度提取的盈余公积弥补当年亏损的会计分录。

11.【综合题】甲公司2023年度所有者权益相关情况如下：2023年年初，未分配利润为600万元，资本公积为2 000万元，盈余公积为3 000万元。

（1）2月1日，为了扩大经营规模，发行股票500万股，每股面值1元，每股发行价格4元，按照发行收入的3%支付手续费和佣金。

（2）12月1日，经股东大会批准，以现金回购本公司股票600万股并注销，每股回购价格3元。

（3）2023年，共实现净利润1 000万元，按净利润的10%提取法定盈余公积，按净利润的5%提取任意盈余公积。

（4）2024年2月，宣告发放现金股利100万元。

要求：假定不考虑其他因素，根据上述资料，编制甲公司以上相关业务的会计分录。（分录金额以万元为单位）

12.【综合题】2023年1月1日，某股份有限公司所有者权益各项目金额分别如下：股本10 000万元（每股面值1元），资本公积（股本溢价）50 000万元，盈余公积3 000万元，未分配利润1 000万元（贷方余额）。2023年，该股份有限公司发生的相关业务如下：

（1）4月25日，经股东大会批准，用资本公积向普通股股东转增股本10 000万元，宣告分配2022年度现金股利200万元。5月24日，支付全部现金股利，并办妥增资手续。

(2) 2023年度，实现净利润2 000万元，按净利润的10%提取法定盈余公积，并结转至未分配利润。

要求：假定不考虑其他因素，根据上述资料，分析并回答下列问题：

(1) 编制该股份有限公司转增股本、宣告并支付现金股利的会计分录。

(2) 编制该股份有限公司利润分配及结转的会计分录。

(3) 计算该股份有限公司2023年度未分配利润的金额。

(4) 计算2023年年末该股份有限公司各股东权益账户的金额及其总额。

本章练习题参考答案

第十二章 收入、费用和利润

第一节 知识概要

一、本章知识思维导图（图 12-1）

企业是以营利为目的的经济组织，因此利润是衡量企业经济效益的一个重要指标。利润的高低取决于收入与费用的配比，以及直接计入当期利润的利得和损失，利润也是企业所有者投入资本形成的资本增值。本章重点讲解了收入的确认和计量，并阐述了生产成本、期间费用、其他收益及所得税费用的核算方法，在此基础上讲解了利润形成和分配的核算。需要说明的是，有关成本计算的内容，本章仅做概括性介绍，通常在成本会计课程中进行深入学习。

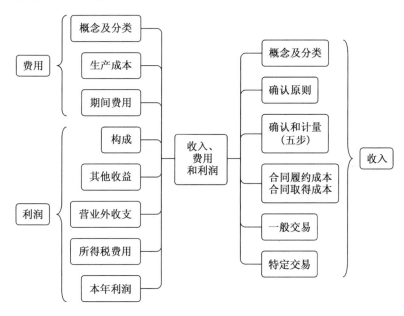

图 12-1 "收入、费用和利润"知识思维导图

二、本章重难点分析

本章重难点包括收入的概念及确认原则、识别与客户订立的合同、识别合同中的单项履约义务、确定交易价格、将交易价格分摊至各单项履约义务、履行每一单项履约义务时确认收入、委托代销安排、附有销售退回条款销售的会计处理、政府补助的会计处理、所得税费用及8组账户辨析。

(一) 收入的概念及确认原则 (图 12-2)

收入是指企业在日常活动中形成的、会导致所有者权益增加的、与所有者投入资本无关的经济利益的总流入。为获取收入而发生的相应经济利益的总流出单独确认为费用，在确认收入时不需要从中抵减。比如，企业出售一件商品，控制权已转移给客户，售价 100 元，成本 85 元，这里 100 元为收入，85 元为费用（随着商品出售，85 元的经济利益流出企业）。

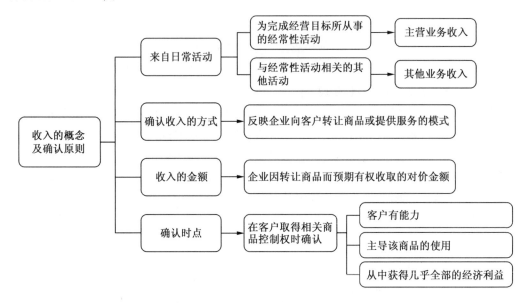

图 12-2 收入的概念及确认原则

企业所在行业不同，企业所从事的经常性活动也就不同，如工业企业的经常性活动是制造产成品并对外出售给客户，交通运输企业是向客户提供不同地点的运输服务，商业银行是吸收存款并贷款给客户，而本课程主要以一般工商企业为例讲解收入的处理。

根据收入准则，合同开始日，企业应当对合同进行评估，识别该合同所包含的各单项履约义务，并确定各单项履约义务是在某一时段内履行，还是在某一时点履行，然后在履行了各单项履约义务时分别按分摊至各单项履约义务的交易价格确认收入。也就是采用五步法来对收入进行确认和计量，如图 12-3 所示。

图 12-3 收入确认和计量的五步流程图

其中，第一步、第二步和第五步与收入确认有关，第三步和第四步与收入计量有关。

(二) 识别与客户订立的合同

合同是指双方或多方之间订立有法律约束力的权利和义务的协议，其形式包括书面形式、口头形式及其他形式（如隐含于商业惯例或企业以往的习惯做法中等）。

合同开始日，企业应当对合同进行评估。合同开始日是指合同开始赋予合同各方具有法律约束力的权利和义务的日期，通常是指合同生效日。

识别合同是收入确认的起点，当合同同时满足以下5个条件（图12-4）时，企业应当在客户取得相关商品控制权时确认收入。如果不能同时满足，企业后续应当对合同进行持续评估。

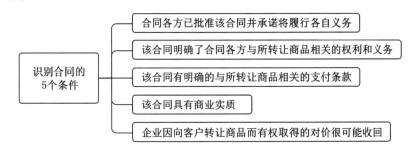

图12-4　识别合同的5个条件

（三）识别合同中的单项履约义务

履约义务是指合同中企业向客户转让可明确区分商品的承诺，既包括合同中明确的承诺，也包括合同中没有明确规定，但企业已公开宣布的政策、特定声明或以往的习惯做法等导致合同订立时客户合理预期企业将履行的承诺。识别单项履约义务的条件如图12-5所示。

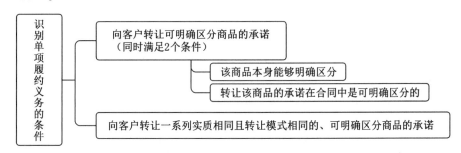

图12-5　识别单项履约义务的条件

（四）确定交易价格

交易价格是指企业因向客户转让商品而预期有权收取的对价金额。合同标价并不一定代表交易价格，企业应当根据合同条款，并结合以往的习惯做法等确定交易价格。企业代第三方收取的款项（如增值税、运费）及企业预期将退还给客户的款项（如订金），应当作为负债进行会计处理，不计入交易价格。企业确定交易价格应考虑的影响因素，如图12-6所示。

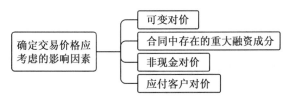

图12-6　确定交易价格应考虑的影响因素

1. 可变对价

对价可能因折扣、价格折让、返利、退款、奖励积分、激励措施、业绩奖金、索赔、或有事项等因素而变化。企业需要可靠地估计可变对价对交易价格的影响，合理判断企业预期有权收取的对价金额。

比如，销售返利，销量越大，返利越多，企业如果可以根据历史经验结合商品性质等估计返利的金额，那么合理估计出的返利金额就是企业预期不能收取的对价，应从交易价格中扣减。

（1）可变对价的最佳估计数通常按期望值或最可能发生金额确定。

（2）计入交易价格的可变对价金额的限制。

包含可变对价的交易价格，应当不超过在相关不确定性消除时累计已确认的收入极可能（概率在50%~95%）不会发生重大转回的金额。

为什么要做出限制呢？其实体现了谨慎性的要求，以防在交易价格受可变对价影响而存在不确定性时，高估收入，以后当不确定性消除时，却因以前期间高估了收入，需要转回以前期间确认的收入且转回金额重大。

比如，假设累计已确认的收入为100万元，后续期间不确定性消除，实际可收取的对价为105万元，那么累计已确认的收入不用进行转回，这说明以前期间确定的计入交易价格的可变对价满足限制要求。但如果后续期间不确定性消除，实际可收取的对价为70万元，那么累计已确认的收入需要转回30万元且转回金额重大，这说明以前期间确定的计入交易价格的可变对价没有满足限制要求。

2. 合同中存在的重大融资成分

企业商品控制权转移与客户实际付款之间存在时间间隔，且企业评估认为合同存在重大融资成分的，企业在确定交易价格时，应当对已承诺的对价金额进行调整，以剔除货币时间价值的影响，也就是要单独反映企业执行该合同发生的融资费用或融资收益。

企业应当按照假定客户在取得商品控制权时即以现金支付的应付金额确定交易价格。该交易价格与合同名义对价之间的差额，应当在合同期间内采用实际利率法摊销，计入各期间的融资费用或融资收益。实际利率为将合同对价的名义金额折现为商品现销价格的折现率。

简化处理则是合同开始日，企业预计客户取得商品控制权与客户支付价款间隔不超过一年的，可以不考虑合同中存在的重大融资成分，也就是直接按合同对价的名义金额确认交易价格。

3. 非现金对价

客户有时会采用非现金对价支付合同价款，如用实物资产、无形资产、股权、提供的广告服务等进行支付，此时，企业应当按照非现金对价在合同开始日的公允价值确定交易价格。不能合理估计其公允价值的，企业应当参照其承诺向客户转让商品的单独售价间接确定交易价格。

合同开始日后，非现金对价的公允价值发生变动，如为对价形式以外的原因导致的变动，应当作为可变对价，按照与计入交易价格的可变对价金额的限制相关的规定进行处理；如为对价形式导致的变动（如股票自身市场价格下跌），则该变动金额不应计入交易价格。

4. 应付客户对价

企业在向客户转让商品的同时，需要向客户或第三方支付对价的，应当将该应付对价冲减交易价格，并在确认相关收入与支付（或承诺支付）客户对价二者孰晚的时点冲减当期收入。

企业给予客户的优惠券、兑换券等，如果客户使用，也应抵减交易价格。

（五）将交易价格分摊至各单项履约义务

合同中包含两项或多项履约义务的，企业应当在合同开始日，按照各单项履约义务所承诺商品的单独售价的相对比例，将交易价格分摊至各单项履约义务。单独售价是指企业向客户单独销售商品的价格，通常是企业在类似环境下向类似客户单独销售商品的价格。企业不得因合同开始日之后单独售价的变动而重新分摊交易价格，如企业后续调整降低商品售价，不需要按照新的售价重新分摊交易价格。交易价格分摊的具体方法如图 12-7 所示。

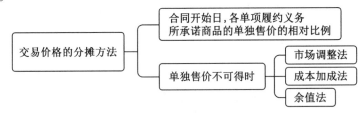

图 12-7　交易价格分摊的具体方法

（六）履行每一单项履约义务时确认收入

企业将商品控制权转移给客户时，首先要判断履约义务是否满足在某一时段内履行的条件，如不满足，则该履约义务属于在某一时点履行的履约义务。

1. 在某一时段内履行的履约义务的判断（图 12-8）

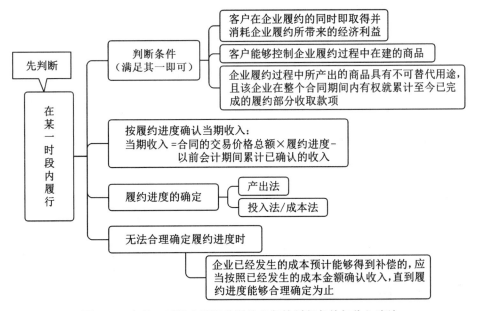

图 12-8　在某一时段内履行的履约义务的判断条件与收入确认

2. 在某一时点履行的履约义务的判断（图12-9）

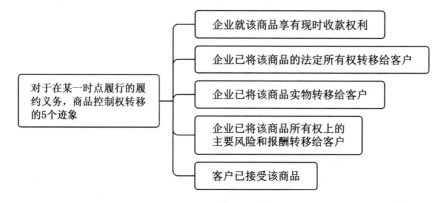

图12-9　在某一时点履行的履约义务的判断

以上五个迹象中，并没有哪一个或哪几个迹象是决定性的，企业应当根据合同条款和交易实质进行分析，综合判断其是否将商品控制权转移给客户及何时转移，从而确定收入确认的时点。此外，企业应当从客户的角度进行评估，而不应仅考虑企业自身的看法。

（七）委托代销安排

委托代销安排是指委托方和受托方签订代销合同或协议，委托受托方向终端客户销售商品。如果受托方没有获得商品的控制权，委托方通常应当在受托方售出商品时确认销售商品收入，因为此时商品控制权才真正转移给客户；受托方应当在商品售出后，按代销合同或协议约定的方法计算并确认手续费收入。

在委托代销安排下，委托方和受托方相关业务的会计处理如表12-1所示。

表12-1　委托代销安排的相关会计处理

业务	委托方	受托方
委托方发出商品	借：发出商品/委托代销商品 　　贷：库存商品	借：受托代销商品 　　贷：受托代销商品款
受托方对外销售	—	借：银行存款等科目 　　贷：受托代销商品 　　　　应交税费——应交增值税（销项税额）
受托方开出代销清单，委托方开具增值税专用发票	借：应收账款 　　贷：主营业务收入 　　　　应交税费——应交增值税（销项税额） 借：主营业务成本 　　贷：发出商品/委托代销商品	借：受托代销商品款 　　应交税费——应交增值税（进项税额） 　　贷：应付账款
双方结清相应款项	借：销售费用——代销手续费 　　应交税费——应交增值税（进项税额） 　　贷：应收账款 借：银行存款 　　贷：应收账款	借：应付账款 　　贷：其他业务收入——代销手续费 　　　　应交税费——应交增值税（销项税额） 借：应付账款 　　贷：银行存款

(八)附有销售退回条款销售的会计处理

客户依照有关合同有权退货,此时在客户取得商品控制权后,企业预期有权收取的对价金额取决于客户的退货情况,即该合同的交易价格存在可变对价。对此,企业应当遵循可变对价(包括将可变对价计入交易价格的限制要求)的处理原则,对可能的退货金额进行合理估计,并从交易价格中扣减。具体会计处理小结如下:

(1)客户取得相关商品控制权时的相关会计处理如表 12-2 所示。

表 12-2 客户取得相关商品控制权时的相关会计处理

业务	会计分录
交易价格中预期将退还给客户的对价,计入预计负债;剩余的预期有权收取的对价确认收入	借:应收账款/银行存款/合同资产等科目 贷:预计负债——应付退货款 　　主营业务收入等科目 　　应交税费——应交增值税(销项税额)
商品账面价值中先确定预期将退回商品的净额,并计入应收退货成本;剩余的金额再结转成本	借:应收退货成本 　　主营业务成本 贷:库存商品

(2)退货期满之前,在每一资产负债表日,企业应当重新估计未来销售退回情况,并对相关资产和负债等进行重新计量,并作为会计估计变更处理。

(3)退货期满,可能会出现以下三种情况(表 12-3),企业应当根据实际退货情况对收入和成本等进行相应增减处理。

表 12-3 退货期满的相关会计处理

业务	会计分录
实际退货数量小于估计退货数量时	(1)借:应交税费——应交增值税(销项税额) 　　　预计负债——应付退货款 　　贷:主营业务收入 　　　　应收账款/银行存款等科目 (2)借:库存商品 　　　主营业务成本 　　贷:应收退货成本
实际退货数量大于估计退货数量时	(1)借:应交税费——应交增值税(销项税额) 　　　主营业务收入 　　　预计负债——应付退货款 　　贷:应收账款/银行存款等科目 (2)借:库存商品 　　贷:主营业务成本 　　　　应收退货成本
实际退货数量与估计退货数量一致时	(1)借:应交税费——应交增值税(销项税额) 　　　预计负债——应付退货款 　　贷:银行存款 (2)借:库存商品 　　贷:应收退货成本

此外,需要特别注意以下两点:

（1）退货期满，企业需要根据实际退货情况对收入和成本等进行相应增减处理。如果实际退货数量小于估计退货数量，应按差额数量，调增销售收入和销售成本；按实际退货数量，调减应收取的对价，调减销项税额，调增库存商品；同时核销预计负债和应收退货成本。如果实际退货数量大于估计退货数量，则按类似思路处理即可。

（2）增值税始终是按照实际销售数量计算的，也是按照实际退货数量计算红字抵减税额的，不受收入确认和计量的影响。

（九）政府补助的会计处理（图12-10）

政府补助是指企业从政府无偿取得的货币性资产或非货币性资产，主要形式包括政府对企业的无偿拨款、税收返还、财政贴息，以及无偿给予非货币性资产等。

政府无偿给予企业长期非货币性资产，如无偿给予土地使用权、天然起源的天然林等，企业取得时，应当按照公允价值计量；公允价值不能可靠取得的，按照名义金额（1元）计量。以名义金额计量的政府补助，在取得时计入当期损益。

总额法和净额法的区别就在于，企业是否单独核算来自政府补助的收益，如果单独反映这部分收益，那就是总额法；如果不单独反映这部分收益，而是直接从相关资产或相关费用中冲减，那就是净额法。

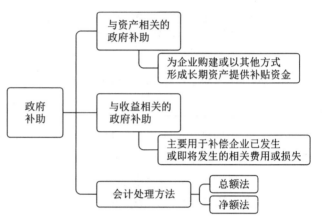

图12-10 政府补助的分类及会计处理方法

与资产相关的和与收益相关的政府补助的会计处理分别如表12-4和表12-5所示。

表12-4 与资产相关的政府补助的会计处理

业务	总额法	净额法
收到政府补助时	借：银行存款等科目 　贷：递延收益	借：银行存款等科目 　贷：递延收益
购入资产时	借：固定资产等科目 　贷：银行存款	借：固定资产等科目 　贷：银行存款 借：递延收益 　贷：固定资产等科目
在资产使用寿命内分期计入损益时	借：递延收益 　贷：其他收益	"递延收益"科目已无余额
报废、处置时	如递延收益有余额，应当一次性转入资产处置当期的损益，如： 借：递延收益 　贷：固定资产清理	

表 12-5　与收益相关的政府补助的会计处理

业务	总额法	净额法
用于补偿企业以后期间的相关成本费用或损失的，企业应当在确认相关成本费用或损失的期间，将已收到的政府补助计入当期损益或冲减相关成本	借：管理费用等科目 　　贷：应付职工薪酬 借：递延收益 　　贷：其他收益等科目	借：管理费用等科目 　　贷：应付职工薪酬 借：递延收益 　　贷：管理费用等科目
用于补偿企业已发生的相关成本费用或损失的，企业应当将应收的政府补助直接计入当期损益或冲减相关成本	借：其他应收款等科目 　　贷：其他收益等科目	借：其他应收款等科目 　　贷：管理费用等科目

与企业日常活动相关的政府补助，应当按照经济业务实质，计入其他收益或冲减相关成本费用。与企业日常活动无关的政府补助，计入营业外收入或冲减营业外支出。

（十）所得税费用

企业会计准则要求采用资产负债表债务法核算企业的所得税费用。

1. 基本数据关系

（1）当期应交所得税的计算公式为

当期应交所得税＝当期应纳税所得额×所得税税率

当期应纳税所得额＝利润总额＋纳税调整增加额－纳税调整减少额等

（2）当期递延所得税变动额的计算公式为

当期递延所得税变动额＝（期末递延所得税负债余额－期初递延所得税负债余额）－（期末递延所得税资产余额－期初递延所得税资产余额）

（3）当期所得税费用的计算公式为

当期所得税费用＝当期应交所得税＋当期递延所得税变动额

2. 在资产负债表日计算当期递延所得税变动额

（1）比较：资产、负债的账面价值与其计税基础。

（2）确定暂时性差异：应纳税暂时性差异或可抵扣暂时性差异。

（3）计算递延所得税资产和递延所得税负债的期末余额。

递延所得税负债的期末余额＝应纳税暂时性差异×所得税税率

递延所得税资产的期末余额＝可抵扣暂时性差异×所得税税率

（4）与其各自的期初余额比较，其差额就是当期递延所得税变动额。

3. 会计分录

借：所得税费用
　　递延所得税资产（或在贷方）
　　贷：应交税费——应交所得税
　　　　递延所得税负债（或在借方）

（十一）8组账户辨析

1. 主营业务收入与其他业务收入

主营业务收入核算企业确认的销售商品、提供服务等主营业务的收入。

其他业务收入核算企业确认的除主营业务活动以外的其他经营活动实现的收入，包括出租固定资产、出租无形资产、出租包装物和商品、销售材料、用材料进行非货币性资产交换（非货币性资产交换具有商业实质且公允价值能够可靠计量）或债务重组等实现的收入。

2. 主营业务成本与其他业务成本

主营业务成本核算企业确认销售商品、提供服务等主营业务收入时应结转的成本。

其他业务成本核算企业确认的除主营业务活动以外的其他经营活动所发生的支出，包括销售材料的成本、出租固定资产的折旧额、出租无形资产的摊销额、出租包装物的成本或摊销额等。采用成本模式计量投资性房地产的，投资性房地产计提的折旧额或摊销额也包括在内。

3. 应收账款与合同资产

它们都反映企业拥有的已向客户转让商品而有权收取对价的权利，都是企业的资产。

应收账款代表的是无条件收取合同对价的权利，即企业仅仅随着时间的流逝即可收款，应收账款仅承担信用风险。

合同资产并不是一项无条件收款权，该权利还取决于除时间流逝以外的其他条件（如履行合同中的其他履约义务）才能收取相应的合同对价，即合同资产除了承担信用风险外，还可能承担其他风险，如履约风险等。

4. 预收账款、合同负债与预计负债

预收账款和合同负债都反映企业现时承担的已收或应收对方单位款项而形成的义务，都是企业的负债，通常将来以非货币形式完成负债的清偿。

但按收入准则规定，企业因转让商品收到的预收款适用收入准则进行会计处理时，不再通过"预收账款"及"递延收益"账户核算，而应通过"合同负债"账户核算。

而预计负债并不是由企业已收或应收对方单位款项形成的现时义务，它是由或有事项这种不确定事项形成的现时义务。比如，在附有销售退回条款的销售中，客户是否退货及退货多少就是不确定的事项，企业由此形成的现时义务就是预计负债。

5. 合同负债与未确认融资费用

当合同中存在客户为企业提供重大融资利益的，企业应按照已收合同价款，借记"银行存款"等科目，按照假定客户在取得商品控制权时即以现金支付的应付金额（现销价格）确定的交易价格，贷记"合同负债"等科目，按其差额，借记"未确认融资费用"科目。

后续该未确认融资费用应当在合同期间内采用实际利率法摊销计入各期间的融资费用，期末"未确认融资费用"账户余额在借方，此时应作为对应账户的备抵项进行处理。

6. 长期应收款与未实现融资收益

合同中存在企业为客户提供重大融资利益的，企业应按照应收合同价款，借记"长期应收款"等科目，按照假定客户在取得商品控制权时即以现金支付而需要支付的金额（现销价格）确定的交易价格，贷记"主营业务收入"科目，按其差额，贷记"未实现融资收益"科目。

后续该未实现融资收益应当在合同期间内采用实际利率法摊销计入各期间的融资收益，期末"未实现融资收益"账户余额在贷方，此时应作为对应账户的备抵项进行处理。

7. 合同履约成本与合同取得成本

它们都是资产类账户，也会考虑减值的问题。

（1）合同履约成本核算企业为履行当前或预期取得的合同所发生的、不属于其他企业会计准则规范范围、按照收入准则应当确认为一项资产的成本。期末借方余额，反映企业尚未结转的合同履约成本。合同履约成本的概念及构成如图12-11所示。

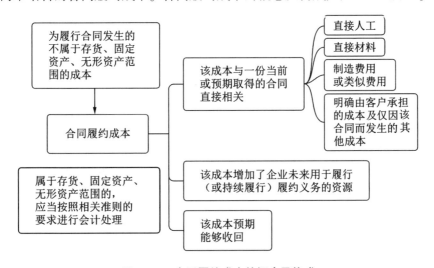

图12-11　合同履约成本的概念及构成

① 当企业发生各种合同履约成本时：

借：合同履约成本

　　贷：银行存款/应付职工薪酬/原材料等科目

② 对合同履约成本进行摊销时：

借：主营业务成本/其他业务成本等科目

　　贷：合同履约成本

（2）合同取得成本核算企业取得合同发生的、预期能够收回的增量成本，如销售人员与客户成功签订合同，企业需要支付给销售人员的佣金。

① 当企业发生各种合同取得成本时：

借：合同取得成本

　　贷：银行存款/其他应付款等科目

② 按照其相关性，对合同取得成本进行摊销时：

借：销售费用等科目

　　贷：合同取得成本

8. 递延收益与其他收益

递延收益是负债类账户，核算企业确认的应在以后期间计入当期损益的政府补助，期末余额在贷方。

其他收益是损益类账户，核算总额法下与日常活动相关的政府补助及其他与日常活动相关且应直接记入本账户的项目，如企业作为个人所得税的扣缴义务人，根据《中华人民共和国个人所得税法》收到的扣缴税款手续费。该账户期末余额转入"本年利润"账户，结转后没有余额。

三、本章涉及的主要会计科目（表12-6）

表12-6　本章涉及的主要会计科目

科目性质	总分类科目	明细分类科目	备注
资产类	合同资产		
	合同履约成本	按合同设置"服务成本""工程施工"等	
	合同履约成本减值准备	按合同设置	备抵
	合同取得成本	按合同设置	
	合同取得成本减值准备	按合同设置	备抵
	应收退货成本	按购货单位、商品品种等设置	
	发出商品	按购货单位、商品品种等设置	采用支付手续费方式委托代销的商品也可单独设置"委托代销商品"科目
	受托代销商品	按委托方和商品品种设置	与受托代销商品款相抵
	长期应收款	按债务人设置	
	未实现融资收益	按涉及项目设置	期末余额在贷方，备抵
	递延所得税资产	按可抵扣暂时性差异项目设置	
负债类	合同负债	按种类和债权人设置	
	未确认融资费用	按涉及项目设置	期末余额在借方，备抵
	受托代销商品款	按委托方设置	与受托代销商品相抵
	预计负债	应付退货款	
	递延收益	按政府补助项目设置	
	递延所得税负债	按应纳税暂时性差异项目设置	
损益类	主营业务收入	按种类设置	
	其他业务收入	按种类设置	
	主营业务成本	按种类设置	
	其他业务成本	按种类设置	
	其他收益	按种类设置	
	所得税费用	按当期所得税费用和递延所得税费用设置	

第二节 练习题

一、单项选择题

1. 2023年1月1日，甲公司采用分期收款方式向乙公司销售商品，合同约定的销售价款为300万元，分5次于每年12月31日等额收取。在现销方式下，该商品的销售价格为250万元。甲公司应确认的销售商品收入为（　　）万元。

   A. 300　　　　　B. 250　　　　　C. 0　　　　　D. 50

2. 2023年11月1日，甲公司接受乙公司委托为其安装一套大型设备，安装期限为8个月，合同约定乙公司应支付的安装费总额为60 000元。当日，甲公司收到乙公司20 000元预付款，其余款项安装结束验收合格后一次付清。截至2023年12月31日，甲公司实际发生安装费15 000元，预计至安装完成还将发生安装费25 000元。甲公司按已发生的成本占估计总成本的比例确定完工进度。假定不考虑其他因素，甲公司2023年应确认的收入为（　　）元。

   A. 22 500　　　B. 15 000　　　C. 20 000　　　D. 60 000

3. 2023年9月3日，甲公司与客户签订合同，向其同时销售A、B、C三件产品，合同价款为100 000元。A、B、C产品的单独售价分别为50 000元、25 000元和75 000元，合计150 000元。上述价格均不包含增值税，A产品应当分摊的交易价格为（　　）元。

   A. 33 333　　　B. 16 667　　　C. 50 000　　　D. 100 000

4. 采用支付手续费方式委托代销商品的，委托方确认商品销售收入的时间是（　　）。

   A. 签订代销协议时　　　　　B. 发出商品时
   C. 收到代销清单时　　　　　D. 收到代销款时

5. 当企业向客户销售商品涉及其他方参与其中时，企业应当确定其自身在该交易中的身份是主要责任人还是代理人，在下列情形中，企业不是主要责任人的是（　　）。

   A. 企业能够主导第三方代表本企业向客户提供服务
   B. 企业提供电子商务平台供商家与消费者进行交易并负责协助商家和消费者结算货款，企业仅按照商家与消费者达成的交易货款的5%向商家收取佣金
   C. 企业自第三方取得商品或其他资产控制权后，再转让给客户
   D. 企业自第三方取得商品控制权后，通过提供重大的服务将该商品与其他商品整合成合同约定的某组合产出转让给客户

6. 在确认收入时，下列情形，可以不考虑合同中融资成分的是（　　）。

   A. 合同开始日，企业预计客户取得商品控制权与客户支付价款间隔不超过一年的
   B. 企业采用3年期分期收款方式向客户销售商品，并为客户提供重大融资成分
   C. 企业预先收取客户商品款并在2年后向客户提供约定的商品
   D. 以上情形都可以不考虑合同中的融资成分

7. 下列项目，不包括在企业产品成本中的是（　　）。
   A. 直接材料　　　B. 采购费用　　　C. 直接人工　　　D. 制造费用

8. 下列各项，会引起企业营业收入发生增减变动的是（　　）。
   A. 转销无法支付的应付账款　　　　　B. 接受固定资产捐赠
   C. 取得受托代销商品手续费收入　　　D. 取得保险公司的灾害损失赔款

9. 下列各项，应确认为企业其他业务收入的是（　　）。
   A. 企业从被投资方获得的现金股利
   B. 企业接受的现金捐赠
   C. 企业转让商标使用权获得的使用权费
   D. 企业银行存款产生的利息

10. 下列各项，应计入营业外收入的是（　　）。
    A. 无形资产出售利得　　　　　　　　B. 大型设备处置利得
    C. 存货收发计量差错形成的盘盈　　　D. 无法支付的应付账款

11. 2023年1月5日，某公司转让一项专利技术的使用权，协议约定转让期为3年，每年年末收取不含税使用费10万元。该项专利成本为60万元，受益年限为10年。采用年限平均法进行摊销。假定不考虑其他因素，转让专利技术使用权对该公司当年营业利润的影响金额为（　　）万元。
    A. 12　　　　　B. 6　　　　　C. 10　　　　　D. 4

12. 2023年12月，某公司发生相关税金及附加如下：城市维护建设税3.5万元，教育费附加1.5万元，房产税20万元，车船税3万元。假定不考虑其他因素，该公司2023年12月"税金及附加"账户的本期金额为（　　）万元。
    A. 25　　　　　B. 23　　　　　C. 28　　　　　D. 5

13. 某企业2023年度税前会计利润为2 000万元，其中，本年国债利息收入120万元，税收滞纳金20万元，企业所得税税率为25%。假定不考虑其他因素，该企业2023年度所得税费用为（　　）万元。
    A. 465　　　　　B. 470　　　　　C. 475　　　　　D. 500

14. 甲公司2023年度利润总额为800万元，企业所得税税率为25%，当年实际分配并发放给职工的工资为300万元，拨付的工会经费为5万元，递延所得税资产年初余额为20万元、年末余额为30万元，递延所得税负债年初余额为50万元、年末余额为80万元。假定甲公司无其他纳税调整项目，并且递延所得税资产和递延所得税负债均与所得税费用相关。甲公司的所得税费用为（　　）万元。
    A. 200　　　　　B. 250　　　　　C. 220　　　　　D. 280

15. 下列关于结转本年利润的方法的表述，不正确的是（　　）。
    A. 表结法减少了月末转账环节工作量，且不影响利润表的编制
    B. 账结法不需要每月编制转账凭证，仅在年末一次性编制
    C. 表结法下每月末需要将损益类科目本月发生额合计数填入利润表的本月数栏目
    D. 期末结转本年利润的方法有表结法和账结法两种

16. 下列各项，不符合收入定义的是（　　）。

A. 出售材料收入 B. 出售单独计价包装物收取的价款
C. 销售商品收入 D. 固定资产报废净收益

17. 如果某企业 2022 年 10 月承接一项电梯安装劳务，合同总收入为 800 万元，预计合同总成本为 640 万元，合同价款在签订合同时已收取，按照履约进度确认劳务收入。2022 年，该企业已确认劳务收入 180 万元，截至 2023 年 12 月 31 日，该劳务的累计完工进度为 75%。2023 年，该企业应确认的劳务收入为（　　）万元。

A. 800　　　　　B. 420　　　　　C. 640　　　　　D. 600

18. 甲公司出售 W 产品给客户，若客户全年累计购买不超过 1 000 件，每件售价为 100 元；若客户全年累计购买超过 1 000 件，每件售价降为 90 元。2022 年第一季度，甲公司出售 90 件 W 产品给某客户，估计该客户全年订购量不会超过 1 000 件；该客户于 2022 年第二季度因为扩大业务量，又增购了 600 件 W 产品，累计订购量达 690 件，甲公司估计该客户全年订购量会超过 1 000 件。假定不考虑增值税及其他因素，甲公司 2022 年第二季度应确认收入的金额为（　　）元。

A. 45 000　　　B. 60 000　　　C. 53 100　　　D. 54 000

19. 2023 年 12 月，甲公司向乙公司销售一批 W 商品，不含税合同价格为 300 万元，该批商品的成本为 200 万元。合同约定，甲公司向乙公司提供价格保护，同意在未来 6 个月内，如果同款 W 商品价格下降，则按照合同价格与最低售价之间的差额向乙公司支付差价。甲公司根据历史经验估计未来 6 个月不降价的概率为 40%，降价 20 万元的概率为 30%，降价 40 万元的概率为 20%，降价 60 万元的概率为 10%。假定甲公司按照期望值确定可变对价的最佳估计数，已满足收入确认条件，甲公司当月应确认的收入为（　　）万元。

A. 300　　　　　B. 280　　　　　C. 260　　　　　D. 240

20. 下列企业确认销售收入的时点，正确的是（　　）。
A. 收到客户支付的货款并登记入账时
B. 与客户订立商品销售合同时
C. 客户取得商品控制权时
D. 开出商品出库单并向客户发出商品时

21. 甲公司为一家咨询服务提供商，中了一个向新客户提供咨询服务的标。甲公司为取得合同而发生的成本如下：(1) 尽职调查的外部律师费 7 万元；(2) 提交标书的差旅费 8 万元（客户不承担）；(3) 销售人员佣金 4 万元。甲公司预期这些支出未来均能够收回。假定不考虑其他因素，甲公司应确认的合同取得成本为（　　）万元。

A. 12　　　　　B. 15　　　　　C. 4　　　　　D. 19

22. 根据企业会计准则的规定，下列关于收入和利得的表述，错误的是（　　）。
A. 收入源于日常活动，利得源于非日常活动
B. 收入和利得都与所有者投入资本无关
C. 收入会导致所有者权益增加，利得也一定会导致所有者权益增加
D. 收入会影响利润，利得也一定会影响利润

二、多项选择题

1. 取得商品控制权应同时包括的要素有（　　）。
   A. 能力，即客户必须拥有现时权利，能够主导该商品的使用并从中获得几乎全部的经济利益
   B. 主导该商品的使用
   C. 能够获得几乎全部的经济利益
   D. 客户已经收到商品

2. 收入准则规范的合同，包括的形式有（　　）。
   A. 书面形式　　　　　　　　　　B. 口头形式
   C. 隐含于商业惯例　　　　　　　D. 隐含于企业以往的习惯做法

3. 在确定交易价格时，需要考虑的影响因素有（　　）。
   A. 非现金对价　　　　　　　　　B. 应付客户对价
   C. 合同中存在的重大融资成分　　D. 可变对价

4. 将交易价格分摊至各单项履约义务时，单独售价无法直接观察的，企业可以采用（　　）等方法合理估计单独售价。
   A. 市场调整法　　　　　　　　　B. 毛利率法
   C. 余值法　　　　　　　　　　　D. 成本加成法

5. 满足下列（　　）任一条件，即属于在某一时段内履行的履约义务，相关收入应在履约义务履行期间内确认。
   A. 客户在企业履约的同时即取得并消耗企业履约所带来的经济利益
   B. 企业履约过程中所产出的商品具有不可替代用途，且该企业在整个合同期间内有权就累计至今已完成的履约部分收取款项
   C. 合同履约时间超过一年
   D. 客户能够控制企业履约过程中在建的商品

6. 甲公司为增值税一般纳税人，2023年9月4日向乙公司销售1 000件商品，销售价格为每件100元，成本为每件80元，开具的增值税专用发票上注明的销售价款为10万元、增值税税额为1.3万元。商品已经发出，但款项尚未收到。合同约定，乙公司在2024年1月31日之前有权退还商品。甲公司根据过去的经验，估计该批商品的退货率约为10%。2023年9月4日，发出商品时，甲公司正确的会计处理包括（　　）。
   A. 等退货期满再确认收入
   B. 借：应收账款　　　　　　　　　　　　　　　　　　　113 000
        贷：主营业务收入　　　　　　　　　　　　　　　　90 000
            预计负债——应付退货款　　　　　　　　　　　10 000
            应交税费——应交增值税（销项税额）　　　　 13 000
   C. 借：主营业务成本　　　　　　　　　　　　　　　　　72 000
        应收退货成本　　　　　　　　　　　　　　　　　　 8 000
        贷：库存商品　　　　　　　　　　　　　　　　　　80 000
   D. 借：应收账款　　　　　　　　　　　　　　　　　　　113 000

　　　　贷：主营业务收入　　　　　　　　　　　　　　　　　　　100 000
　　　　　　应交税费——应交增值税（销项税额）　　　　　　　 13 000

7. 下列项目，属于期间费用的有（　　）。
   A. 所得税费用　　　B. 财务费用　　　C. 制造费用
   D. 销售费用　　　　E. 管理费用

8. 下列项目，计入销售费用的有（　　）。
   A. 广告费　　　　　　　　　　　　B. 出租包装物摊销
   C. 出借包装物摊销　　　　　　　　D. 展览费

9. 下列费用，不应作为管理费用处理的是（　　）。
   A. 诉讼费　　　　　　　　　　　　B. 业务招待费
   C. 制造费用　　　　　　　　　　　D. 房产税、车船税、土地使用税和印花税

10. 下列各项，属于企业当期资产处置损益的有（　　）。
    A. 出售持有待售的非流动资产时确认的处置利得或损失
    B. 出售持有待售的非流动资产处置组时确认的处置利得或损失
    C. 出售长期股权投资时确认的处置利得或损失
    D. 处置未划分为持有待售的固定资产而产生的处置利得或损失

11. 光明公司与客户签订销售合同，合同约定以总价150万元的价格销售甲、乙、丙三种商品。甲、乙、丙三种商品的单独售价分别为40万元、60万元、80万元。光明公司经常将甲产品和乙产品打包按照70万元出售，丙产品单独按照80万元出售。假定不考虑增值税等因素，下列说法，正确的有（　　）。
    A. 甲产品应确认的收入为40万元　　B. 乙产品应确认的收入为42万元
    C. 丙产品应确认的收入为80万元　　D. 甲产品应确认的收入为28万元

12. 下列业务，既影响营业利润又影响利润总额的有（　　）。
    A. 计提的坏账准备计入信用减值损失
    B. 转销确实无法支付的应付账款
    C. 出售单独计价包装物取得的收入
    D. 转让股票所得的收益计入投资收益

13. 下列各项，计入工业企业其他业务成本的有（　　）。
    A. 生产车间领用低值易耗品的摊销额
    B. 出租无形资产的摊销额
    C. 结转销售原材料的成本
    D. 以短期租赁方式出租大型设备计提的折旧

三、判断题

1. 根据企业会计准则对收入的定义，收入既包括主营业务收入和其他业务收入，也包括营业外收入。　　　　　　　　　　　　　　　　　　　　　　　　　　　（　　）
2. 企业应当在履行了合同中的履约义务，即在客户取得相关商品控制权时确认收入。　　　　　　　　　　　　　　　　　　　　　　　　　　　　　　　（　　）
3. 企业负有应客户要求回购商品的义务，客户具有行使该要求权的重大经济动因，

且回购价格不低于原售价的,应视为融资交易。( )

4. 交易价格是指企业因向客户转让商品而预期有权收取的对价金额。( )

5. 企业应当按照分摊至各单项履约义务的交易价格计量收入。( )

6. 企业为取得合同发生的增量成本预期能够收回的,应当作为"合同取得成本"确认为一项资产。( )

7. 企业代第三方收取的款项及企业预期将退还给客户的款项,应当作为负债进行会计处理,不计入交易价格。( )

8. "生产成本"账户期末余额反映的是期末在产品余额。( )

9. 企业发生的各项利得或损失,均应计入当期损益。( )

10. 政府补助应当划分为与资产相关的政府补助和与收益相关的政府补助。( )

11. 与企业日常活动无关的政府补助,应计入其他收益。( )

12. 企业会计准则采用资产负债表债务法确定所得税费用,即所得税费用=当期所得税+递延所得税。( )

13. 暂时性差异是指资产或负债的账面价值与其计税基础之间的差额。( )

14. "递延所得税资产"账户核算企业确认的应纳税暂时性差异所形成的资产。( )

15. 企业本年度的利润分配程序结束之后,"利润分配"账户应无余额。( )

四、计算分录题

1. 【在某一时段内履行的履约义务】甲公司有关设备安装劳务的资料如下:

(1) 2022年12月1日,接受一项设备安装任务,安装期为3个月,合同总收入为300万元,至年底已预收安装费220万元,实际发生安装费140万元(假定均为安装人员薪酬),估计还将发生安装费60万元。

(2) 2023年3月1日,设备安装完毕,当年实际发生安装费58万元(假定均为安装人员薪酬),客户验收合格,并收到其余全部价款。

假定甲公司按实际发生的成本占估计总成本的比例确定安装的履约进度,不考虑增值税等其他因素。

要求:编制甲公司2022年12月和2023年3月的相关会计分录。

2. 【在某一时段内履行的履约义务】甲公司为增值税一般纳税人,装修服务适用的增值税税率为9%。

(1) 2023年12月1日,甲公司与乙公司签订一项为期3个月的装修合同。合同约定，装修价款为 500 000 元，增值税税额为 45 000 元，装修费用每月按完工进度支付。

2023 年 12 月 31 日，经专业测量师测量，确定该项劳务的完工进度为 25%；乙公司按完工进度支付价款及相应的增值税税款。

截至 2023 年 12 月 31 日，甲公司为完成该合同累计发生劳务成本 100 000 元（假定均为装修人员薪酬），估计还将发生劳务成本 300 000 元。

假定该业务属于甲公司的主营业务，全部由甲公司自行完成；该装修劳务构成单项履约义务，并属于在某一时段内履行的履约义务；甲公司按照实际测量的完工进度确定履约进度。

（2）2024 年 1 月 31 日，经专业测量师测量，确定该项劳务的完工进度为 70%；乙公司按完工进度支付价款及相应的增值税税款。

2024 年 1 月，甲公司为完成该合同发生劳务成本 180 000 元（假定均为装修人员薪酬），为完成该合同估计还将发生劳务成本 120 000 元。

（3）2024 年 2 月 28 日，装修完工；乙公司验收合格，按完工进度支付价款及相应的增值税税款。2024 年 2 月，甲公司为完成该合同发生劳务成本 120 000 元（假定均为装修人员薪酬）。

要求：编制甲公司 2023 年 12 月、2024 年 1 月、2024 年 2 月三个月实际发生劳务成本、月末确认收入和费用的会计分录。

3.【在某一时点履行的履约义务】2023 年 5 月 20 日，甲公司向乙公司销售一批产品，开具的增值税专用发票上注明的价款为 200 000 元、增值税税额为 26 000 元。甲公司已收到乙公司支付的款项 226 000 元，并将提货单送交乙公司。该批产品的成本为 190 000 元。

甲公司综合判断该项销售属于在某一时点履行的履约义务。

要求：编制甲公司确认收入和结转成本的会计分录。

4. 【在某一时点履行的履约义务】甲公司于 2023 年 5 月 20 日销售一批 A 商品，增值税专用发票上注明的售价为 350 000 元、增值税税额为 45 500 元；该批商品的成本为 182 000 元。

甲公司于 2023 年 5 月 20 日发出 A 商品，购货方于 5 月 27 日付款。甲公司综合判断该项销售属于在某一时点履行的履约义务并确认销售收入。

2023 年 9 月 16 日，A 商品质量出现严重问题，购货方将该批商品全部退回给甲公司。甲公司也同意退货，于退货当日支付了退货款，并按规定向购货方开具了红字增值税专用发票。

要求：假定不考虑其他因素，编制甲公司销售商品、收到货款及销售退回的会计分录。

5. 【在某一时点履行的履约义务】甲公司向乙公司销售一批原材料，开具的增值税专用发票上注明的售价为 10 000 元、增值税税额为 1 300 元，款项已由银行收妥。该批原材料的实际成本为 9 000 元。乙公司收到原材料并验收入库。甲公司综合判断该项销售业务属于在某一时点履行的履约义务并确认销售收入。

要求：编制甲公司销售原材料的会计分录。

6. 【合同取得成本】甲公司是一家咨询公司，2023 年通过竞标赢得一个服务期为 5 年的客户，该客户每年支付含税咨询费 1 908 000 元。该咨询服务在甲公司持续履约的同时，客户就获得并消耗了相应的经济利益，属于在某一时段内履行的履约义务。由于该咨询服务平均提供给客户，甲公司按照直线法分月确认收入，增值税税率为 6%。

为了取得与该客户的合同，甲公司聘请外部律师进行尽职调查支付相关费用 15 000 元，为投标而发生差旅费 10 000 元，支付销售人员佣金 50 000 元。

甲公司预期这些支出未来均能够收回。此外，甲公司根据其年度销售目标、整体盈利情况及个人业绩等，向销售部门经理支付年度奖金 10 000 元。

要求：编制甲公司支付相关费用、每月确认服务收入、摊销销售佣金的会计分录。

7.【合同履约成本】甲公司经营一家酒店，该酒店是甲公司的自有资产。2023 年 12 月，甲公司计提与酒店经营直接相关的酒店、客房及客房内的设备、家具等折旧 120 000 元、酒店土地使用权摊销费用 65 000 元。经计算，当月确认房费、餐饮等服务含税收入 424 000 元，款项已全部存入银行，增值税税率为 6%。

要求：编制甲公司 2023 年 12 月计提相关资产的折旧和摊销、确认酒店收入、摊销合同履约成本的会计分录。

8.【委托代销安排】甲公司和乙公司均为增值税一般纳税人，销售产品的增值税税率为 13%，手续费的增值税税率为 6%，不考虑其他因素。相关资料如下：

（1）2023 年 6 月 30 日，甲公司委托乙公司销售 A 商品 5 000 件，A 商品已经发出，每件成本为 0.1 万元。合同约定，乙公司应按每件 0.2 万元对外销售，甲公司按不含增值税的销售价格的 10%向乙公司支付手续费。除非这些商品在乙公司存放期间内由于乙公司的责任发生毁损或丢失，否则在商品对外销售之前，乙公司没有义务向甲公司支付货款。乙公司不承担包销责任，没有售出的 A 商品须退回给甲公司，同时，甲公司也有权要求收回 A 商品或将其销售给其他客户。甲公司发出 A 商品时纳税义务尚未发生。

（2）2023 年 9 月 30 日，乙公司对外实际销售 1 000 件，开具的增值税专用发票上注明的销售价格为 200 万元、增值税税额为 26 万元。乙公司立即向甲公司开具代销清单，货款尚未支付。此外，按照结算的手续费 20 万元，乙公司开具增值税专用发票给甲公司，增值税税额为 1.2 万元。甲公司收到乙公司开具的代销清单后，向乙公司开具一张相同金额的商品销售的增值税专用发票。

(3) 2023年10月8日，甲公司收到款项。

要求：

(1) 甲公司将A商品发送至乙公司时，是否应该确认收入？为什么？

(2) 编制甲公司发出商品、收到代销清单、收到乙公司支付的货款的会计分录。

9.【合同中存在重大融资成分】甲公司与乙公司在2022年1月1日签订合同，向其销售一批产品。合同约定，该批产品将于3年后交货。合同中包含两种可供选择的付款方式，即乙公司可以在3年后交付产品时支付2 382.03万元，或者在合同签订时支付2 000万元。乙公司选择在合同签订时支付货款。该批产品的控制权在交货时转移，该批产品的成本为1 800万元。

甲公司于2022年1月1日收到乙公司支付的货款。按照上述两种付款方式计算的内含利率为6%。上述价格均不包含增值税，假定不考虑相关税费影响。

要求：根据上述资料，编制甲公司该销售业务各年的相关会计分录。

10.【附有销售退回条款的销售】甲公司和乙公司均为增值税一般纳税人，适用的增值税税率为13%。2023年发生的相关业务如下：

(1) 4月1日，甲公司向乙公司销售一批商品共计100件，销售价格为每件10万元，成本为每件8万元，开具的增值税专用发票上注明的销售价格为1 000万元、增值税税额为130万元。协议约定，在6月30日之前，乙公司有权退回商品。商品已经发出，款项已经收到。甲公司根据过去的经验，估计该批商品退货率约为8%。

(2) 4月30日，甲公司对退货率进行了重新估计，将该批商品的退货率调整为10%。

(3) 6月30日之前，发生销售退回8件，商品已经入库，甲公司已开出红字增值税专用发票，款项也已退回给乙公司。

要求：根据上述资料，编制甲公司以上相关业务的会计分录。

11.【附有保修义务的销售】A公司为一家销售美容仪器及经营连锁美容店的企业。2022年，A公司与B公司签订一项美容仪器销售合同。合同约定，A公司向B公司销售一批美容仪器，售价为208万元，成本为60万元。合同签订当日，A公司将该批美容仪器交付B公司，同时B公司向A公司支付了208万元。

A公司承诺该批美容仪器售出后1年内如出现非意外事件造成的故障或质量问题，A公司根据"三包"规定，免费负责保修（含零部件的更换）；同时，A公司还向B公司提供一项延保服务，即在法定保修期1年之外，延长保修期3年。

该批美容仪器和延保服务的单独标价分别为200万元和8万元。A公司根据以往经验估计在法定保修期（1年）内将很可能发生的保修费用为6万元。

上述价格均不包含增值税，假定不考虑相关税费影响及货币时间价值因素。

要求：

(1) 根据上述资料，分析该合同包括哪些单项履约义务，各自应分摊的交易价格，以及收入确认的方式。

(2) 根据上述资料，编制A公司以上相关业务的会计分录。

12.【售后回购】甲公司2022年销售业务的资料如下：

(1) 1月1日，甲公司向乙公司销售一台设备，销售价格为1 000万元，双方约定，甲公司在2年后将以800万元的价格回购该设备。

(2) 2月1日，甲公司向丙公司销售一批商品，销售价格为1 000万元。该批商品的成本为600万元；商品尚未发出，款项已经收到。协议约定，甲公司应于当年6月30日将所售商品购回，回购价为1 050万元。

（3）3月1日，甲公司向丁公司销售一台设备，销售价格为1 000万元，双方约定，丁公司在2年后有权要求甲公司以800万元的价格回购该设备。甲公司预计该设备在回购时的市场价值为200万元，将远低于回购价800万元。

上述价格均不包含增值税，假定不考虑相关税费影响及货币时间价值因素。

要求：

（1）根据资料（1），判断甲公司向乙公司销售设备，甲公司在2年后回购该设备，属于融资交易还是租赁交易，并说明理由及其会计处理方法。

（2）根据资料（2），判断甲公司向丙公司销售商品，甲公司在5个月后回购该批商品，属于融资交易还是租赁交易，并说明理由及编制相应的会计分录。

（3）根据资料（3），判断甲公司向丁公司销售设备，丁公司要求甲公司在2年后回购该设备，属于融资交易还是租赁交易，并说明理由及其会计处理方法。

13.【客户未行使权利】A公司为一家销售美容仪器及经营连锁美容店的企业。2022年，A公司向客户销售了5 000张储值卡，每张卡的面值为1万元，总额为5 000万元。客户可在A公司经营的任何一家门店使用该储值卡进行消费。根据历史经验，A公司预期客户购买的储值卡中将有大约相当于储值卡面值金额4%（200万元）的部分不会被消费。截止到2022年12月31日，客户使用该储值卡消费的金额为3 000万元。

上述价格均不包含增值税，假定不考虑相关税费影响及货币时间价值因素。

要求：根据上述资料，编制A公司以上相关业务的会计分录。

14.【折扣】甲公司为增值税一般纳税人，2023年9月1日销售A商品5 000件并开具增值税专用发票，每件商品的标价（不含增值税）为200元，A商品适用的增值税税率为13%，每件商品的实际成本为120元。

由于是成批销售，甲公司给予购货方10%的商业折扣，并在销售合同中规定现金折扣条件为2/10，1/20，n/30。A商品于9月1日发出，客户于9月9日付款。

该项销售业务属于在某一时点履行的履约义务。假定计算现金折扣时不考虑增值税。

要求：编制甲公司下列业务的会计分录：

（1）9月1日，销售实现时。
（2）9月9日，收到货款时。
（3）假定客户于9月19日付款。
（4）假定客户于9月底付款。

15.【收入综合题】甲公司为增值税一般纳税人，适用的增值税税率为13%。2023年12月初，甲公司"应收账款"账户余额为40 000元，"坏账准备"账户余额为4 000元，期末按估计的坏账损失率10%计提坏账准备。成本随销售收入予以确认。2023年12月，甲公司发生的经济业务如下：

（1）12月，销售给A公司一批X商品，成本为10 000元，不含税售价为15 000元，未收到价款，已将提货单交给A公司。三天后，由于部分X商品在运输途中损坏，经协商予以退回，确认退回20%的X商品，并按规定开给A公司红字增值税专用发票。

（2）12月8日，预收B公司58 000元Y商品货款，当月发出的Y商品成本为20 000元，不含税售价为25 000元。

（3）12月11日，向C公司销售一批Z商品，不含税售价为20 000元，经双方协调，给予10%的商业折扣，实际成本为16 000元。已开出增值税专用发票，商品已交付C公司。为了及早收回货款，甲公司在合同中规定的现金折扣条件为2/10，1/20，n/30，计算现金折扣时不考虑增值税。至2023年年末，C公司尚未付款。

（4）12月20日，由于Y商品质量存在问题，退回10%的已发出商品，商品已收到并验收入库，开出红字增值税专用发票，并支付了退货款。

(5) 2023年年末，得知A公司发生财务困难，可能无法按时归还当月所欠货款，对应收A公司货款按40%计提坏账准备，其他债务人财务状况正常。当月月末发生坏账损失。

要求：假定不考虑其他因素，根据上述资料，编制甲公司以上相关业务的会计分录。

16. 【收入综合题】甲上市公司（以下简称"甲公司"）为增值税一般纳税人，适用的增值税税率为13%。2023年12月，甲公司发生的经济业务如下：

(1) 12月1日，甲公司与A公司签订委托代销商品协议。协议规定，甲公司以支付手续费方式委托A公司代销W商品100件，A公司对外销售价格为每件3万元，A公司可以将未出售的W商品退还给甲公司；甲公司按A公司对外销售价格的1%向A公司支付手续费，在收取A公司代销商品款时扣除。W商品的成本为每件2万元。款项尚未收到。

(2) 12月5日，甲公司收到A公司开来的代销清单，已对外销售W商品60件，货款尚未收到；甲公司开具的增值税专用发票上注明的销售价格为180万元、增值税税额为23.4万元；同日，甲公司收到A公司提供代销服务开具的增值税专用发票，发票注明的价款为1.8万元、增值税税额为0.108万元。

(3) 12月10日，甲公司与C公司签订一项为期5个月的非工业性服务合同，合同总收入为200万元，当天预收服务款20万元。该项服务构成单项履约义务，且属于在某一时段内履行的履约义务。12月31日，经专业测量师对已提供的服务进行测量，确定该项服务的履约进度为30%。至12月31日，实际发生服务成本39万元（假定均为职工薪酬），估计为完成合同还将发生服务成本91万元（假定均为职工薪酬）。假定该项服务交易的结果能够可靠地计量，不考虑相关税费。

(4) 12月15日，甲公司收到B公司退回的一批X商品及税务机关开具的进货退回相关证明，该批商品的销售价格为100万元，销售成本为70万元；该批商品已于11月份确认收入，但款项尚未收到，且未计提坏账准备。

(5) 12月20日，甲公司将本公司生产的产品作为福利发放给职工。发放给生产工人的产品不含增值税的市场售价为200万元，实际成本为160万元；发放给行政管理人员的产品不含增值税的市场售价为100万元，实际成本为80万元。产品已发放给职工。

（6）12月25日，自然灾害造成10件W产品毁损，残料估价为1万元，已作为原材料验收入库，应收保险公司赔偿3万元。

要求：假定不考虑其他因素，根据上述资料，编制甲公司以上相关业务的会计分录。（分录金额以万元为单位）

17. **【费用】**某公司为增值税一般纳税人，2023年4月发生业务如下：

（1）4月5日，为拓展产品市场发生业务招待住宿费50 000元，取得的增值税专用发票上注明的增值税税额为3 000元，已用银行存款支付价款和税款。

（2）行政部4月共发生费用179 000元，其中，行政人员薪酬150 000元，报销行政人员差旅费21 000元（假定报销人员均未预借差旅费），其他办公、水电费8 000元（均用银行存款支付）。

（3）4月30日，计提管理部门固定资产折旧50 000元，摊销管理部门无形资产成本80 000元。

要求：编制该公司以上相关业务的会计分录。

18. **【费用】**某公司为增值税一般纳税人，2023年6月发生业务如下：

（1）6月1日，为宣传新产品发生广告费，取得的增值税专用发票上注明的价款为100 000元、增值税税额为6 000元，价税款项已用银行存款支付。

（2）销售部门6月共发生费用250 000元，其中，销售人员薪酬100 000元，销售部门专用办公设备折旧费50 000元，业务费100 000元（均用银行存款支付）。

要求：编制该公司以上相关业务的会计分录。

19. 【费用】某公司于 2023 年 12 月 1 日向银行借入生产经营用短期借款 360 000 元,期限为 6 个月,年利率为 5%,该借款本金到期后一次归还,利息分月预提,按季支付。12 月 31 日,该公司收到银行通知,第四季度存款利息 20 000 元已入账。

要求:编制该公司 2023 年 12 月相关利息处理的会计分录。

20. 【与资产相关的政府补助】2022 年 12 月 1 日,甲公司为购置环保设备申请政府补助,当月获得财政拨款 300 万元,计入递延收益。环保设备交付使用后,2022 年度甲公司对该设备计提折旧 50 万元并计入管理费用,分摊递延收益 30 万元。假定甲公司选择总额法进行会计处理。

要求:假定不考虑其他因素,编制甲公司分摊递延收益和计提折旧的会计分录,并计算该事项对甲公司 2022 年度利润总额的影响金额。

21. 【与收益相关的政府补助】乙公司在 2023 年 9 月因冰雹天气发生重大经济损失,据此向政府提出 300 万元补助资金的申请,政府于 2023 年 12 月 20 日批准了该申请,并于当日向其拨款 300 万元。乙公司采用总额法核算政府补助。

要求:判断该补助是不是与企业日常活动无关的政府补助,并编制乙公司 2023 年以上相关业务的会计分录。

22.【与资产相关的政府补助】2022年4月，甲公司拟为处于研究阶段的项目购置一台实验设备。根据国家政策，甲公司向政府有关部门提出补助500万元的申请。2022年6月5日，政府有关部门批准了甲公司的申请并拨付500万元，该款项于2022年6月20日到账。2022年6月30日，甲公司购入该实验设备并投入使用，实际支付价款900万元（不考虑增值税）。甲公司采用年限平均法按5年对该实验设备计提折旧，预计净残值为0。

假定至2022年年末，该项目仍处于研究阶段。

要求：假定不考虑其他因素，分别采用总额法和净额法编制2022年甲公司因购入和使用该实验设备的相关会计分录，并说明这两种方法对甲公司2022年度损益的影响是否相同。

23.【与收益相关的政府补助】2023年6月30日，甲公司取得当地财政部门拨款1 860万元，该项拨款用于资助甲公司一项研发项目的前期研究。甲公司预计该研发项目的研发周期为2年，预计将发生研究支出3 000万元。该研发项目自2023年7月初启动，至当年年末累计发生研究支出1 500万元（假定均为职工薪酬）。

要求：编制甲公司2023年取得该政府补助的相关会计分录，并计算取得其他收益或冲减管理费用的金额。

24.【暂时性差异】甲公司适用的企业所得税税率为25%。假设期初递延所得税资产和递延所得税负债的余额均为0，甲公司预计未来年度能够产生足够的应纳税所得额用以抵扣可抵扣暂时性差异。假定不考虑其他因素，甲公司2022年度会计处理与税务处理存在差异的交易或事项如下：

（1）持有的交易性金融资产公允价值上升40万元。根据税法规定，交易性金融资产持有期间公允价值的变动金额不计入当期应纳税所得额。

（2）计提与担保事项相关的预计负债600万元。根据税法规定，与上述担保事项相关的支出不得税前扣除。

（3）持有的其他债权投资公允价值上升200万元。根据税法规定，其他债权投资持有期间公允价值的变动金额不计入当期应纳税所得额。

（4）计提固定资产减值准备140万元。根据税法规定，计提的资产减值准备在未发生实质性损失前不允许税前扣除。

（5）长期股权投资采用成本法核算，账面价值为5 000万元，因被投资单位宣告分派现金股利确认投资收益100万元。计税基础为5 000万元。根据税法规定，居民企业直接投资于其他居民企业取得的投资收益免税。

要求：根据上述资料，逐项指出甲公司上述交易或事项是否形成暂时性差异。如果形成暂时性差异，说明属于应纳税暂时性差异还是可抵扣暂时性差异；如果不形成暂时性差异，请说明理由。

25.【所得税费用综合题】A公司2022年年末利润表中"利润总额"项目的金额为5 000万元。2022年年初，A公司递延所得税资产和递延所得税负债的余额均为0。企业所得税税率为25%，A公司与所得税有关的经济业务如下：

（1）2021年12月，购入一项固定资产，原值为900万元，使用年限为10年，预计净残值为0，采用双倍余额递减法计提折旧；税法要求采用直线法计提折旧，使用年限为10年，预计净残值为0。

（2）2022年，计提存货跌价准备45万元，年末存货账面价值为500万元。

（3）2022年，支付非广告性赞助支出300万元，假定税法规定该支出不允许税前扣除。

（4）2022年，为开发新技术发生研发支出100万元，其中资本化支出为60万元，该无形资产于当年7月1日达到预定可使用状态，未发生其他费用，当年摊销10万元。按照税法规定，企业开展研发活动发生的研究开发费用，未形成无形资产计入当期损益的,在按照规定据实扣除的基础上,按照研究开发费用的75%加计扣除;形成无形资产的,按照无形资产成本的175%摊销。

(5) 2022年,取得的其他权益工具投资初始成本为100万元,年末公允价值变动增加50万元。

(6) 2022年,支付违反税收的罚款支出150万元。

要求:(答案中的金额以万元为单位)

(1) 计算A公司2022年年末暂时性差异,将计算结果填入表12-7中。

(2) 计算A公司2022年应交所得税的金额。

(3) 计算A公司2022年递延所得税资产和递延所得税负债的发生额。

(4) 计算A公司2022年所得税费用和因所得税影响计入其他综合收益的金额。

(5) 编制A公司2022年有关所得税的会计分录。

表12-7 A公司2022年年末暂时性差异计算表　　　　　单位:万元

项目	账面价值	计税基础	暂时性差异	
			应纳税暂时性差异	可抵扣暂时性差异
存货				
固定资产				
无形资产				
其他权益工具投资				
总计	—	—		

26. 【本年利润】乙公司 2023 年有关损益类科目的年末余额如表 12-8 所示（乙公司采用表结法年末一次结转损益类科目，企业所得税税率为 25%）。

表 12-8 乙公司 2023 年有关损益类科目年末余额表   单位：万元

科目名称	借或贷	结账前余额
主营业务收入	贷	600
其他业务收入	贷	70
其他收益	贷	15
投资收益	贷	100
营业外收入	贷	5
主营业务成本	借	400
其他业务成本	借	40
税金及附加	借	8
销售费用	借	50
管理费用	借	77
财务费用	借	20
营业外支出	借	25

要求：编制乙公司以下业务的会计分录。

(1) 将各损益类科目年末余额转入"本年利润"科目。

(2) 假设乙公司 2023 年度不存在所得税纳税调整因素，计算乙公司当年应交所得税的金额。

(3) 将"本年利润"科目年末余额转入"利润分配——未分配利润"科目。

27.【本年利润及利润分配】甲公司2022年度的有关资料如下：

（1）2022年年初，未分配利润为100万元，本年利润总额为390万元，适用的企业所得税税率为25%。按照税法规定，本年度不准予税前扣除的某项罚款，实际发生额为10万元。除此之外，不存在其他纳税调整事项。

（2）按税后利润的10%提取法定盈余公积。

（3）提取任意盈余公积10万元。

（4）向投资者宣告分配现金股利40万元。

要求：

（1）计算甲公司2022年所得税费用，并编制相应的会计分录。

（2）编制甲公司提取法定盈余公积的会计分录。

（3）编制甲公司提取任意盈余公积的会计分录。

（4）编制甲公司向投资者宣告分配现金股利的会计分录。

（5）编制甲公司相关利润分配明细账户结转的会计分录，并计算甲公司2022年年末未分配利润的金额。

本章练习题参考答案

第十三章 财务报告

第一节 知识概要

一、本章知识思维导图（图13-1）

财务报告是企业正式对外披露或表述财务信息的总结性书面文件，通过向财务报告使用者提供与企业财务状况、经营成果和现金流量等有关的会计信息，不仅可以反映企业管理层受托责任的履行情况，而且有助于财务报告使用者做出经济决策。财务报表是财务报告的核心内容，本章主要对此展开讲解。

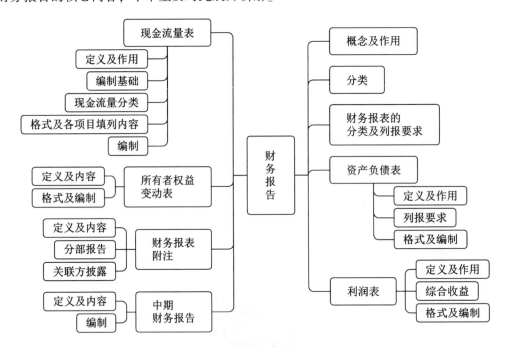

图13-1 "财务报告"知识思维导图

二、本章重难点分析

本章重难点包括财务报告的意义、资产负债表的列报、利润表的列报、现金流量表的列报、所有者权益变动表的列报、财务报表附注及中期财务报告的披露。

（一）财务报告的意义

财务报告是企业对外提供的反映企业某一特定日期财务状况和某一会计期间经营成果、现金流量及所有者权益变动情况的总结性书面文件。财务报告的分类如图13-2所示。

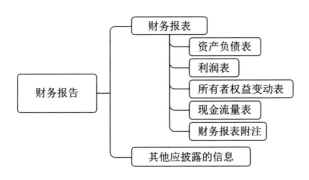

图 13-2 财务报告的分类

财务报告的主要作用包括：① 帮助投资者和债权人等做出经济决策；② 反映企业管理层受托责任的履行情况；③ 评估和预测企业未来的现金流动；④ 帮助企业管理层加强和改善企业的经营管理；⑤ 有助于政府的宏观经济管理；⑥ 促进社会资源的合理配置。

为了使财务报告提供的会计信息符合会计信息质量要求，满足财务报告使用者的需要，财务报表列报应该达到以下基本要求：① 依据各项会计准则确认和计量的结果编制财务报表；② 列报基础为持续经营；③ 采用权责发生制；④ 保持列报的一致性；⑤ 依据重要性原则单独或汇总列报项目；⑥ 财务报表项目金额间的相互抵销应符合规定；⑦ 比较信息的列报；⑧ 财务报表表首的列报应提供清晰的企业名称、财务报表种类和所报告会计期间等方面的信息。

（二）资产负债表的列报

资产负债表是反映企业在某一特定日期财务状况的会计报表。资产负债表应当按照资产、负债和所有者权益三大类别分类列报，其中资产和负债应按流动性分类列报，此外还应列报相关的合计、总计项目。下面简要列示流动资产和流动负债的特点，如表 13-1 所示。

表 13-1 流动资产和流动负债的特点

流动资产	流动负债
预计在一个正常营业周期中变现、出售或耗用	预计在一个正常营业周期中清偿
主要为交易目的而持有	主要为交易目的而持有
预计在资产负债表日起一年内（含一年）变现	自资产负债表日起一年内到期应予以清偿
自资产负债表日起一年内，交换其他资产或清偿负债的能力不受限制的现金或现金等价物	企业无权自主地将清偿推迟至资产负债表日后一年以上

正常营业周期是指企业从购买用于加工的资产起至实现现金或现金等价物的期间，通常短于一年，当正常营业周期不能确定时，应当以一年（12 个月）作为正常营业周期。因生产周期较长等导致正常营业周期长于一年的，尽管相关资产往往超过一年才变现、出售或耗用，仍应当划分为流动资产。对于在资产负债表日起一年内到期的负债，企业有意图且有能力自主地将清偿义务展期至资产负债表日后一年以上的，应当归类为非流动负债。

资产负债表中"上年年末余额",应根据上年年末资产负债表中的"期末余额"栏内数字填列。

资产负债表中"期末余额",应填列各项目在月末、季末、半年末或年末的账面价值,其数据来自资产类、负债类、所有者权益类科目的期末余额,填列方法包括:① 根据总账科目的余额填列;② 根据明细账科目的余额计算填列;③ 根据总账科目和明细账科目的余额分析计算填列;④ 根据有关科目余额减去其备抵科目余额后的净额填列;⑤ 综合运用上述填列方法分析填列。

资产负债表中各项目的具体填列方法如表13-2至表13-6所示。

表13-2 流动资产类项目的填列方法

流动资产类项目	对应科目
货币资金	库存现金科目的期末余额+银行存款科目的期末余额+其他货币资金科目的期末余额
交易性金融资产	交易性金融资产相关明细科目（持有≤1年）的期末余额
衍生金融资产	衍生工具科目的期末借方余额
应收票据	应收票据科目的期末余额-坏账准备科目中相关坏账准备期末余额
应收账款	应收账款科目的期末余额-坏账准备科目中相关坏账准备期末余额
应收款项融资	以公允价值计量且其变动计入其他综合收益的应收票据和应收账款等期末余额
预付款项	预付账款相关明细科目的期末借方余额-坏账准备科目中相关坏账准备期末余额+应付账款相关明细科目的期末借方余额
其他应收款	应收利息科目的期末余额+应收股利科目的期末余额+其他应收款科目的期末余额-坏账准备科目中相关坏账准备期末余额
存货	材料采购+原材料+库存商品+周转材料+委托加工物资+受托代销商品+生产成本等科目的期末余额-受托代销商品款科目的期末余额-存货跌价准备科目的期末余额±材料成本差异±商品进销差价+合同履约成本明细科目（初始分摊期≤1年）的期末余额-合同履约成本减值准备
合同资产	合同资产相关明细科目的期末余额-合同资产减值准备科目中相关减值准备的期末余额+同一合同下的合同资产和合同负债的净额（净额为借方余额且流动性≤1年）
持有待售资产	持有待售资产科目的期末余额-持有待售资产减值准备科目的期末余额
一年内到期的非流动资产	将在≤1年到期收回的长期债权类资产明细科目的期末余额（"债权投资""其他债权投资""长期应收款"等）
其他流动资产	有关科目的期末余额+合同取得成本明细科目（初始分摊期≤1年）的期末余额-合同取得成本减值准备+应收退货成本明细科目（在≤1年出售）的期末余额

表 13-3 非流动资产类项目的填列方法

非流动资产类项目	对应科目
债权投资	债权投资相关明细科目的期末余额-债权投资减值准备科目中相关减值准备的期末余额
其他债权投资	其他债权投资相关明细科目的期末余额
长期应收款	长期应收款相关明细科目的期末余额-未实现融资收益科目的期末余额-坏账准备科目中相关坏账准备期末余额
长期股权投资	长期股权投资科目的期末余额-长期股权投资减值准备科目的期末余额
其他权益工具投资	其他权益工具投资科目的期末余额
其他非流动金融资产	交易性金融资产相关明细科目（到期且预期持有>1年）的期末余额
投资性房地产	在成本模式计量下，投资性房地产科目的期末余额-投资性房地产累计折旧（摊销）科目的期末余额-投资性房地产减值准备科目的期末余额；在公允价值模式计量下，投资性房地产科目的期末余额
固定资产	固定资产科目的期末余额-累计折旧科目的期末余额-固定资产减值准备科目的期末余额+固定资产清理科目的期末余额
在建工程	在建工程科目的期末余额-在建工程减值准备科目的期末余额+工程物资科目的期末余额-工程物资减值准备科目的期末余额
生产性生物资产	生产性生物资产科目的期末余额-生产性生物资产累计折旧科目的期末余额-生产性生物资产减值准备科目的期末余额
油气资产	油气资产科目的期末余额-累计折耗科目的期末余额-相应减值准备
使用权资产	使用权资产科目的期末余额-使用权资产累计折旧科目的期末余额-使用权资产减值准备科目的期末余额
无形资产	无形资产科目的期末余额-累计摊销科目的期末余额-无形资产减值准备科目的期末余额
开发支出	研发支出的资本化支出明细科目的期末余额
商誉	商誉科目的期末余额-相应减值准备
长期待摊费用	长期待摊费用科目的期末余额
递延所得税资产	递延所得税资产科目的期末借方余额
其他非流动资产	有关科目的期末余额+同一合同下的合同资产和合同负债的净额（净额为借方余额且流动性>1年）-合同资产减值准备科目中相关减值准备的期末余额+合同取得成本明细科目（初始分摊期>1年）的期末余额-合同取得成本减值准备科目中相关减值准备的期末余额+合同履约成本明细科目（初始分摊期>1年）的期末余额-合同履约成本减值准备科目中相关减值准备的期末余额+应收退货成本明细科目（在>1年出售）的期末余额

表 13-4 流动负债类项目的填列方法

流动负债类项目	对应科目
短期借款	短期借款科目的期末余额
交易性金融负债	交易性金融负债相关明细科目的期末余额
衍生金融负债	衍生工具科目的期末贷方余额
应付票据	应付票据科目的期末余额
应付账款	应付账款相关明细科目的期末贷方余额+预付账款相关明细科目的期末贷方余额
预收款项	预收账款相关明细科目的期末贷方余额+应收账款相关明细科目的期末贷方余额
合同负债	合同负债相关明细科目的期末贷方余额+同一合同下的合同资产和合同负债的净额（净额为贷方余额且流动性≤1年）
应付职工薪酬	应付职工薪酬明细科目的期末余额
应交税费	应交税费明细科目的期末余额
其他应付款	应付利息科目的期末余额+应付股利科目的期末余额+其他应付款科目的期末余额
持有待售负债	持有待售负债科目的期末余额
一年内到期的非流动负债	将在≤1年到期予以清偿的非流动负债明细科目的期末余额
其他流动负债	有关科目的期末余额+预计负债相关明细科目（清偿≤1年的"应付退货款"）的期末余额

表 13-5 非流动负债类项目的填列方法

非流动负债类项目	对应科目
长期借款	长期借款科目的期末余额
应付债券	应付债券科目的期末余额
租赁负债	租赁负债科目的期末余额
长期应付款	长期应付款科目的期末余额−未确认融资费用科目的期末余额+专项应付款科目的期末余额
预计负债	预计负债相关明细科目的期末余额
递延收益	递延收益科目的期末余额
递延所得税负债	递延所得税负债科目的期末余额
其他非流动负债	有关科目的期末余额+同一合同下的合同资产和合同负债的净额（净额为贷方余额且流动性>1年）

表 13-6 所有者权益类项目的填列方法

所有者权益类项目	对应科目
实收资本（或股本）	实收资本（或股本）科目的期末余额
其他权益工具	其他权益工具科目的期末余额
资本公积	资本公积科目的期末余额
库存股	库存股科目的期末余额
其他综合收益	其他综合收益科目的期末余额
专项储备	专项储备科目的期末余额
盈余公积	盈余公积科目的期末余额
未分配利润	本年利润、利润分配科目的期末余额，未弥补的亏损以"-"号填列

资产负债表的编制比较容易，在可以直接获取资产、负债和所有者权益类科目期末余额的基础上，最关键的是要搞清楚资产负债表中各项目对应反映哪些会计科目的内容。比如，货币资金项目对应"库存现金""银行存款""其他货币资金"科目；存货项目不但反映存货准则涉及的各个会计科目，还可能包括"合同履约成本"明细科目；未分配利润项目对应"本年利润"和"利润分配"科目。

资产负债表的阅读也比较容易，但需要注意虽然资产负债表中的数据都是在特定日期的账面价值，但这些账面价值可能是历史成本，可能是公允价值，可能是可变现净值，可能是可收回金额等，乃至是多种的混合，这是在阅读和分析资产负债表时要掌握的基础。

（三）利润表的列报

利润表列报企业在一定期间的综合收益总额。综合收益是指企业在某一期间除与所有者以其所有者身份进行的交易之外的其他交易或事项所引起的所有者权益变动，其构成内容如图 13-3 所示。

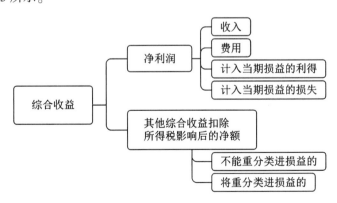

图 13-3 综合收益的构成内容

利润表通常按利润构成分步列报，起点是营业收入，接着是营业利润、利润总额、净利润、其他综合收益的税后净额，最后是综合收益总额。股份有限公司还需要列报每股收益。

利润表中的"上期金额",直接根据上年该期利润表"本期金额"栏内数字填列。

利润表中的"本期金额",根据损益类科目、其他综合收益科目的本期发生额分析填列。其中,"营业利润""利润总额""净利润""综合收益总额"项目,应直接根据利润表中相关项目金额计算填列。

利润表的编制和阅读也比较容易,注意利润表中各项目与相关会计科目的对应关系就好。

(四)现金流量表的列报

现金流量表是以现金为基础编制的财务状况变动表,是反映企业在一定会计期间现金和现金等价物流入、流出及净流量变化情况的报表。这里的现金强调的是企业需要时可以随时使用的资金,一般包括库存现金、银行存款、其他货币资金和现金等价物。

为了清晰地反映企业不同经济活动对现金流入和流出的影响,将不同经济活动引起的现金流量分为经营活动产生的现金流量、投资活动产生的现金流量及筹资活动产生的现金流量三大类。

因此,现金流量表列报的关键有以下两点:① 该活动是否会产生现金流入或流出;② 该活动属于经营活动、投资活动、筹资活动中的哪种活动。对现金流量分类越准确,越能反映企业真实的现金流入和流出状况。

1. 列报基本分析框架

会计等式是企业资金运动规律的具体化表现,接下来就以"资产=负债+所有者权益"会计等式为基础,分析企业资产、负债和所有者权益的变动都对应什么类别的活动。

表 13-7 列出的公式只是一个基本分析框架,实际列报时还需要根据资产、负债的具体构成内容做调整。当然,企业有时也会涉及比较复杂的资金活动,但基本分析思路仍然可以按照这个分析框架展开,因为它可以一并解决现金流量表列报的两个关键点。

表 13-7 现金流量表列报的基本分析框架

现金+非现金资产＝流动负债+非流动负债+所有者权益	
△现金=	△流动负债-△流动资产(现金除外,下同)-△非流动资产+△非流动负债+△实收资本+△资本公积+净利润
△现金=	净利润+△流动负债-△流动资产(间接法的经营活动)
	-△非流动资产(投资活动)
	+△非流动负债+△实收资本+△资本公积(筹资活动)
△现金=	营业收入-营业成本-税金及附加-管理费用等+△流动负债-△流动资产(直接法的经营活动)
	-△非流动资产
	+△非流动负债+△实收资本+△资本公积

注:符号△始终表示各账户的差额(期末余额-期初余额)。

2. 经营活动产生的现金流量列报方法

准则规定,现金流量表采用直接法列报,同时在附注中提供以净利润为基础调节为经营活动现金流量的信息。

（1）直接法是直接列示各项经营活动形成的现金流入和流出，便于分析企业经营活动产生的现金流量的来源和用途，预测企业现金流量的未来前景。

（2）间接法是将净利润调整为经营活动产生的现金流量。

对净利润的调整可以分为两大类：一类是调整相关的利润表项目，以剔除与经营活动无关的损益及不会引起现金增减变动的损益；另一类是调整相关的资产负债表项目，从而将权责发生制调整为实收实付制。基本思路如下：经营活动产生的现金流量净额＝净利润±与经营活动无关的损益±不会引起现金增减变动的损益＋△流动负债－△流动资产。净利润调整时需要调整的主要利润表项目和资产负债表项目分别如表13-8、表13-9所示。

表 13-8　净利润调整时需要调整的主要利润表项目

需要调整的主要利润表项目 （调整时按反方向进行即可）	不会引起现金增减变动的损益	与经营活动无关的损益
资产减值准备	是	
固定资产折旧、油气资产折耗、生产性生物资产折旧	是	
无形资产摊销	是	
长期待摊费用摊销	是	
处置固定资产、无形资产和其他长期资产的损失/收益		是
固定资产报废损失/收益		是
公允价值变动损失/收益	是	是
财务费用/收益		是
投资损失/收益		是

表 13-9　净利润调整时需要调整的主要资产负债表项目

需要调整的主要资产负债表项目 （从权责发生制调整为实收实付制）	
应调整增加的项目	应调整减少的项目
递延所得税资产的减少	递延所得税资产的增加
递延所得税负债的增加	递延所得税负债的减少
存货的减少	存货的增加
经营性应收项目的减少	经营性应收项目的增加
经营性应付项目的增加	经营性应付项目的减少

间接法便于将净利润与经营活动产生的现金流量净额进行比较，了解净利润与经营活动产生的现金流量存在差异的原因，从现金流量的角度分析净利润的质量。

3. 具体编制方法

现金流量表的编制相对有些复杂，可以使用工作底稿法、分析填列法等方法，这些方法都是事后推算，难免会出现不够准确的地方，因此，企业也可以在平时处理现金业务时，就同时额外进行现金流量的分类记录，如企业销售商品收到银行存款的业务，在编制正常会计分录的同时，就可以设置"经营活动现金流量——销售商品收到的现金"

账户，在其借方进行记录。这样以后在编制现金流量表时就可以直接从这些现金流量账户获取汇总数据。

对于现金流量表的阅读和分析，需要特别关注企业经营活动的现金流量，当然也要结合企业所处的不同发展阶段来理解企业各类现金流量的表现。

（五）所有者权益变动表的列报

所有者权益变动表是反映构成所有者权益的各组成部分在一定会计期间增减变动情况的报表。表格的横向，列示导致所有者权益变动的交易或事项。表格的纵向，则按照所有者权益各组成部分及其总额分别列示。

所有者权益变动表中的"上年金额"，直接根据上年度所有者权益变动表"本年金额"栏内数字填列。

所有者权益变动表中的"本年金额"，根据所有者权益类科目等的发生额分析填列，通常可以按照纵向顺序，填列每一个所有者权益项目的当期增减变动金额，最后再进行横向和纵向的合计。

所有者权益变动表的编制和阅读也比较容易，注意所有者权益变动表中各项目与相关会计科目的对应关系就好。

（六）财务报表附注及中期财务报告的披露

财务报表使用者要准确了解企业的财务状况、经营成果和现金流量等，应当全面阅读附注。

财务报表附注是定量、定性信息的结合，是对资产负债表、利润表、现金流量表和所有者权益变动表等报表中列示项目的文字描述或明细资料披露，以及对未能在这些报表中列示项目的说明等。

财务报表附注披露的主要内容包括：① 企业的基本情况；② 财务报表的编制基础；③ 遵循企业会计准则的声明；④ 重要会计政策和会计估计；⑤ 会计政策和会计估计变更及差错更正的说明；⑥ 报表重要项目的说明；⑦ 其他需要说明的重要事项；⑧ 有助于财务报表使用者评价企业管理资本的目标、政策及程序的信息。

中期财务报告是指以中期为基础编制的财务报告，包括月度财务报告、季度财务报告、半年度财务报告，也包括年初至本中期末的财务报告。中期财务报告至少应当包括以下部分：① 资产负债表；② 利润表；③ 现金流量表；④ 会计报表附注。

（七）财务报表的数据来源及钩稽关系（表13-10、表13-11）

表13-10　财务报表的数据来源

报表	主要来源
资产负债表	资产类、负债类、所有者权益类科目余额
利润表	损益类科目借方及贷方发生额
	其他综合收益科目借方及贷方发生额
现金流量表	资产负债表、利润表涉及的科目
所有者权益变动表	所有者权益类科目借方或贷方发生额

表 13-11　财务报表的钩稽关系

资产负债表项目	利润表项目	所有者权益变动表项目	现金流量表项目
货币资金			现金（基本上）
各个所有者权益项目		各个所有者权益项目	
未分配利润	净利润	未分配利润	
其他综合收益	其他综合收益	其他综合收益	

三、本章涉及的主要会计术语（表 13-12）

表 13-12　本章涉及的主要会计术语

序号	主要会计术语
1	财务报告
2	资产负债表
3	利润表
4	现金流量表
5	所有者权益变动表
6	财务报表附注
7	中期财务报告
8	综合收益
9	每股收益
10	经营活动产生的现金流量
11	投资活动产生的现金流量
12	筹资活动产生的现金流量
13	直接法
14	间接法

第二节　练习题

一、单项选择题

1. 下列各项，不属于动态财务报表的是（　　）。
A. 利润表　　　　　　　　　　B. 资产负债表
C. 所有者权益变动表　　　　　D. 现金流量表

2. 2023 年 12 月 31 日，某企业"工程物资"科目的借方余额为 300 万元，"发出商品"科目的借方余额为 40 万元，"原材料"科目的借方余额为 70 万元，"材料成本差异"科目的贷方余额为 5 万元。假定不考虑其他因素，该企业 2023 年 12 月 31 日资产负债表中"存货"项目的期末余额为（　　）万元。
A. 115　　　　B. 405　　　　C. 365　　　　D. 105

3. 下列各项，应根据相应总账科目的余额直接在资产负债表中填列的是（　　）。
A. 短期借款　　B. 固定资产　　C. 长期借款　　D. 应收票据

4. 2023年5月，某企业发生的交易或事项如下：支付诉讼费用10万元，固定资产出售净损失8万元，对外公益性捐赠支出5万元，支付税收滞纳金1万元。该企业2023年5月利润表中"营业外支出"项目的本期金额为（　　）万元。

　　A. 6　　　　　　B. 16　　　　　　C. 19　　　　　　D. 24

5. 下列各项，应列入利润表中"税金及附加"项目的是（　　）。

　　A. 进口原材料应交的关税　　　　　　B. 购进生产设备应交的增值税

　　C. 处置房屋应交的增值税　　　　　　D. 销售自产高档化妆品应交的消费税

6. 下列各项，应列入利润表中"营业收入"项目的是（　　）。

　　A. 销售材料取得的收入　　　　　　B. 接受捐赠收到的现金

　　C. 出售专利权取得的净收益　　　　D. 出售自用房产取得的净收益

7. 下列各项，不影响利润表中"营业利润"项目的是（　　）。

　　A. 研发费用　　　　　　　　　　　B. 所得税费用

　　C. 信用减值损失　　　　　　　　　D. 资产处置损益

8. 下列项目，不属于投资活动产生的现金流入的是（　　）。

　　A. 收回投资收到的现金

　　B. 取得投资收益收到的现金

　　C. 处置固定资产、无形资产和其他长期资产收回的现金净额

　　D. 吸收投资收到的现金

9. 下列交易或事项，不会引起企业现金流量变动的是（　　）。

　　A. 企业按月计提生产部门固定资产折旧190万元

　　B. 企业支付200万元购入生产设备

　　C. 企业出售一台旧生产设备，收到价款150万元

　　D. 企业支付用于厂房建造的可资本化的专门借款利息50万元

10. 下列内容，属于所有者权益变动表中"利润分配"项目列示的是（　　）。

　　A. 所有者投入的普通股　　　　　　B. 盈余公积弥补亏损

　　C. 其他综合收益结转留存收益　　　D. 对股东分配现金股利

11. 某企业期末"库存商品"科目余额为156万元，"原材料"科目余额为60万元，"材料成本差异"科目贷方余额为5万元，"存货跌价准备"科目余额为10万元。假定不考虑其他因素，该企业资产负债表中"存货"项目的金额为（　　）万元。

　　A. 211　　　　　B. 231　　　　　C. 205　　　　　D. 201

12. 2023年12月31日，甲公司"长期借款"科目余额为650万元，其中，从乙银行借入的50万元距离到期日尚余8个月，甲公司不具有自主展期清偿的权利；从丙银行借入的200万元距离到期日尚余13个月；从丁银行借入的400万元距离到期日尚余24个月。假定不考虑其他因素，甲公司2023年12月31日资产负债表中"长期借款"项目的期末余额为（　　）万元。

　　A. 650　　　　　B. 400　　　　　C. 600　　　　　D. 50

13. 某企业2022年取得的销售商品收入为1 000万元，发生的销售商品成本为600万元，销售过程中发生广告宣传费用20万元、管理人员工资费用50万元、短期借款利

息费用 10 万元、资产减值损失 70 万元，取得股票投资收益 40 万元、公允价值变动收益 80 万元，因自然灾害发生固定资产净损失 25 万元，因违约支付罚款 15 万元。假定不考虑其他因素，该企业 2022 年的营业利润为（　　）万元。

A. 370　　　　　　B. 330　　　　　　C. 320　　　　　　D. 390

14. 某企业 2023 年取得营业收入 1 500 万元，发生营业成本 500 万元、销售费用 20 万元、管理费用 30 万元、财务费用 20 万元、税金及附加 70 万元，取得投资收益 40 万元、公允价值变动收益 60 万元，取得营业外收入 25 万元，发生营业外支出 15 万元。假定不考虑其他因素，该企业 2023 年年末利润表中"营业利润"为（　　）万元。

A. 920　　　　　　B. 970　　　　　　C. 950　　　　　　D. 960

15. 下列项目，会引起现金流量净额变动的是（　　）。

A. 将库存现金存入银行

B. 用银行存款购买一个月到期的债券

C. 用固定资产抵偿债务

D. 用银行存款清偿 20 万元的债务

16. 下列各项，属于企业经营活动产生的现金流量的是（　　）。

A. 购置固定资产的现金流出　　　　B. 偿还长期借款的现金流出

C. 收取现金股利的现金流入　　　　D. 购买日常办公用品的现金流出

17. 下列各项，属于企业投资活动产生的现金流量的是（　　）。

A. 用银行存款购买固定资产支付的现金

B. 销售产品收到的货款

C. 发行债券筹集到的资金

D. 购买三个月内到期的国债支付的现金

18. 下列各项，属于企业筹资活动产生的现金流量的是（　　）。

A. 支付的债券利息　　　　　　　　B. 收到的税费返还

C. 销售产品收到的现金　　　　　　D. 转让债权投资收到的现金

二、多项选择题

1. 将资产归类为流动资产，至少应当单独满足的条件有（　　）。

A. 预计在一个正常营业周期中变现、出售或耗用

B. 主要为交易目的而持有

C. 预计在资产负债表日起一年内（含一年）变现

D. 自资产负债表日起一年内，交换其他资产或清偿负债的能力不受限制的现金或现金等价物

2. 在资产负债表中，下列项目，应根据有关科目余额减去备抵科目余额后的净额填列的有（　　）。

A. 固定资产　　　B. 合同资产　　　C. 应收账款　　　D. 其他债权投资

3. 下列内容，构成综合收益总额的有（　　）。

A. 利润总额　　　　　　　　　　　B. 净利润

C. 其他收益的税后净额　　　　　　D. 其他综合收益的税后净额

4. 按照企业发生的各种不同的经济活动编制现金流量表时，将现金流量分为（　　）。
   A. 经营活动产生的现金流量　　　　B. 投资活动产生的现金流量
   C. 融资活动产生的现金流量　　　　D. 筹资活动产生的现金流量

5. 在所有者权益变动表中，属于"所有者权益内部结转"项目的内容包括（　　）。
   A. 资本公积转增资本　　　　　　　B. 盈余公积转增资本
   C. 设定受益计划变动额结转留存收益　D. 提取盈余公积

6. 下列各项，属于企业经营活动产生的现金流量的有（　　）。
   A. 收到的银行存款利息　　　　　　B. 缴纳各项税款支付的现金
   C. 销售商品收到的现金　　　　　　D. 处置固定资产收到的现金

7. 下列各项，属于企业筹资活动产生的现金流量的有（　　）。
   A. 接受所有者投资收到的现金　　　B. 处置无形资产收回的现金净额
   C. 支付的所得税　　　　　　　　　D. 偿还债务支付的现金

8. 下列各项，属于企业投资活动产生的现金流量的有（　　）。
   A. 研发专利支付的现金　　　　　　B. 购买债券支付的现金
   C. 处置办公楼收到的现金　　　　　D. 销售原材料收到的现金

9. 下列各项，不影响企业现金流量的有（　　）。
   A. 进行无形资产摊销　　　　　　　B. 计提资产减值准备
   C. 计提固定资产折旧　　　　　　　D. 债务转为资本

10. 下列各项，在将当期净利润调整为经营活动产生的现金流量时需要考虑的有（　　）。
    A. 经营性应收项目的增减变动额　　B. 经营性应付项目的增减变动额
    C. 公允价值变动损益　　　　　　　D. 递延所得税增减变动额

三、判断题

1. 在编制财务报表时，企业对不存在相应业务的报表项目可结合本企业的实际情况进行必要删减，同时企业根据重要性原则并结合本企业的实际情况可以对确需单独列示的内容增加报表项目。（　　）

2. 财务报表项目应当以总额列报，资产和负债、收入和费用、直接计入当期利润的利得和损失项目的金额不能相互抵销，即不得以净额列报，但企业会计准则另有规定的除外。（　　）

3. 判断流动资产、流动负债时所称的一个正常营业周期，是指企业从购买用于加工的资产起至出售商品或提供服务的期间。（　　）

4. 如果预计应付账款在资产负债表日后超过一年才能清偿，那么应当将其划分为非流动负债。（　　）

5. 企业购入的以摊余成本计量的一年内到期的债权投资的期末账面价值，在"一年内到期的非流动资产"项目中反映。（　　）

6. 编制现金流量表时，企业购入材料、商品或接受劳务所支付的增值税进项税额应包括在"购买商品、接受劳务支付的现金"项目中。（　　）

7. 在将净利润调节为经营活动产生的现金流量时，需要加回企业当期计提的各种折旧、折耗和进行的摊销，因为这些事项没有发生现金流出。（ ）

8. 所有者权益变动表能够反映所有者权益各组成部分当期增减变动情况，有助于财务报表使用者理解所有者权益发生增减变动的原因。（ ）

9. 所有者权益变动表中"未分配利润"项目的本年年末余额应当与本年资产负债表中"未分配利润"项目的期末余额相等。（ ）

10. 在财务报表附注中，企业应当声明编制的财务报表符合企业会计准则的要求，即便企业编制的财务报表只是部分遵循了企业会计准则。（ ）

四、计算分录题

1.【资产负债表】期末，某企业"预收账款"科目所属明细科目借方余额合计20万元，"应收账款"科目所属明细科目借方余额合计60万元，"坏账准备"科目贷方余额为30万元。

要求：计算该企业资产负债表中"应收账款"项目的期末余额。

2.【资产负债表】2023年12月31日，某企业"预付账款"科目所属明细科目借方余额合计120万元，"应付账款"科目所属明细科目借方余额合计8万元，"坏账准备"科目中有关预付账款计提的坏账准备余额为6万元。

要求：假定不考虑其他因素，计算该企业2023年年末资产负债表中"预付款项"项目的期末余额。

3.【资产负债表】某企业"应付账款"科目月末贷方余额为40 000元，其中，"应付甲公司账款"明细科目贷方余额为25 000元，"应付乙公司账款"明细科目贷方余额为25 000元，"应付丙公司账款"明细科目借方余额为10 000元；"预付账款"科目月末贷方余额为20 000元，其中，"预付A工厂账款"明细科目贷方余额为40 000元，"预付B工厂账款"明细科目借方余额为20 000元。

要求：计算该企业月末资产负债表中"预付款项"项目的金额。

4.【资产负债表】2022 年 12 月 31 日,甲公司有关科目余额如下:"工程物资"科目借方余额为 90 万元,"发出商品"科目借方余额为 800 万元,"生产成本"科目借方余额为 300 万元,"原材料"科目借方余额为 100 万元,"委托加工物资"科目借方余额为 200 万元,"材料成本差异"科目贷方余额为 25 万元,"存货跌价准备"科目贷方余额为 100 万元,"受托代销商品"科目借方余额为 400 万元,"受托代销商品款"科目贷方余额为 400 万元。

要求:计算甲公司 2022 年 12 月 31 日资产负债表中"存货"项目和"在建工程"项目的期末余额。

5.【资产负债表】2023 年 12 月 31 日,甲公司"固定资产"科目借方余额为 5 000 万元,"累计折旧"科目贷方余额为 2 000 万元,"固定资产减值准备"科目贷方余额为 500 万元,"固定资产清理"科目借方余额为 500 万元,"在建工程"科目借方余额为 20 万元,"工程物资"科目借方余额为 30 万元。

要求:计算甲公司 2023 年 12 月 31 日资产负债表中"固定资产"项目和"在建工程"项目的期末余额。

6.【资产负债表】2022 年 12 月 31 日,甲公司"无形资产"科目借方余额为 800 万元,"累计摊销"科目贷方余额为 200 万元,"无形资产减值准备"科目贷方余额为 100 万元,"研发支出——资本化支出"科目借方余额为 50 万元。

要求:计算甲公司 2022 年 12 月 31 日资产负债表中"无形资产"项目和"开发支出"项目的期末余额。

7.【资产负债表】2023 年 12 月 31 日,甲企业"预收账款"总账科目贷方余额为 15 万元,其明细科目余额如下:"预收账款——乙企业"科目贷方余额为 25 万元,"预收账款——丙企业"科目借方余额为 10 万元。

要求:假定不考虑其他因素,计算甲企业 2023 年年末资产负债表中"预收款项"项目的期末余额。

8.【资产负债表】2022 年 12 月 31 日,甲公司"长期借款"科目余额为 155 万元,其中自乙银行借入的 5 万元借款将在一年内到期,甲公司不具有自主展期清偿的权利。

要求:计算甲公司 2022 年 12 月 31 日资产负债表中"长期借款"项目和"一年内到期的非流动负债"项目的期末余额。

9.【利润表】乙公司为热电企业,其经营范围包括电、热的生产和销售,发电、输变电工程的技术咨询,电力设备及相关产品的采购、开发、生产和销售等。乙公司 2023 年度"主营业务收入"科目发生额明细如下:电力销售收入合计 8 000 万元,热力销售收入合计 1 400 万元;"其他业务收入"科目发生额合计 600 万元。

要求:计算乙公司 2023 年度利润表中"营业收入"项目的本期金额。

10.【利润表】乙公司 2023 年度"主营业务成本"科目发生额合计 7 500 万元,"其他业务成本"科目发生额合计 500 万元。

要求:计算乙公司 2023 年度利润表中"营业成本"项目的本期金额。

11.【利润表】2023 年 12 月 10 日，甲公司购入乙公司股票 10 万股，作为交易性金融资产核算，支付价款 249 万元，另支付交易费用 0.6 万元。12 月 31 日，该股票公允价值为 258 万元。

要求：计算甲公司 2023 年度利润表中"公允价值变动收益"项目的本期金额。

12.【利润表】某企业销售原材料取得收入 40 000 元，增值税销项税额为 5 200 元，该原材料的成本为 30 000 元；出租设备取得租金收入（不含增值税）2 000 元，该设备已计提折旧 1 200 元。

要求：假定不考虑其他因素，计算以上业务导致该企业当期营业利润增加的金额。

13.【综合题】甲公司为增值税一般纳税人，适用的增值税税率为 13%。2023 年，甲公司资产负债表部分项目年初余额如表 13-13 所示。

表 13-13　甲公司 2023 年资产负债表部分项目年初余额　　　　单位：万元

资产项目	年初余额	负债和所有者权益项目	年初余额
货币资金	520	长期借款	860
应收账款	184	盈余公积	640
固定资产	1 800	未分配利润	150

甲公司当年发生的部分相关业务如下：

（1）外购一批生产用原材料，增值税专用发票上注明的价款为 100 万元、增值税税额为 13 万元，供货方垫付运费 2 万元，增值税税额为 0.18 万元，款项尚未支付，原材料已验收入库。

（2）外购一批生产用原材料，增值税专用发票上注明的价款为 200 万元、增值税税额为 26 万元，供货方垫付运费 1 万元（不考虑增值税），去年已预付 100 万元，原材料已验收入库，余款以银行存款付清。

(3) 将自产的产品发放给本单位的管理人员，该产品的成本为 20 万元，市场不含税售价为 30 万元（与计税价格一致）。

(4) 持有面值 50 万元不计息的商业承兑汇票到期，债务人暂时无力偿还款项。

(5) 销售一批商品，增值税专用发票上注明的售价为 300 万元、增值税税额为 39 万元，商品已发出。该批商品的实际成本为 200 万元。上年已预收该批商品的款项 80 万元，剩余货款于销售当日收讫并存入银行。

(6) 销售一批商品，增值税专用发票上注明的售价为 200 万元、增值税税额为 26 万元，商品已发出，货款已存入银行。该批商品的实际成本为 180 万元。

(7) 本年度计提到期一次还本、分季付息的长期借款利息 86 万元（按规定不予以资本化的利息支出），长期借款为 860 万元，该借款到期日为 2024 年 6 月 30 日。

(8) 计提行政管理部门折旧费用 50 万元。

(9) 2023 年，甲公司实现的利润总额为 120 万元，确认的所得税费用为 30 万元，按净利润的 10% 提取法定盈余公积。当年未向股东分配利润。

要求：

(1) 编制业务（1）至（8）的相关会计分录。

(2) ①计算甲公司当年的净利润、应提取的法定盈余公积；②计算甲公司盈余公积的期末数、未分配利润的期末数；③计算甲公司 2023 年度资产负债表中"固定资产"项目、"应收账款"项目、"货币资金"项目、"长期借款"项目的期末余额。

14.【现金流量表】某企业为增值税一般纳税人。2023 年度，该企业的主营业务收入为 2 000 万元，增值税销项税额为 260 万元；应收账款期初余额为 300 万元，期末余额为 500 万元；合同负债期初余额为 100 万元，期末余额为 10 万元。

要求：假定不考虑其他因素，计算该企业 2023 年度现金流量表中"销售商品、提供劳务收到的现金"项目的本期金额。

15.【现金流量表】甲公司2023年度的主营业务收入为4 500万元，其他业务收入为650万元，销项税额发生额为585万元。资产负债表中，"应收账款"项目的年初数为700万元，年末数为660万元；"应收票据"项目的年初数为120万元，年末数为150万元；"合同负债"项目的年初数为89万元，年末数为66万元。2023年，不带息应收票据贴现400万元，贴现息为5万元，计提坏账准备37万元。

要求：假定不考虑其他因素，计算甲公司2023年度现金流量表中"销售商品、提供劳务收到的现金"项目的本期金额。

16.【现金流量表】某企业为增值税一般纳税人。2023年度，该企业的主营业务成本为1 000万元；其他业务成本为100万元；增值税进项税额为70万元；存货期初余额为1 500万元，期末余额为400万元；应付账款期初余额为800万元，期末余额为300万元；预付账款期初余额为200万元，期末余额为50万元。

要求：假定不考虑其他因素，计算该企业2023年度现金流量表中"购买商品、接受劳务支付的现金"项目的本期金额。

17.【现金流量表】某企业某年度支付工资、奖金合计282万元，其中，在建工程人员工资、奖金32万元，研发人员工资、奖金80万元。

要求：假定不考虑其他因素，计算该企业该年度现金流量表中"支付给职工以及为职工支付的现金"项目的本期金额。

18.【现金流量表】某企业本期共发生管理费用 530 万元,其中,以现金支付业务招待费 50 万元、财产保险费 30 万元、差旅办公费 80 万元,计提折旧费用 250 万元,支付管理人员工资 90 万元,支付企业养老、失业等社会保险费 30 万元。

要求:假定不考虑其他因素,计算该企业应计入现金流量表中"支付其他与经营活动有关的现金"项目的本期金额。

19.【现金流量表】甲公司 2023 年度发生的管理费用为 5 500 万元,其中,以现金支付管理人员工资 2 000 万元,存货盘亏损失 100 万元,计提固定资产折旧 800 万元,无形资产摊销 400 万元,其余均以现金支付。

要求:假定不考虑其他因素,计算甲公司 2023 年度现金流量表中"支付其他与经营活动有关的现金"项目的本期金额。

20.【现金流量表】某企业当期净利润为 1 500 万元,投资收益为 200 万元,与筹资活动有关的财务费用为 100 万元,经营性应收项目增加 250 万元,经营性应付项目减少 50 万元,固定资产折旧为 75 万元,无形资产摊销为 25 万元。

要求:假定没有其他影响经营活动现金流量的项目,计算该企业当期经营活动产生的现金流量净额。

21.【现金流量表】某企业本期购置固定资产支付现金 800 万元;支付固定资产专门借款利息 75 万元,全部为资本化的借款利息;支付在建工程人员的工资 15 万元;支付耕地占用税 80 万元;支付以前年度以分期付款方式购买固定资产的最后一期付款金额 150 万元;为使用权资产支付本期的租赁费 150 万元。

要求:假定不考虑其他因素,计算以上事项应计入"购建固定资产、无形资产和其他长期资产支付的现金"项目的本期金额。

22.【现金流量表】某公司对外转让一项专利权,取得的含税价款为 100 万元,已收存银行,专利权的账面价值为 60 万元。转让时以现金支付转让费 4 万元。

要求:假定不考虑其他因素,说明此项业务在现金流量表中列示的项目及金额。

23.【现金流量表】甲企业 2023 年 5 月 10 日购买股票作为交易性金融资产,支付的全部价款为 50 万元,其中包括已宣告但尚未发放的现金股利 3 万元,另支付交易费用 1 万元。5 月 20 日,收到现金股利;6 月 2 日,将该股票售出,出售价款为 52 万元。

要求:假定不考虑其他因素,计算应计入"投资支付的现金"项目和"收回投资收到的现金"项目的金额。

24. 【现金流量表】2023 年 1 月 10 日，甲公司发行股票，发行收入扣除发行费用后实际到账 1 000 万元，甲公司随后支付 800 万元获得乙公司 30%的股权。4 月 18 日，丙公司将其持有的专利权作价 200 万元入股甲公司，甲公司股本增加 200 万元。9 月 15 日，甲公司按规定程序将 400 万元盈余公积转为股本。

要求：假定不考虑其他因素，计算甲公司应计入"吸收投资收到的现金"项目的金额及"投资支付的现金"项目的金额。

25. 【现金流量表】甲公司为增值税一般纳税人，2023 年的资产负债表及利润表已过入工作底稿，如表 13-14 所示（因篇幅所限，仅保留必要项目），三大活动现金流量小计金额也已列示在该工作底稿中。此外，其他相关资料如下：

(1) 当年固定资产计提折旧 8.6 万元，其中计入制造费用 7.51 万元，计入管理费用 1.09 万元。

(2) 当年无形资产摊销 3 万元，长期待摊费用摊销 0.6 万元，均计入管理费用。

(3) 当年应收账款计提坏账准备 2 万元，假设年初坏账准备为 0，除此之外没有发生资产减值。

(4) 长期股权投资采用权益法核算，当年没有增加或减少股权投资，也没有获得被投资方分配的利润。

(5) 当年发生一笔投资人以设备投资的业务，甲公司确认固定资产 30 万元，进项税额 3.9 万元。除此之外，均为涉及现金收支的投资和筹资活动。

(6) 当年购销业务发生增值税销项税额 130.39 万元、进项税额 98.67 万元。以现金采购固定资产发生进项税额 26 万元。

(7) 销售费用为支付的广告费，已用现金支付。

(8) 财务费用为短期借款和长期借款利息，部分已支付。

(9) 营业外收入为收到的罚款，营业外支出为支付的罚款。

(10) 当年发生应付职工薪酬 168 万元，均在当年用现金支付给职工。同时，薪酬费用分配时分别计入生产成本 140 万元、制造费用 8 万元和管理费用 20 万元。

(11) 其他应收款仅为管理人员预借差旅费。

要求：编制完成甲公司现金流量表工作底稿。

表 13-14 现金流量表工作底稿（简表）　　　　　　　　　　单位：万元

项目	期初数	调整分录				期末数
		序号	借方	序号	贷方	
一、资产负债表项目						
借方项目：						
货币资金	875.1					1 424.23
应收账款	189					625
其他应收款	0.8					0
存货	1 671.6					1 833.86
长期股权投资	1 000					1 200
固定资产	5 227					5 718.4
无形资产	336					333
长期待摊费用	30					29.4
借方项目合计	9 329.5					11 163.89
贷方项目：						
短期借款	100					600
应付票据	0					56.5
应付账款	249					139.17
应付职工薪酬	0					0
应交税费	52.5					54.22
应付利息	2					3
应付股利						180
长期借款	1 000					1 000
实收资本	6 229					7 308
资本公积	1 000					1 000
盈余公积	438					468.6
未分配利润	259					354.4
贷方项目合计	9 329.5					11 163.89
二、利润表项目						本期数
营业收入		(1)				1 003
减：营业成本		(2)				746.45
税金及附加		(3)				2
销售费用		(4)				48

续表

项目	期初数	调整分录 序号	调整分录 借方	调整分录 序号	调整分录 贷方	期末数
管理费用		(5)				31.45
财务费用		(6)				33
加：其他收益						
投资收益				(7)		200
信用减值损失		(8)				2
资产减值损失						
加：营业外收入				(9)		1
减：营业外支出		(10)				0.1
减：所得税费用		(11)				35
净利润		(12)				306
三、现金流量表项目						本期数
(一) 经营活动产生的现金流量						
销售商品、提供劳务收到的现金						
收到其他与经营活动有关的现金						
经营活动现金流入小计						**696.39**
购买商品、接受劳务支付的现金						
支付给职工以及为职工支付的现金						
支付的各项税费						
支付其他与经营活动有关的现金						
经营活动现金流出小计						**1 129.26**
经营活动产生的现金流量净额						
(二) 投资活动产生的现金流量						
收回投资收到的现金						
取得投资收益收到的现金						
处置固定资产、无形资产和其他长期资产收到的现金净额						
收到其他与投资活动有关的现金						
投资活动现金流入小计						
购建固定资产、无形资产和其他长期资产支付的现金						
投资支付的现金						

续表

项目	期初数	调整分录				期末数
		序号	借方	序号	贷方	
支付其他与投资活动有关的现金						
投资活动现金流出小计						**226**
投资活动产生的现金流量净额						
（三）筹资活动产生的现金流量						
吸收投资收到的现金						
取得借款收到的现金						
收到其他与筹资活动有关的现金						
筹资活动现金流入小计						**1 240**
偿还债务支付的现金						
分配股利、利润或偿付利息支付的现金						
支付其他与筹资活动有关的现金						
筹资活动现金流出小计						**32**
筹资活动产生的现金流量净额						
（四）现金及现金等价物净增加额						
四、调整分录借贷合计						

本章练习题参考答案

第十四章 财务报表调整

第一节 知识概要

一、本章知识思维导图（图 14-1）

财务报表调整是指企业因会计政策变更、会计估计变更、前期差错更正和资产负债表日后事项的调整而对会计记录和财务报表的调整。本章主要介绍了这些调整该如何处理，重点是掌握这些调整的含义和方法，以及准确理解调整对企业财务状况、经营成果和现金流量等的影响。

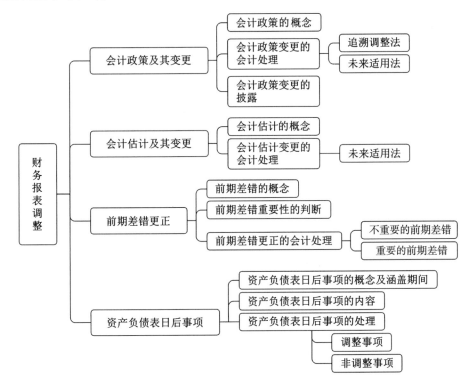

图 14-1 "财务报表调整"知识思维导图

二、重难点分析

(一) 会计政策和会计估计的比较（表14-1）

表14-1　会计政策和会计估计的比较

比较	会计政策	会计估计
概念	企业在会计确认、计量和报告中所采用的原则、基础和会计处理方法	企业对其结果不确定的交易或事项以最近可利用的信息为基础所做的判断
包括的范围	发出存货成本的计量	存货可变现净值的确定
	长期股权投资的后续计量	采用公允价值模式下的投资性房地产公允价值的确定
	投资性房地产的后续计量	固定资产的预计使用寿命与净残值，固定资产的折旧方法
	固定资产的初始计量	使用寿命有限的无形资产的预计使用寿命与净残值
	生物资产的初始计量	可收回金额的确定
	无形资产的确认	合同履约进度的确定
	非货币性资产交换的计量	权益工具公允价值的确定
	借款费用的处理	预计负债初始计量的最佳估计数的确定
	其他重要会计政策等	金融资产公允价值的确定
变更的原因	法律、行政法规或国家统一的会计制度等要求变更	赖以进行估计的基础发生了变化
	会计政策变更能够提供更可靠、更相关的会计信息	取得了新的信息，积累了更多的经验
变更的会计处理	国家发布相关的会计处理办法的，则按照国家发布相关的会计处理规定进行处理	未来适用法，不改变以前期间的会计估计，也不调整以前期间的报告结果
	追溯调整法	
	未来适用法	

(二) 追溯调整法与未来适用法的比较（表14-2）

表14-2　追溯调整法与未来适用法的比较

比较	追溯调整法	未来适用法
概念	对某项交易或事项变更会计政策，视同该项交易或事项初次发生时即采用变更后的会计政策，并以此对财务报表相关项目进行调整的方法	将变更后的会计政策应用于变更日及以后发生的交易或事项，或者在会计估计变更当期和未来期间确认会计估计变更影响数的方法
处理步骤	计算会计政策变更的累积影响数	不改变以前年度的既定结果，在现有金额的基础上按新的会计政策进行处理即可
	编制相关项目的调整分录	
	调整列报前期最早期初财务报表相关项目及其金额，不影响当期损益	
	附注说明	
适用	会计政策变更	会计估计变更、不适用追溯调整法的会计政策变更等

(三) 前期差错更正 (表 14-3)

前期差错是指由于没有运用或错误运用下列两种信息，而对前期财务报表造成省略漏或错报：① 编报前期财务报表时预期能够取得并加以考虑的可靠信息；② 前期财务报告批准报出时能够取得的可靠信息。

表 14-3 前期差错需掌握的知识点

前期差错包括的范围	计算错误、应用会计政策错误、疏忽或曲解事实及舞弊产生的影响、固定资产盘盈等
前期差错重要性的判断	对财务报表使用者根据财务报表所做出的经济决策的影响程度
	前期差错所影响的财务报表项目的金额或性质
前期差错会计处理	不重要的前期差错：调整发现当期与前期相同的相关项目 (1) 属于影响损益的，应直接计入本期与上期相同的净损益项目 (2) 属于不影响损益的，应调整本期与前期相同的相关项目
	重要的前期差错： (1) 如果能够合理确定前期差错累积影响数，则应采用追溯重述法更正，即视同该项前期差错从未发生过，从而对财务报表相关项目进行更正 (2) 如果确定前期差错累积影响数不切实可行，可以从可追溯重述的最早期间开始调整留存收益的期初余额和财务报表其他相关项目的期初余额，或采用未来适用法

(四) 资产负债表日后事项 (表 14-4)

资产负债表日后事项是指资产负债表日至财务报告批准报出日之间发生的有利或不利事项。

表 14-4 资产负债表日后事项需掌握的知识点

分类	调整事项	非调整事项
概念	对资产负债表日已经存在的情况提供了新的或进一步证据的事项	表明资产负债表日后发生的情况的事项
特点	在资产负债表日或以前已经存在，资产负债表日后得以证实的事项	资产负债表日并未发生或存在，完全是期后才发生的事项
	对按资产负债表日存在状况编制的财务报表产生重大影响的事项	对理解和分析财务报告有重大影响的事项
会计处理	应当调整资产负债表日已编制的财务报表	在报表附注中披露每项重要的资产负债表日后非调整事项的性质、内容及其对财务状况和经营成果的影响。无法做出估计的，应当说明原因

三、本章涉及的主要会计术语 (表 14-5)

表 14-5 本章涉及的主要会计术语

序号	会计术语	序号	会计术语
1	会计政策	7	前期差错
2	会计政策变更	8	前期差错更正
3	追溯调整法	9	资产负债表日后事项
4	未来适用法	10	资产负债表日后调整事项
5	会计估计	11	资产负债表日后非调整事项
6	会计估计变更		

第二节 练习题

一、单项选择题

1. 甲股份有限公司 2023 年实现净利润 8 500 万元。该公司 2023 年发生和发现的下列交易或事项，会影响其年初未分配利润的是（　　）。
   A. 发现 2021 年少计管理费用 4 500 万元
   B. 发现 2022 年少提财务费用 0.01 万元
   C. 为 2022 年售出的设备提供售后服务发生支出 550 万元
   D. 因客户信用状况明显改善，将应收账款坏账损失率由 10% 改为 5%

2. 甲公司发生的下列交易或事项，属于会计政策变更的是（　　）。
   A. 年末根据当期发生的暂时性差异所产生的递延所得税负债调整本期所得税费用
   B. 投资性房地产核算由成本模式计量改为公允价值模式计量
   C. 因固定资产改良将其折旧年限由 8 年延长为 12 年
   D. 固定资产折旧方法由直线法改为双倍余额递减法

3. 下列关于会计政策变更累积影响数的说法，不正确的是（　　）。
   A. 计算会计政策变更累积影响数时，不需要考虑利润或股利的分配
   B. 如果提供可比财务报表，则对于比较财务报表可比期间以前的会计政策变更累积影响数，应调整比较财务报表最早期间的期初留存收益
   C. 如果提供可比财务报表，则对于比较财务报表期间的会计政策变更，应调整各该期间净损益各项目和财务报表其他相关项目
   D. 会计政策变更累积影响数的计算不需要考虑所得税影响

4. 甲公司 2024 年 3 月在上年度财务报告批准报出后，发现 2022 年 10 月购入的专利权摊销金额出现错误，该专利权 2022 年应摊销的金额为 120 万元，2023 年应摊销的金额为 480 万元，而 2022 年和 2023 年实际摊销金额均为 480 万元。甲公司对此重大会计差错采用追溯重述法进行会计处理。甲公司适用的企业所得税税率为 25%，按净利润的 10% 提取法定盈余公积。甲公司 2024 年年初未分配利润应调增的金额为（　　）万元。
   A. 270　　　　B. 243　　　　C. 648　　　　D. 324

5. 下列各项，属于会计政策变更并采用追溯调整法进行会计处理的是（　　）。
   A. 无形资产预计使用年限发生变化而改变摊销年限
   B. 低值易耗品摊销方法改变
   C. 固定资产经济利益消耗方式发生变化而改变折旧方法
   D. 采用成本模式计量的投资性房地产改按公允价值模式计量

6. 甲公司 2022 年度的财务报告经董事会批准对外公布的日期为 2023 年 3 月 30 日，实际对外公布的日期为 2023 年 4 月 5 日。甲公司 2023 年 1 月 1 日至 4 月 5 日发生的下列事项，应当作为资产负债表日后调整事项的是（　　）。
   A. 2 月 15 日，甲公司按照 2022 年 12 月份申请通过的方案成功发行公司债券

B. 3月11日，甲公司临时股东大会决议购买乙公司51%的股权并于4月2日执行完毕

C. 2月1日，甲公司与丁公司签订的债务重组协议执行完毕，该债务重组协议系甲公司于2023年1月5日与丁公司签订的

D. 3月1日，甲公司发现2021年10月接受捐赠获得的一项固定资产尚未入账

7. 2024年2月1日，某上市公司发现所使用的甲设备技术革新和淘汰速度加快，决定从该月起将甲设备预计折旧年限由原来的10年改为6年，当时公司2023年年报尚未报出。该经济事项属于（　　）。

  A. 会计政策变更   B. 会计估计变更

  C. 会计差错更正   D. 以前年度损益调整事项

8. 甲公司于2022年1月1日对乙公司投资1 500万元作为长期股权投资，占乙公司有表决权股份的30%，能对乙公司产生重大影响，2023年6月7日甲公司发现对乙公司的投资误用了成本法核算。甲公司2022年度的财务报告已于2023年4月12日报出。甲公司正确的做法是（　　）。

  A. 按照会计政策变更处理，调整2022年12月31日资产负债表的期初数和2022年度利润表、所有者权益变动表的上期数

  B. 按照重要会计差错处理，调整2023年12月31日资产负债表的期初数和2023年度利润表、所有者权益变动表的上期数

  C. 按照重要会计差错处理，调整2023年12月31日资产负债表的期末数和2023年度利润表、所有者权益变动表的本期数

  D. 按照会计估计变更处理，调整2023年12月31日资产负债表的期末数和2023年度利润表、所有者权益变动表的本期数

9. 按照企业会计准则的规定，企业本年度发现以前年度的重要差错（非资产负债表日后期间），应做的会计处理为（　　）。

  A. 不做处理

  B. 直接调整本年度相关科目

  C. 更正以前年度的会计报表

  D. 调整本年度会计报表的期初数和期末数等

10. 下列关于前期差错更正的会计处理的表述，不正确的是（　　）。

  A. 对于不重要的前期差错，应作为本期事项处理

  B. 确定前期差错影响数不切实可行的，必须采用未来适用法

  C. 企业应当在重要的前期差错发现当期的财务报表中调整前期比较数据

  D. 对于不重要的前期差错，不需要调整财务报表相关项目的期初数，但应调整发现当期的相关项目

11. 2022年12月5日，甲公司销售一批商品给乙公司，取得销售收入1 000万元。2024年2月10日，因该批商品存在质量问题，乙公司经甲公司同意后退回了一半商品。假设甲公司批准2023年度的财务报告在2024年4月30日报出，下列处理，正确的是（　　）。

A. 调减 2022 年营业收入 500 万元

B. 调减 2023 年营业收入 500 万元

C. 调减 2023 年年初未分配利润 500 万元

D. 调减 2024 年营业收入 500 万元

12. 下列资产负债表日后期间发生的事项，不属于资产负债表日后事项中的调整事项的是（　　）。

A. 已证实某项资产发生了损失

B. 已确认收入的货物因质量问题被退回

C. 外汇汇率发生较大变动

D. 已确定将要支付的赔偿额大于该事项在资产负债表日确认预计负债的金额

13. 资产负债表日后期间发生的下列事项，属于调整事项的是（　　）。

A. 为子公司的银行借款提供担保

B. 对资产负债表日存在的债务签订债务重组协议

C. 在资产负债表日后取得确凿证据，已证实某项资产在资产负债表日发生了减值

D. 债务人遭受自然灾害导致资产负债表日存在的应收款项无法收回

14. 报告年度达到预定可使用状态的固定资产，在资产负债表日后期间办理决算，企业应做的处理是（　　）。

A. 作为当期事项处理，不调整报告年度报表

B. 作为非调整事项处理，在报告年度报表附注中予以披露

C. 作为调整事项处理，根据竣工决算的金额调整报告年度报表上的固定资产成本

D. 不做处理

15. 资产负债表日后期间董事会提出的利润分配方案中涉及的现金股利及股票股利分配事项，属于（　　）。

A. 非调整事项　　　B. 或有负债　　　C. 或有资产　　　D. 调整事项

二、多项选择题

1. 下列情况，企业可以变更会计政策的有（　　）。

A. 因原采用的会计政策不能可靠地反映企业的真实情况而改变会计政策

B. 会计准则要求变更会计政策

C. 因更换了董事长而改变会计政策

D. 投资企业因被投资企业发生亏损而改变股权投资的核算方法

2. 下列各项，属于会计政策变更的有（　　）。

A. 根据修订后的租赁准则要求，承租人对其所有租赁均采用统一的会计处理模型，从而对其已有的经营租赁确认使用权资产和租赁负债

B. 企业新设的零售部商品销售采用零售价法核算，其他库存商品继续采用实际成本法核算

C. 根据会计准则要求，对商品流通企业的进货费用由计入当期损益改为计入存货成本

D. 由于物价变动，企业将存货发出方法由先进先出法改为加权平均法

3. 下列关于会计估计变更的表述，正确的有（　　）。

A. 会计估计变更，不改变以前期间的会计估计，也不调整以前期间的报告结果

B. 企业难以对某项变更区分为会计政策变更或会计估计变更的，应当将其作为会计估计变更处理

C. 企业难以对某项变更区分为会计政策变更或会计估计变更的，应当将其作为会计政策变更处理

D. 对于会计估计变更，企业应当采用未来适用法进行会计处理

4. 下列事项，属于会计估计变更的有（　　）。

A. 由于技术进步，将机器设备的折旧方法由直线法变更为年数总和法

B. 企业根据规定对资产计提减值准备，但考虑到本期利润指标超额完成太多，因此多提了存货跌价准备

C. 由于经营指标的变化，缩短了长期待摊费用的摊销年限

D. 由于自然灾害使厂房的使用寿命受到影响，调减了厂房的预计使用年限

5. 下列关于会计差错的处理，正确的有（　　）。

A. 对于当期发生的重要会计差错，应当调整当期项目的金额

B. 对于以前年度影响损益的重要会计差错，应当调整发现当期的期初留存收益

C. 对于比较财务报表期间的重要会计差错，编制比较财务报表时应当调整各该期间的净损益及其他相关项目

D. 对于年度资产负债表日至财务报告批准报出日发现的报告年度的重要会计差错，应当作为资产负债表日后调整事项处理

6. 下列关于会计政策、会计估计及其变更的表述，正确的有（　　）。

A. 对初次发生的或不重要的交易或事项采用新的会计政策，不属于会计政策变更

B. 企业应在国家统一的会计制度规定的会计政策范围内选择适用的会计政策

C. 会计估计变更，不改变以前期间的会计估计，也不调整以前期间的报告结果

D. 无形资产原定摊销年限为10年，以后期间该资产的预计使用年限变为8年，属于会计政策变更

7. 企业发生的下列情形，一般属于前期差错的有（　　）。

A. 固定资产盘亏　　　　　　　　B. 以前期间会计舞弊

C. 以前期间漏提折旧　　　　　　D. 固定资产盘盈

8. 下列发生在资产负债表日后期间的事项，属于资产负债表日后调整事项的有（　　）。

A. 上年售出的商品因质量问题而发生退回

B. 银行同意在日后期间到期的借款展期2年

C. 对于资产负债表日已经存在的未决诉讼，法院在日后期间判决

D. 董事会通过利润分配预案

9. 上市公司在其年度资产负债表日至财务报告批准报出日之间发生的下列事项，属于非调整事项的有（　　）。

A. 向社会公众发行公司债券

B. 发生台风导致公司存货严重受损

C. 日后期间新取得的证据表明某项资产在资产负债表日已经发生减值但公司没有对其计提减值准备

D. 资本公积转增资本

10. 在报告年度资产负债表日至财务报告批准报出日之间发生的下列事项，属于资产负债表日后调整事项的有（　　）。

A. 发现报告年度财务报表存在严重舞弊

B. 进一步确定了资产负债表日前售出资产的收入

C. 国家发布对企业经营业绩将产生重大影响的产业政策

D. 发现某商品销售合同在报告年度资产负债表日已成为亏损合同的证据

三、判断题

1. 企业某项固定资产的折旧年限原预计为 10 年，由于市场中新设备的出现，该资产总的预计使用寿命不足 8 年。该事项属于差错，按前期差错更正的规定进行会计处理。（　　）

2. 企业难以对某项变更区分为会计政策变更或会计估计变更的，应当遵循重要性要求，将其作为会计政策变更处理。（　　）

3. 企业的会计估计变更应当根据需要计算累积影响数。（　　）

4. 企业因账簿超过法定保存期限而销毁或者因不可抗力而毁坏，引起会计政策变更累积影响数无法确定的，应采用未来适用法处理会计政策变更。（　　）

5. 固定资产盘盈在未经批准前先记入"待处理财产损溢"科目，待批准后再转入"营业外收入"科目核算。（　　）

6. 确定前期差错影响数不切实可行的，可以从可追溯重述的最早期间开始调整留存收益的期初余额，财务报表其他相关项目的期初余额也应当一并调整，不得采用未来适用法。（　　）

7. 企业对初次发生的或不重要的交易或事项采用新的会计政策，属于会计政策变更。（　　）

8. 企业发现重要差错，无论是本期还是以前期间的差错，均应调整期初留存收益和其他相关项目。（　　）

9. 企业在判断或有事项的存在及有关金额时，依据或有事项准则进行处理，当原或有事项财务影响在资产负债表日后期间最终确定时，依据资产负债表日后事项准则做出相应处理。（　　）

10. 投资性房地产的公允价值在资产负债表日后发生严重下跌，企业应将其视为资产负债表日后调整事项。（　　）

四、计算分录题

1.【会计政策变更】甲公司适用的企业所得税税率为 25%，2022 年年初对某栋以经营租赁方式租出的办公楼的后续计量由成本模式改为公允价值模式。该办公楼的原值为 7 000 万元，截至变更日，已计提折旧 200 万元，未发生减值准备，变更日的公允价值为 8 800 万元。该办公楼在变更日的计税基础与其原账面价值相同。假设甲公司按净利润的 10% 提取盈余公积。

要求：计算甲公司在变更日应调整期初留存收益的金额。

2. 【会计估计变更】甲公司于 2019 年 12 月 1 日购入一台管理部门使用的设备，原价为 1 500 000 元，预计使用年限为 10 年，预计净残值为 100 000 元，采用直线法计提折旧。2024 年 1 月 1 日，考虑到技术进步因素，甲公司将该设备的预计使用年限改为 8 年，预计净残值改为 60 000 元。甲公司适用的企业所得税税率为 25%。

要求：假定不考虑其他因素，计算上述会计估计变更对甲公司 2024 年净利润的影响金额。

3. 【会计估计变更】甲企业拥有一台自 2022 年 1 月 1 日开始计提折旧的设备，原值为 27 500 元，预计使用年限为 5 年，预计净残值为 500 元，采用年数总和法计提折旧。从 2024 年起，甲企业将该设备的折旧方法改为年限平均法，预计使用年限改为 4 年，预计净残值为 200 元。

要求：计算该设备 2024 年度的折旧额。

4. 【前期差错】甲公司适用的企业所得税税率为25%，2023年3月在上年度财务报告批准报出前发现一项管理用固定资产未计折旧，属于重大差错。甲公司所得税汇算清缴于财务报告批准报出日之后完成。该固定资产系2021年6月取得的，根据甲公司的折旧政策，该固定资产2021年应计提折旧100万元，2022年应计提折旧200万元。假定甲公司按净利润的10%提取法定盈余公积。

要求：计算甲公司2022年度资产负债表中"未分配利润"项目的"期末余额"应调减的金额。

5. 【会计政策变更和会计估计变更】甲公司2022年以前执行原行业会计制度，由于公开发行股票、债券，同时因经营规模或企业性质变化而成为大中型企业，按照企业会计准则的规定应当从2022年1月1日起转为执行《企业会计准则》。甲公司保存的会计资料比较齐备，可以通过会计资料追溯计算。甲公司适用的企业所得税税率为25%，按净利润的10%提取法定盈余公积。假定甲公司已按照新的会计科目进行了新旧科目的转换。有关资料如下：

(1) 对某栋以经营租赁方式租出的办公楼的后续计量由成本模式改为公允价值模式。该办公楼截至变更日的账面价值为10 000万元，其原值为15 000万元，已计提折旧5 000万元，未发生减值准备，变更日的公允价值为20 000万元。该办公楼在变更日的计税基础与其原账面价值相同。

(2) 开发费用的处理由直接计入当期损益改为有条件资本化。2022年，发生符合资本化条件的开发费用1 200万元，本年摊销计入管理费用10万元。税法规定，资本化的开发费用计税基础为其资本化金额的175%，按照税法规定的摊销额为17.5万元。

(3) 管理用固定资产的预计使用年限由10年改为8年，折旧方法由年限平均法改为双倍余额递减法。该管理用固定资产原来每年计提的折旧额为100万元（与税法规定相同），2022年按8年及双倍余额递减法计算，计提的折旧额为220万元。变更日，该管理用固定资产的计税基础与其原账面价值相同。

(4) 用于生产产品的无形资产的摊销方法由年限平均法改为产量法。甲公司生产用无形资产2022年年初的账面余额为1 000万元，原每年摊销100万元（与税法规定相同），累计摊销额为300万元，未发生减值；按产量法摊销，2022年摊销120万元。变更日，该无形资产的计税基础与其原账面价值相同。

要求：判断甲公司上述业务是否属于会计政策变更或会计估计变更。属于会计政策变更的，如果需要追溯，编制其2022年采用追溯调整法核算的相关会计分录，如果不需要追溯，编制其2022年采用未来适用法核算的相关会计分录，同时说明是否确认递延所得税；属于会计估计变更的，编制其2022年采用未来适用法核算的相关会计分录，同时说明是否确认递延所得税。

6.【资产负债表日后事项】甲公司适用的企业所得税税率为25%，2022年度财务报告批准报出日为2023年4月30日，2022年所得税汇算清缴结束日为2023年4月30日。假定税法规定，除为第三方提供债务担保损失不得税前扣除以外，其他诉讼损失在实际发生时允许税前扣除。假定不考虑盈余公积的调整。在2022年度资产负债表日后期间，有关人员在对甲公司进行年度会计报表审计时发现事项如下：

（1）2022年10月15日，A公司对甲公司提起诉讼，要求甲公司赔偿违反经济合同所造成的A公司损失500万元，甲公司在2022年12月31日无法估计该项诉讼赔偿的可能性。2023年1月25日，人民法院一审判决甲公司败诉，要求其支付赔偿款400万元，并承担诉讼费5万元，甲公司对此结果不服并提起上诉，甲公司的法律顾问坚持认为应支付赔偿款300万元，并承担诉讼费5万元。该项上诉在财务报告批准报出前尚未结案，甲公司预计该项上诉很可能推翻原判，支付赔偿款300万元，并承担诉讼费5万元。

（2）2022年12月31日，C公司对甲公司专利技术侵权提起诉讼，甲公司估计败诉的可能性为60%，如败诉，赔偿金额估计为100万元，甲公司实际确认预计负债100万元。2023年3月15日，人民法院判决甲公司败诉并要求其赔偿110万元，甲公司不再上诉，赔偿款项已支付。

要求：根据上述资料逐项编制相关的调整分录。

五、综合分析题

1. 【差错更正】甲公司为增值税一般纳税人，适用的增值税税率为16%。2022年12月31日，甲公司内部审计部门在审计过程中发现下列有关问题并要求会计部门予以更正。不考虑所得税影响。

(1) 经董事会批准，自2022年1月1日起，甲公司将管理用设备的折旧年限由10年变更为5年。该设备于2020年12月投入使用，原价为600万元，预计使用年限为10年，预计净残值为0，采用年限平均法计提折旧，未计提减值准备。甲公司2022年的会计处理为

借：管理费用　　　　　　　　　　　　　　　　　　　　60
　　贷：累计折旧　　　　　　　　　　　　　　　　　　　　60

(2) 2022年3月1日，甲公司以1 800万元的价格购入一项管理用无形资产，价款以银行存款支付。该无形资产的法律保护期限为15年，甲公司预计如果持续使用，其将在未来10年内给公司带来经济利益，但甲公司计划在使用5年后出售该无形资产，某公司承诺5年后按1 260万元的价格购买该无形资产。假定不考虑无形资产的相关税费。甲公司2022年的会计处理为

借：无形资产　　　　　　　　　　　　　　　　　　　1 800
　　贷：银行存款　　　　　　　　　　　　　　　　　　　1 800
借：管理费用　　　　　　　　　　　　　　　　　　　　150
　　贷：累计摊销　　　　　　　　　　　　　　　　　　　　150

(3) 2022年2月，甲公司以银行存款200万元（含乙公司已宣告但尚未发放的现金股利5万元）从二级市场购入乙公司100万股普通股，另支付相关交易费用1万元，根据甲公司管理金融资产的业务模式和金融资产的合同现金流量特征，应将其分类为以公允价值计量且其变动计入当期损益的金融资产。12月31日，该股票投资的公允价值为210万元。甲公司2022年的会计处理为

借：其他权益工具投资　　　　　　　　　　　　　　　　196
　　应收股利　　　　　　　　　　　　　　　　　　　　　　5
　　贷：银行存款　　　　　　　　　　　　　　　　　　　　201
借：其他权益工具投资　　　　　　　　　　　　　　　　　14
　　贷：其他综合收益　　　　　　　　　　　　　　　　　　　14

(4) 2022年1月1日，甲公司与乙公司签订合同，向其销售一批产品。合同约定，该批产品将于2年后交货。合同中包含两种可供选择的付款方式，即乙公司可以在2年后交付产品时支付449.44万元，或者在合同签订时支付400万元。乙公司选择在合同签订时支付货款。该批产品的控制权在交货时转移。甲公司于2022年1月1日收到乙公司支付的货款。上述价格均不包含增值税，假定不考虑相关税费影响。甲公司2022年的会计处理为

借：银行存款　　　　　　　　　　　　　　　　　　　　400
　　贷：合同负债　　　　　　　　　　　　　　　　　　　　400

要求：根据上述资料，判断甲公司的各项会计处理是否正确；如不正确，编制更正

会计分录。

2.【资产负债表日后事项】甲股份有限公司（以下简称"甲公司"）为上市公司，系增值税一般纳税人，适用的增值税税率为13%。甲公司2022年度的财务报告于2023年4月10日经董事会批准对外报出。报出前，在2023年1月1日至4月10日，甲公司发生的交易或事项如下：

（1）2023年1月12日，甲公司收到戊公司退回的2022年5月从其购入的一批D产品，以及税务机关开具的进货退回相关证明。当日，甲公司向戊公司开具红字增值税专用发票。该批D产品的销售价格为300万元，增值税销项税额为39万元，销售成本为240万元。至2023年1月12日，甲公司尚未收到销售D产品的款项。

（2）2023年3月2日，甲公司获知庚公司被人民法院依法宣告破产，预计应收庚公司款项300万元收回的可能性极小，应按全额计提坏账准备。甲公司在2022年12月31日已被告知庚公司资金周转困难，可能无法按期偿还债务，因而计提了坏账准备180万元。

（3）其他资料：① 上述产品销售价格均为公允价值（不含增值税）；销售成本在确认销售收入时逐笔结转。除特别说明外，所有资产均未计提减值准备。② 甲公司适用的企业所得税税率为25%；2022年度所得税汇算清缴于2023年2月28日完成，在此之前发生的2022年度纳税调整事项，均可进行纳税调整；假定预计未来期间能够产生足够的应纳税所得额用于抵扣可抵扣暂时性差异；假定不考虑除增值税、所得税以外的其他相关税费。③ 甲公司按照当年实现净利润的10%提取法定盈余公积。

要求：

（1）判断以上相关资产负债表日后事项，哪些属于调整事项（分别注明其序号）。

（2）对以上资产负债表日后调整事项，编制相应的调整分录（逐笔编制涉及所得税、留存收益的会计分录）。

本章练习题参考答案

模拟试卷一

请注意：数据计算结果请四舍五入保留到小数点后两位。

一、单项选择题（每题1分，共10分）

1. 确定会计核算空间范围的基本前提是（　　）。
   A. 持续经营　　　B. 会计主体　　　C. 货币计量　　　D. 会计分期

2. 下列各项，不通过"其他货币资金"账户核算的是（　　）。
   A. 信用证存款　　B. 信用卡存款　　C. 银行承兑汇票　D. 银行汇票

3. 股份有限公司采用溢价发行方式筹集资本，其"股本"账户所登记的金额是（　　）。
   A. 实际收到的款项
   B. 实际收到的款项减去应付证券商的费用
   C. 实际收到的款项加上应付证券商的费用
   D. 股票面值与股份总数的乘积

4. 计提固定资产折旧时，可先不考虑固定资产残值的计算方法是（　　）。
   A. 年限平均法　　　　　　　B. 工作量法
   C. 双倍余额递减法　　　　　D. 年数总和法

5. 企业接受投资者投入的一项固定资产，应按（　　）作为入账价值。
   A. 公允价值
   B. 投资方的账面原值
   C. 投资合同或协议约定的价值（但合同或协议约定的价值不公允的除外）
   D. 投资方的账面价值

6. 在判断下列资产是否存在可能发生减值的迹象时，不能单独进行减值测试的是（　　）。
   A. 长期股权投资　B. 专利技术　　　C. 商誉　　　　　D. 金融资产

7. 企业如果发生无法支付的应付账款，应计入（　　）。
   A. 营业外收入　　B. 管理费用　　　C. 营业外支出　　D. 资本公积

8. 下列项目，属于流动负债项目的是（　　）。
   A. 长期借款　　　B. 预计负债　　　C. 应付职工薪酬　D. 应付债券

9. 将"本年利润"账户和"利润分配"账户下的其他有关明细账户的余额转入"未分配利润"明细账户后，"未分配利润"明细账户的借方余额，反映的是（　　）。
   A. 当年实现的净利润　　　　　B. 累计留存收益
   C. 累计发生的尚未弥补亏损　　D. 累计未分配的利润数额

10. 某企业某年12月31日"固定资产"账户余额为2 000万元，"累计折旧"账户余额为800万元，"固定资产减值准备"账户余额为100万元，"在建工程"账户余额为200万元。该企业该年12月31日资产负债表中"固定资产"项目的期末余额为

( )万元。

A. 1 200　　　　　B. 90　　　　　C. 1 100　　　　　D. 2 200

二、**多项选择题**（每题1分，共5分）

1. 资产的特征有（　　）。

A. 资产必须是可辨认的

B. 资产预期会给企业带来经济利益

C. 资产应为企业拥有或控制的资源

D. 资产是由企业过去的交易或事项形成的

2. 企业应当根据其管理金融资产的业务模式和金融资产的合同现金流量特征，将金融资产划分为（　　）。

A. 以摊余成本计量的金融资产

B. 以公允价值计量且其变动计入其他综合收益的金融资产

C. 以公允价值计量且其变动计入当期损益的金融资产

D. 贷款及应收款

3. 下列结算方式，在资金暂时不足情况下不能使用的有（　　）。

A. 支票　　　　B. 银行本票　　　　C. 商业承兑汇票　　　　D. 银行汇票

4. 影响债券发行价格的因素有（　　）。

A. 债券面值　　　B. 票面利率　　　C. 市场利率　　　D. 债券期限

5. 甲公司当期发生的下列交易或事项，会引起现金流量表中筹资活动产生的现金流量发生增减变动的有（　　）。

A. 接受现金捐赠

B. 向投资者分派现金股利300万元

C. 收到投资企业分来的现金股利500万元

D. 发行股票时向证券商支付股票发行费用

三、**判断题**（说明"对或错"，每题1分，共10分）

1. 在资产负债表中，"存货"项目包括材料采购、原材料、周转材料、库存商品、委托加工物资、委托代销商品、生产成本等科目的期末余额。（　　）

2. 企业初始确认金融资产应当按照公允价值计量，同时对于所有类别的金融资产，相关交易费用应当计入其初始确认金额。（　　）

3. 利得和损失分为计入当期损益的和计入所有者权益的（其他综合收益）。（　　）

4. 预收账款不多的企业，可以不设置"预收账款"账户，其发生的预收货款通过"应收账款"账户核算。（　　）

5. 收入能够导致企业所有者权益增加，但导致企业所有者权益增加的不一定是收入。（　　）

6. 债券的实际利息费用为债券的摊余成本与票面利率的乘积。（　　）

7. 取得相关商品控制权，是指能够主导该商品的使用并从中获得几乎全部的经济利益。（　　）

8. 企业代第三方收取的款项及企业预期将退还给客户的款项，应当作为负债进行

会计处理，不计入交易价格。					（	）
9. 企业购入 3 个月内到期的国债，会减少企业投资活动产生的现金流量。（	）
10. 资产负债表中"无形资产"项目反映各项无形资产的原价。（	）

四、计算分录题（共 75 分）

请注意：会计分录中的会计科目请列出必要的明细科目。

1.（共 13 分）甲公司为增值税一般纳税人，适用的增值税税率为 13%，某年发生的业务如下：

（1）2 月 1 日，甲公司向乙公司销售一批产品，不含税价款为 1 500 000 元，尚未收到，已办妥托收手续，符合收入确认要求。该批产品成本为 1 000 000 元。（4 分）

（2）5 月 15 日，甲公司收到乙公司开出的一张不带息银行承兑汇票，期限 3 个月，给付 2 月 1 日所购买产品的价款和增值税税款。（2 分）

（3）8 月 15 日，甲公司上述票据到期，收回票面金额存入银行。（2 分）

（4）现假定甲公司在票据到期前，于 6 月 15 日将上述票据到银行办理了贴现，贴现率为 6%。此项贴现业务符合金融资产终止确认条件。（5 分）

要求：

（1）编制甲公司以上相关业务的会计分录。

（2）计算贴现息及贴现净额。

2.（共 30 分）甲公司为增值税一般纳税人，采用实际成本进行材料日常核算，某年发生的业务如下：

（1）甲公司购入一批 C 材料，增值税专用发票上注明的价款为 50 万元、增值税税额为 6.5 万元，款项已用转账支票付讫，材料已验收入库。（2 分）

（2）甲公司持银行汇票 22.6 万元，购入一批 D 材料，增值税专用发票上注明的价款为 20 万元、增值税税额为 2.6 万元，材料已验收入库。（2 分）

（3）甲公司采用汇兑结算方式，购入一批 F 材料，发票及账单已收到，取得的增值税专用发票上注明的价款为 2 万元、增值税税额为 2 600 元，材料尚未到达。（2 分）

（4）上述购入的 F 材料已收到，并验收入库。（2 分）

（5）甲公司购入一批 H 材料，材料已验收入库，月末发票及账单尚未收到，暂估价为 3 万元。（2 分）

（6）上述购入 H 材料的发票及账单于次月收到，增值税专用发票上注明的价款为 3 万元、增值税税额为 3 900 元，款项已用银行存款付讫。（4 分）

(7) 根据与某钢厂的购销合同规定,甲公司购买 M 材料,向该钢厂预付 10 万元价款的 80%,一共 8 万元,已通过汇兑方式汇出。(2 分)

(8) 甲公司收到该钢厂发来的 M 材料,材料已验收入库,增值税专用发票上注明的价款为 10 万元、增值税税额为 1.3 万元,剩余款项以银行存款付讫。(2 分)

(9) 甲公司购入一批包装物,增值税专用发票上注明的价款为 1 万元、增值税税额为 1 300 元,款项已用转账支票付讫,包装物已验收入库。(2 分)

(10) 甲公司销售商品领用一批不单独计价包装物,实际成本为 5 150 元,一次转销其成本。(2 分)

(11) 甲公司在财产清查中盘盈 N 材料 1 000 千克,实际单位成本为每千克 60 元;经查属于材料收发计量方面的错误,已报公司处理完毕。(4 分)

(12) 甲公司在财产清查中盘亏 A 材料 500 千克,实际成本为 10 万元,相关增值税专用发票上注明的增值税税额为 1.3 万元;经查系管理不善造成的丢失,属于一般经营损失,已报公司处理完毕。(4 分)

要求:编制甲公司以上相关业务的会计分录。

3. (共 16 分) 甲公司某年发生的业务如下:

(1) 3 月 1 日,甲公司购入乙公司股票,确认为交易性金融资产,支付总价款 500 万元,其中包含已宣告但尚未支付的现金股利 2 万元,另支付相关税费 1 万元。(4 分)

(2) 4 月 10 日,甲公司收到前述已宣告的现金股利 2 万元。(4 分)

(3) 6 月 30 日,该股票的公允价值为 480 万元。(4 分)

(4) 9 月 15 日,甲公司将该股票全部出售,共收到价款 510 万元。(4 分)

要求:编制甲公司以上相关业务的会计分录。

4. （共 16 分）丙企业为增值税一般纳税人，某年 9 月有关固定资产和无形资产的资料如下：

（1）本月购入一台生产用设备，增值税专用发票上注明的设备价款为 100 万元、增值税税额为 13 万元，款项已用银行存款支付。(2 分)

（2）上述购进生产用设备预计净残值率为 5%，预计使用寿命为 5 年，采用直线法计提折旧，请计算该设备的月折旧额。(3 分)

（3）本月一台设备使用期满，不能继续使用，进行报废清理，该设备原价为 25 000 元，已计提折旧 24 000 元，支付清理费用 1 500 元（含增值税）并收到增值税普通发票，无残料回收。(6 分)

（4）本月在建不动产项目领用一批原材料，该批原材料实际成本为 50 万元。(2 分)

（5）本月出售一项专利权，原始成本为 450 万元，已摊销 200 万元，已计提无形资产减值准备 50 万元，出售时开具的增值税专用发票上注明的不含税价格为 150 万元、增值税税额为 9 万元，价税已通过银行转账收到。(3 分)

要求：编制丙企业以上相关业务的会计分录。

模拟试卷一参考答案

模拟试卷二

请注意： 数据计算结果请四舍五入保留到小数点后两位。

一、单项选择题（每题1分，共15分）

1. 在会计计量中，主要采用的会计计量属性是（　　）。
   A. 历史成本　　　B. 重置成本　　　C. 公允价值　　　D. 现值
2. 对期末存货采用成本与可变现净值孰低法，所体现的会计核算质量要求是（　　）。
   A. 及时性　　　B. 相关性　　　C. 谨慎性　　　D. 重要性
3. 对于收到的商业承兑汇票到期，对方企业无款支付，票据持有企业应当进行的处理是（　　）。
   A. 转作贷款　　　　　　　　B. 转作应收账款
   C. 不进行处理　　　　　　　D. 转作其他应收款
4. 下列关于存货可变现净值的表述，正确的是（　　）。
   A. 可变现净值等于存货的市场销售价格
   B. 可变现净值等于销售存货产生的现金流入
   C. 可变现净值等于销售存货产生现金流入的现值
   D. 可变现净值是确认存货跌价准备的重要依据
5. 企业取得交易性金融资产的主要目的是（　　）。
   A. 利用闲置资金短期获利　　　B. 控制对方的经营政策
   C. 向对方提供财务援助　　　　D. 分散经营风险
6. 成本法核算下，被投资单位宣告分派现金股利时，投资企业按应享有的部分计入（　　）。
   A. 长期股权投资　　B. 资本公积　　C. 营业外收入　　D. 投资收益
7. 下列资产，不应计提折旧的是（　　）。
   A. 季节性停用的大型设备　　　B. 使用权资产
   C. 已提足折旧仍在使用的大型设备　　D. 经营性出租的固定资产
8. 研究开发活动无法区分研究阶段和开发阶段的，当期发生的研究开发支出应在资产负债表日确认为（　　）。
   A. 无形资产　　　B. 管理费用　　　C. 研发支出　　　D. 营业外支出
9. 资产减值是指资产的（　　）低于其账面价值的情况。
   A. 可变现净值　　　　　　　B. 可收回金额
   C. 预计未来现金流量的现值　　D. 公允价值
10. 下列税金，一般与企业计算损益无关的是（　　）。
    A. 消费税　　　　　　　　B. 增值税
    C. 所得税　　　　　　　　D. 城市维护建设税

11. 下列职工薪酬，不应根据职工提供服务的受益对象计入成本费用的是（   ）。

　　A. 因解除与职工的劳动关系给予的补偿

　　B. 构成工资总额的各组成部分

　　C. 工会经费和职工教育经费

　　D. 基本医疗保险费、基本养老保险费、失业保险费、工伤保险费和生育保险费等社会保险费

12. 甲企业收到某单位作价投入的一批原材料，该批原材料实际成本为450 000元，双方确认的价值为460 000元，经税务部门认定应交的增值税为78 200元。甲企业应记入"实收资本"科目的金额为（   ）元。

　　A. 460 000　　　　B. 538 200　　　　C. 450 000　　　　D. 526 500

13. 下列经济业务，会引起公司股东权益总额变动的是（   ）。

　　A. 用资本公积转增股本

　　B. 向投资者分配股票股利

　　C. 股东大会向投资者宣告分配现金股利

　　D. 用盈余公积弥补亏损

14. 下列费用，属于期间费用的是（   ）。

　　A. 所得税费用　　B. 财务费用　　C. 制造费用　　D. 工资费用

15. 下列各项，会引起现金流量净额变动的是（   ）。

　　A. 将库存现金存入银行　　　　B. 用银行存款购买一个月到期的债券

　　C. 用固定资产抵偿债务　　　　D. 用银行存款清偿20万元的债务

二、多项选择题（每题1分，共5分）

1. 下列会计核算要求，属于我国企业会计准则规定的会计信息质量要求的有（   ）。

　　A. 货币计量　　　　　　　　B. 实质重于形式

　　C. 持续经营　　　　　　　　D. 重要性

　　E. 谨慎性

2. 下列各项，通过"其他应收款"科目核算的有（   ）。

　　A. 预付给企业内部单位或个人的备用金

　　B. 应收保险公司或其他单位和个人的各种赔款

　　C. 应收的各种罚款

　　D. 存出的保证金

3. 下列资产，属于资产减值准则中所包括的资产的有（   ）。

　　A. 对联营企业的长期股权投资　　B. 商誉

　　C. 固定资产　　　　　　　　　　D. 存货

　　E. 采用公允价值模式进行后续计量的投资性房地产

4. 下列现金流量，属于投资活动产生的有（   ）。

　　A. 取得投资收益收到的现金　　B. 处置固定资产收到的现金

　　C. 支付给投资者的现金股利　　D. 吸收投资收到的现金

5. 下列财务报告，属于中期财务报告的有（　　）。
A. 年度财务报告 B. 半年度财务报告
C. 季度财务报告 D. 月度财务报告

三、判断题（说明"对或错"，每题1分，共10分）

1. 企业应当以预期信用损失为基础，对金融资产进行减值会计处理并确认损失准备。（　　）

2. 预付账款情况不多的企业，也可以将预付的货款直接记入"应收账款"科目的借方。（　　）

3. 以公允价值计量且其变动计入当期损益的金融资产应当进行减值测试。（　　）

4. 企业持有存货的目的不同，确定存货可变现净值的计算方法也不同。（　　）

5. 原始成本是固定资产基本的计价基础，是新购建固定资产时采用的计价标准，也是计提折旧的依据。（　　）

6. 无形资产已计提减值准备的，减值迹象消失后，可以在原计提减值准备金额范围内转回已计提的减值准备。（　　）

7. 公司发行股票支付的手续费等发行费用，应当计入当期财务费用。（　　）

8. 企业发生的各项利得或损失，均应计入当期损益。（　　）

9. 企业应当在履行了合同中的履约义务，即在客户取得相关商品控制权时确认收入。（　　）

10. 资产负债表和现金流量表属于静态会计报表，利润表属于动态会计报表。（　　）

四、计算分录题（共70分）

请注意：会计分录中的会计科目请列出必要的明细科目。

1. （共12分）甲公司在2020年到2022年发生的经济业务如下：

（1）甲公司于2020年1月1日以银行存款8 020万元取得乙公司55%的股权，从而实现对乙公司非同一控制下的企业合并，在合并过程中，发生评估及咨询费用30万元。

① 请说明甲公司该项长期股权投资的种类及应该采用哪种后续计量方法。(2分)

② 编制甲公司该笔投资的会计分录。(2分)

（2）乙公司2019年度实现净利润1 000万元，并于2020年4月6日宣告分派现金股利100万元。(1分)

（3）甲公司于2020年4月10日收到乙公司分派的现金股利。(1分)

（4）2020年度，乙公司发生亏损600万元。(1分)

（5）2021年年末，甲公司判断乙公司因经营困难2021年度很可能产生巨额亏损，甲公司对所持有的长期股权投资进行减值测试，确定可收回金额为6 000万元。

① 请说明甲公司该笔投资是否发生减值，并说明理由。(2分)

② 如果发生减值，请编制甲公司计提减值准备的会计分录。(1分)

（6）2022年2月9日，甲公司将持有的乙公司股权全部转让，收到股权转让净额6 200万元，不考虑其他相关税费影响。(2分)

要求：根据上述资料，回答问题并编制甲公司以上相关业务的会计分录。

2. （共 14 分）甲公司为增值税一般纳税人，适用的增值税税率为 13%，发生的经济业务如下：

（1） 2023 年 10 月 1 日，甲公司向乙公司销售 500 件商品，单位销售价格为每件 500 元，单位成本为每件 400 元，开具的增值税专用发票上注明的销售价格为 25 万元、增值税税额为 3.25 万元。商品已经发出，但款项尚未收到。假定商品发出时控制权就转移给了乙公司。此外，根据协议约定，在 2024 年 3 月 31 日之前乙公司有权退还商品，甲公司根据过去的经验，估计该商品的退货率约为 10%。（4 分）

（2） 2023 年 11 月 30 日，根据协议约定，甲公司从乙公司处收到商品销售的相应款项。（2 分）

（3） 2023 年 12 月 31 日，甲公司对退货率进行重新评估，认为只有 5% 的商品会被退回。（4 分）

（4） 2024 年 3 月 31 日，发生销售退回，实际退货率为 6%，即实际退回 30 件，甲公司已经支付退货款项，并取得税务机关开具的红字增值税专用发票。（4 分）

要求：编制甲公司以上相关业务的会计分录。

3. （共 4 分）乙企业某年 9 月 1 日向银行借入 100 万元，期限为 3 个月，年利率为 12%，到期一次还本付息。

要求：编制乙企业以下相关业务的会计分录：

（1） 9 月 1 日，借入短期借款。（1 分）

（2） 9 月末，计提利息。（1 分）

（3） 10 月末，计提利息。（1 分）

（4） 11 月 30 日，还本付息。（1 分）

4. (共12分) 乙公司对应收账款采用预期信用损失法估计坏账,预期违约损失率为5%,各年数据列示如下:

(1) 2020年年末,应收账款余额为1 600 000元。(2分)

(2) 2021年年末,应收账款余额为2 000 000元。(2分)

(3) 2022年,确认一笔应收账款为坏账,为应收B企业账款60 000元。(2分)

(4) 2022年年末,应收账款余额为1 800 000元。(2分)

(5) 2023年,已冲销的上年B企业应收账款60 000元中又收回40 000元。(2分)

(6) 2023年年末,应收账款余额为1 000 000元。(2分)

要求:根据上述资料,分别计算及编制各年有关准备计提、转回,坏账确认、重新收回等的会计分录。

5. (共28分) 甲公司为增值税一般纳税人,原材料按实际成本核算,适用的增值税税率为13%,某年9月发生的经济业务如下:

(1) 购入一批原材料,取得的增值税专用发票上注明的原材料不含税价为600万元、增值税税额为78万元,款项尚未支付,原材料已验收入库。(2分)

(2) 购进一批免税农产品,买价为300万元,已用银行存款支付,农产品已到达并验收入库,该免税农产品按规定可抵扣9%。(2分)

(3) 购入一台设备,增值税专用发票上记载的设备价款为100万元、增值税税额为13万元,款项已用银行承兑汇票结算。(2分)

(4) 销售一批商品,开具的增值税专用发票上注明的不含税价格为1 000万元、增值税税额为130万元,款项尚未收到,符合收入确认要求;该批商品成本为890万元。(4分)

(5) 购入一批劳保用品,取得的增值税专用发票上注明的价款为10万元、增值税税额为13 000元,款项已用转账支票付讫,劳保用品已验收入库。(2分)

(6) 生产车间领用一批劳保用品,实际成本为51 500元,采用一次转销法结转其成本。(2分)

(7) 水灾导致A材料毁损500千克,实际成本为10万元,原先确认的增值税税额为13 000元。(2分)

(8) 上述毁损材料经批准本月处理完毕。(2分)

(9) 本月缴纳增值税20万元。(2分)

（10）现假定甲公司为增值税小规模纳税人（增值税征收率为3%），请完成上述第（1）题（2分）、第（4）题（4分）、第（9）题（2分）这三项业务的会计处理。

要求：编制甲公司以上相关业务的会计分录。

模拟试卷二参考答案

参考文献

[1] 中华人民共和国财政部.企业会计准则(2006)[M].北京:经济科学出版社,2006.
[2] 中华人民共和国财政部.企业会计准则:应用指南(2006)[M].北京:中国财政经济出版社,2006.
[3] 财政部会计司编写组.企业会计准则讲解:2010[M].北京:人民出版社,2010.
[4] 财政部会计资格评价中心.初级会计实务[M].北京:经济科学出版社,2018.
[5] 陈立军.《中级财务会计(第4版)》学习指导书[M].北京:中国人民大学出版社,2018.
[6] 中国注册会计师协会.会计[M].北京:中国财政经济出版社,2019.
[7] 中国注册会计师协会.税法[M].北京:中国财政经济出版社,2019.
[8] 中国注册会计师协会.经济法[M].北京:中国财政经济出版社,2019.
[9] 财政部会计资格评价中心.中级会计实务[M].北京:经济科学出版社,2019.
[10] 中华会计网校.中级会计实务历年真题全解:2019[M].北京:人民出版社,2019.
[11] 中国注册会计师协会.会计[M].北京:中国财政经济出版社,2020.
[12]《〈企业会计准则第22号——金融工具确认和计量〉应用指南》(2018年财政部发布)
[13]《〈企业会计准则第14号——收入〉应用指南》(2018年财政部发布)
[14]《〈企业会计准则第37号——金融工具列报〉应用指南》(2018年财政部发布)
[15]《〈企业会计准则第42号——持有待售的非流动资产、处置组和终止经营〉应用指南》(2018年财政部发布)
[16]《〈企业会计准则第16号——政府补助〉应用指南》(2018年财政部发布)
[17]《企业会计准则第21号——租赁》(2018年财政部发布)
[18]《企业会计准则第7号——非货币性资产交换》(2019年财政部发布)
[19]《企业会计准则第12号——债务重组》(2019年财政部发布)
[20]《关于修订印发2019年度一般企业财务报表格式的通知》(财会〔2019〕6号)
[21]《关于印发〈增值税会计处理规定〉的通知》(财会〔2016〕22号)
[22]《关于深化增值税改革有关政策的公告》(财政部 税务总局 海关总署公告2019年第39号)